LES MÉTIERS DE LA FINANCE

Hélène BIENAIMÉ
Marie-Lorène GINIÈS
Arthur PAULIN
Anouk REBEL

SOMMAIRE

PRÉFACE

Les banques françaises plébiscitent l'alternance, qui permet à plus de 10 000 jeunes de bénéficier chaque année d'une formation en entreprise parallèlement à leur cursus réalisé en Université ou dans les grandes écoles.
Le CFA DIFCAM contribue à cette performance avec 2 000 alternants répartis dans les grandes enseignes de la finance sur des formations universitaires de bac + 2 à bac + 5.

Avec plus de 40 000 recrutements par an, le secteur bancaire constitue un acteur dynamique du marché du travail. Le profil de l'emploi du secteur évolue aujourd'hui vers plus de spécialisation et fait ressortir plusieurs tendances structurantes :

- la part des cadres augmente : 63 % des effectifs ;
- les métiers en relation avec la clientèle représentent toujours près des deux tiers des recrutements, mais les métiers de la conformité et du digital se sont renforcés ;
- les jeunes diplômés de niveau bac + 4/5 représentent plus de la moitié des recrutements, les profils bac + 5 étant de plus en plus recherchés ;
- l'enjeu de la formation est majeur : la formation dans les banques représente 4,3 % de la masse salariale (*vs* 2,7 % en moyenne dans les entreprises françaises).

Autre constat, et non des moindres, les modèles historiques sont bouleversés ou en voie de l'être, notamment par le web et le mobile.

La relation client est en constante (r)évolution et devient digitale et omni-canale. À peine 2 personnes sur 10 se rendent dans une agence bancaire, alors que près de 7 clients sur 10 utilisent Internet pour accéder aux services de m-*banking* ou d'e-*banking*.

Les établissements financiers diffusent de nombreuses avancées technologiques comme la biométrie, la signature électronique, le 3D secure 2.0, le recours au Big Data, accélérant par ailleurs la transformation digitale de la société tout entière.

Le chargé de clientèle devient de plus en plus le référent expert, constituant la plus-value « conseil » dans l'accompagnement des projets des clients toujours plus informés en parallèle.
Les formations en alternance développées dans le réseau DIFCAM intègrent ces évolutions des métiers.

Dans un secteur de la banque et de l'assurance où le digital et l'intelligence artificielle prennent de plus en plus de place, l'obtention d'un diplôme par la voie de l'alternance constitue un véritable levier d'intégration : au sein du CFA DIFCAM, le taux d'insertion de nos diplômés en licence et master dépasse ainsi 80 % à 6 mois. L'apprentissage par la pratique (*Learning by Doing*) fait la force de l'alternance.

Christian CARATA
Directeur du CFA DIFCAM Banque et Assurances

INTRODUCTION

Avis aux jeunes diplômés ou aux cadres dynamiques. Avec une pyramide des âges qui joue en leur faveur, les secteurs de l'assurance, de la banque et de la finance offrent toujours de belles perspectives de carrière.
Selon une étude de la Fédération bancaire française (FBF) parue en 2020, plus de 362 800 personnes travaillent dans le secteur bancaire, les banques ont embauché 42 300 personnes en 2018 et 98 % des emplois sont des CDI.
Les sociétés d'assurances, quant à elles, emploient 146 800 personnes dont 60,1 % de femmes (source : Observatoire de l'évolution des métiers de l'assurance. Chiffres 2019).
Pour vous séduire, les banques et les compagnies d'assurances ne manquent pas d'arguments « chocs ». À commencer par la diversité des métiers qu'elles proposent : métiers propres à la sphère commerciale, financière ou boursière, aux activités assurances, mais aussi liés au marketing, à la gestion ou aux systèmes d'information. Leurs points communs ? Tous font la part belle aux relations humaines, sont en prise avec le tissu socio-économique et offrent de véritables possibilités d'évolution avec, très souvent, une dimension internationale à la clé.

Vous l'aurez compris, l'image de bureaux obscurs où des comptables à lunettes croulent sous des tas de dossiers poussiéreux est d'un autre âge ! Aujourd'hui, les clichés à la Kafka n'ont plus lieu d'être car l'informatisation des tâches administratives a fait le ménage en grand. Principales victimes : les secrétaires et les archivistes du *back office* dont les effectifs fondent comme neige au soleil. Désormais, les cadres et les agents de maîtrise occupent le devant de la scène et se voient confier un vaste éventail de missions : études prévisionnelles, ingénierie financière, production de contrats d'assurance sur mesure, calcul de risque, règlements de litiges faisant appel à la jurisprudence, au droit européen, etc. Résultat logique : la plupart des recrutements s'opèrent à présent à un niveau minimum de bac + 2 (avec une hausse désormais régulière des embauches à bac + 3

et au-delà) et la formation continue de tirer vers le haut l'ensemble du personnel (le taux d'accès des salariés à la formation continue dans les secteurs de la banque et de l'assurance avoisine ou dépasse les 60 % selon les métiers, et se situe bien au-delà des moyennes nationales des autres professions).
Les recrutements en comptabilité et gestion, sans connaître d'euphorie, se portent plutôt bien et les jeunes diplômés s'insèrent rapidement dans le monde du travail.

Dans la première partie de ce guide, nous dresserons un tableau complet du monde de la banque, de la finance, de l'assurance, de la comptabilité et de la gestion. Vous découvrirez les principales caractéristiques de ces secteurs ainsi que les turbulences qu'ils sont susceptibles de traverser. Dans la partie II, nous vous présenterons par le menu, et sous forme de fiches signalétiques, les principaux métiers que vous pourrez être amené à exercer. Nous vous indiquerons, dans la troisième partie, les principales filières de formation. La partie IV, quant à elle, propose de multiples conseils pratiques destinés à vous aider dans votre recherche d'un premier emploi. Enfin, le carnet d'adresses vous permettra de trouver rapidement les coordonnées des différents organismes et lieux de formation en rapport avec les métiers de ces cinq secteurs.

Bonne lecture et bonne chance à tous !

PARTIE I

LE MONDE DE LA BANQUE, DE LA FINANCE, DE L'ASSURANCE, DE LA COMPTABILITÉ ET DE LA GESTION

1 – BANQUE ET FINANCE, MODE D'EMPLOI

L'euro, les nouvelles technologies, la montée en puissance de la concurrence, la déréglementation à l'échelle planétaire... Le paysage de l'assurance, de la banque et de la finance s'est radicalement transformé depuis le début des années 1980. À l'époque, les entreprises de ces secteurs vivaient en vase clos sur un rythme routinier, avec une organisation fortement centralisée et une logique administrative établie de longue date. Aujourd'hui, elles mettent le cap sur l'international et l'instauration de relations de service avec la clientèle. Et le mouvement n'est pas près de ralentir !

Rééquilibrer les pyramides des âges, rehausser le niveau de qualification du personnel, continuer à réduire les effectifs dans les activités en voie de disparition tout en favorisant la mobilité professionnelle... : tels sont les défis majeurs du troisième millénaire. De quoi bouleverser de fond en comble la nature des métiers et des carrières. En matière d'exigences professionnelles, le défi est de taille. Côté pile, les salariés doivent acquérir de multiples compétences techniques en droit, fiscalité et économie, complétées par un solide bagage linguistique ; côté face, ils doivent développer des qualités transversales, notamment le sens de la communication, l'esprit d'équipe, sans oublier des capacités d'autonomie et de responsabilité. Et cela concerne tous les niveaux de la hiérarchie.

Avant de revenir plus en détail sur les bouleversements de ces dernières années et d'examiner leur impact en termes de qualification professionnelle et de formation, il est important que vous sachiez quel poids représentent l'assurance, la banque et la finance dans l'économie française, quel rôle jouent ces différents secteurs et de quelle façon ils sont organisés. Voici donc un tour d'horizon à l'attention des néophytes.

La banque et la finance existent depuis bien longtemps dans nos sociétés. Le développement des échanges et les progrès de l'économie ont toujours été favorisés par l'intervention d'intermédiaires qui injectaient de l'argent dans des activités nouvelles, investissaient dans des entreprises, effectuaient des opérations de change...

En France, ce n'est qu'à partir du Second Empire que prend naissance un véritable système bancaire et financier, rendu nécessaire par la révolution industrielle. Durant la IIIe République, le mouvement s'intensifie. Aux côtés des banques commerciales, dont le nombre continue de s'accroître, de nouvelles structures font leur apparition, notamment des établissements à caractère mutualiste ou coopératif (Crédit populaire, Crédit Mutuel…), ainsi que des organismes publics ou parapublics (Chèques postaux, Banque française du commerce extérieur…). Parallèlement, une distinction s'opère entre les « banques de dépôts » et les « banques d'affaires ». Les premières se consacrent essentiellement aux crédits à court terme tandis que les secondes prennent des participations dans les activités industrielles ou commerciales.

Héritier de cette histoire, le paysage bancaire et financier du début des années 1980 ressemble ainsi à une mosaïque de réseaux ayant chacun leur propre statut et leur réglementation particulière. Un système archaïque qui prépare mal les banques et les établissements financiers à faire face au bouleversement des technologies et au développement de la concurrence internationale. En 1984, les pouvoirs publics décident donc de moderniser en bloc le secteur. Une loi est votée qui assouplit les règlements en vigueur et élargit les prérogatives des entreprises, désormais toutes regroupées sous la même appellation d'établissements de crédit. Cette loi signe l'acte de naissance de la communauté bancaire.

L'HISTOIRE DES BANQUES FRANÇAISES EN CINQ DATES CLÉS

- 1850-1867 : naissance d'un système bancaire moderne lié à la révolution industrielle. Durant cette période, voient le jour le Crédit industriel et commercial, le Crédit foncier, le Crédit Lyonnais, la Banque des Pays-Bas (future Paribas) et la Société Générale.
- 1941-1945 : organisation de la profession bancaire. Création de l'Association française des banques (1941), nationalisation des principales banques de dépôts et de la Banque de France.
- 1966-1967 : réformes du système bancaire permettant notamment l'ouverture de guichets sur l'ensemble du territoire. Naissance de la BNP (1967).
- 1982 : nationalisation des plus grandes banques française, portant à 39 le nombre d'établissements appartenant à l'État.
- 1984 : nouvelle loi bancaire. À partir de cette date, toutes les entreprises du secteur portent le nom d'« établissement de crédit ».

LES DIFFÉRENTES FAMILLES BANCAIRES

Les établissements de crédit sont placés sous la tutelle du ministère de l'Économie et des Finances. Ils sont répartis en différentes grandes familles selon leur statut juridique et les activités qu'ils exercent.

Depuis le 1er février 2001, les banques commerciales françaises, regroupées auparavant au sein de l'Association française des banques (AFB), et les banques coopératives et mutualistes sont réunies au sein d'une même organisation professionnelle : **la Fédération bancaire française (FBF)**. L'AFB conserve la mission de syndicat patronal pour les banques commerciales et le Groupe des Banques Populaires, ainsi, l'AFB ne traite pour l'essentiel que du domaine social.

En 2020, la FBF recouvrait 340 banques ; 36 519 agences ; 362 800 salariés (ce qui représente 1,9 % de l'emploi salarié du secteur privé) ; 54 786 distributeurs de billets et guichets automatiques et 23 milliards d'opérations de paiement.

Les banques commerciales sont habilitées à effectuer toutes les opérations de banque. Plus de la moitié des effectifs travaille au sein des « trois grandes » que sont la BNP Paribas, la Société Générale et LCL Le Crédit Lyonnais. Les autres exercent leur activité dans des banques à vocation générale, régionale et locale, des banques de marché et des banques de financement spécialisé.

Les banques mutualistes et coopératives : ce sont le Crédit Agricole, le Crédit Mutuel, le Crédit coopératif et les Banques Populaires et Caisses d'épargne. Ces établissements peuvent réaliser tous types d'opérations bancaires à quelques limitations près. Ils disposent, en outre, de certains avantages concurrentiels par rapport aux banques commerciales. Le Crédit Agricole, par exemple, détient le monopole du dépôt d'argent des notaires tandis que le Crédit Mutuel, avec le livret bleu, peut offrir à sa clientèle d'épargnant une rémunération égale à celle des livrets A et également nette d'impôt.

Mais ces banques se distinguent surtout par une organisation très décentralisée. Elles sont ainsi structurées en trois niveaux :

- à la base, des caisses locales collectent les dépôts ;
- à l'échelon intermédiaire, des caisses régionales gèrent les ressources collectées ;
- à l'étage supérieur, enfin, des caisses nationales assurent le développement du réseau et gèrent un ensemble de filiales et de services communs.

BANQUE COMMERCIALE OU BANQUE MUTUALISTE : COMMENT CHOISIR ?

Les banques commerciales et les banques mutualistes exercent peu ou prou les mêmes métiers. Seule différence (mais de taille), les premières ont une gestion des ressources humaines localisée au niveau du siège tandis que les secondes sont organisées de façon très décentralisée. Résultat : les opportunités de mobilité professionnelle et géographique sont plus importantes dans le premier cas, même s'il existe des exceptions à la règle. En résumé, les banques mutualistes vous permettront d'être recruté et de faire carrière dans votre région d'origine. En revanche, si votre priorité est d'évoluer le plus rapidement possible vers des postes à responsabilités, quitte à être muté à l'autre bout de l'Hexagone ou en région parisienne, mieux vaut choisir une banque commerciale.

Les Caisses d'épargne : depuis le 1er janvier 2000, les Caisses d'épargne possèdent un statut de banque coopérative. Leur réseau comprend un organe central, la Caisse nationale des Caisses d'épargne et des Caisses coopératives. À l'origine limité au placement du livret A, dont les sommes collectées servent à financer le logement social, l'Écureuil a été progressivement autorisé à pratiquer la plupart des opérations de banque au profit de toutes les catégories de clientèle : particuliers, collectivités locales, entrepreneurs individuels, PME-PMI…
Depuis le 1er janvier 2009, tout établissement bancaire peut délivrer le livret A, qui constitue un puissant produit d'appel.

À noter : en 2009, les Caisses d'épargne et les Banques Populaires ont fusionné et donné naissance au groupe BPCE qui se positionne comme le deuxième groupe bancaire français. En décembre 2019, ce groupe comptait 30 millions de clients, 9 millions de sociétaires, 105 000 collaborateurs, 14 Banques Populaires, 15 Caisses d'Épargne, Natixis et la Banque Palatine.

Les sociétés financières : elles se différencient entre elles par l'objet de leur financement : vente à crédit, location avec option d'achat, crédit-bail, financement immobilier, caution, affacturage, etc. Leur seule caractéristique commune est de ne pas recevoir de dépôts à court terme du public. Pour financer leurs opérations, elles doivent donc utiliser leurs ressources propres, faire appel au marché monétaire ou financier ou, pour celles très nombreuses qui sont filiales de banques, recourir à leurs sociétés mères. L'ASF (Association française des sociétés financières) comptait 270 entreprises membres début 2020.

Les institutions financières spécialisées : cette famille regroupe les établissements de crédit auxquels l'État a confié une mission permanente d'intérêt public : Bpifrance qui soutient l'innovation et la croissance des PME (www.bpifrance.fr), la CGLLS, Caisse de garantie du logement locatif social (www.cglls.fr), l'Agence française de développement (AFD), qui intervient auprès des pays en développement (www.afd.fr).

Le crédit municipal : connues aussi sous le nom de « Chez ma tante », « Le Clou » ou « Le Mont-de-Piété », les Caisses de crédit municipal, établissements publics locaux de crédit et d'aide sociale, ont le monopole de l'octroi de prêts sur gages corporels. Il existe actuellement 20 caisses et une centaine d'implantations sur toute la France, dont la plus importante est de loin celle de Paris. Au cours des dernières années, elles ont diversifié et développé leurs activités en direction des particuliers (notamment les prêts aux fonctionnaires), des collectivités locales et du réseau associatif.
À noter : depuis le début de la crise au printemps 2008, l'activité du crédit municipal prospère tant pour les prêts restructurés accordés par CMB Banque, filiale de l'institution, que pour ses prêts sur gage.

LA BANQUE DE FRANCE

Les établissements de crédit ont à leur tête la Banque de France. Banquier de l'État et institut d'émission de la monnaie, elle a pour mission de contrôler le bon fonctionnement du système bancaire. En outre, elle intervient sur le marché des changes et gère les relations avec les organismes monétaires internationaux.

▶ **Contact** : www.banque-france.fr

LE RÔLE DES BANQUES

Par définition, le rôle d'une banque consiste à collecter des dépôts d'argent puis à les utiliser sous forme de crédits ou d'investissements. Jusqu'à présent, les banques françaises étaient surtout organisées sur un mode géographique avec des agences et des succursales qui couvraient un vaste champ d'opérations et fonctionnaient de façon relativement autonome. Aujourd'hui, la donne a changé car l'activité des banques s'est largement diversifiée et étoffée. Résultat : l'organisation par « ligne » de métiers est à l'ordre du jour. Il s'agit de mieux répondre aux besoins des clients en leur offrant des services homogènes et performants, mais aussi de mieux cerner les sources de profit.

Ainsi, on distingue désormais deux grandes familles de métiers : la banque de détail, c'est-à-dire les prestations offertes par le réseau des agences, et la banque de gros qui comprend notamment le marché des capitaux, l'investissement, la gestion d'actifs et la gestion des titres. Chacun de ces axes se décline à la fois sur le plan national et sur le plan mondial. Le métier de la banque de marché, par exemple, concerne les actions de toutes les entités de la banque dans ce domaine, qu'elles se trouvent à Nogent-sur-Marne ou à Singapour.

La banque de détail

C'est la banque de Monsieur Tout-le-Monde et la mieux connue du grand public. La plupart de ses activités s'exercent dans l'agence au coin de la rue, mais certaines d'entre elles, comme la création de produits d'épargne ou la gestion des moyens de paiement, relèvent également du siège social.

La collecte des dépôts : pour financer les besoins de crédit des entreprises et des particuliers, les banques doivent mobiliser une quantité d'épargne importante. Elles y parviennent en recueillant des fonds du public dont, comme le stipule la loi bancaire, elles peuvent *« disposer pour leur propre compte, à charge pour elles de les restituer ».* Ces dépôts s'effectuent sous différentes formes, par exemple les comptes chèques, les comptes sur livrets, les produits d'assurance-vie, les livrets de développement durable et solidaire (LDDS) ou encore les plans d'épargne logement (PEL).

Le crédit aux particuliers : la banque fait fructifier l'argent déposé par ses clients en attribuant des crédits aux particuliers. Les trois plus importants sont le crédit à la consommation, le crédit habitation et le crédit revolving (plus souvent appelé aujourd'hui « crédit renouvelable ») qui s'apparente à une autorisation de découvert permanent (cette forme de crédit consiste ainsi à mettre à disposition d'un emprunteur une somme d'argent réutilisable au fur et à mesure de son remboursement).

La gestion des moyens de paiement : les banques doivent proposer des moyens fiables et efficaces afin que les clients puissent utiliser à tout moment l'argent qu'ils ont déposé. La gestion des moyens de paiement englobe les chéquiers, les cartes de crédit, les virements interbancaires, les distributeurs de billets et les coffres-forts.

Les assurances de dommages : les banques sont de plus en plus présentes dans la distribution d'assurances-automobiles et multirisques habitation. L'assurance-vie, quant à elle, est distribuée majoritairement par les réseaux de bancassurance (néologisme qui désigne des services financiers, ou des groupes les proposant, intégrant à la fois des produits de la banque et de l'assurance).

La banque de gros

La banque de gros concerne toutes les opérations financières de grande envergure, qu'elles soient effectuées pour le compte propre de la banque ou pour celui d'un tiers (entreprises ou particuliers). Son développement et sa diversification sont relativement récents. Pour une grande part, cette croissance est due à l'évolution de la demande de la clientèle et à la concurrence entre établissements. Mais d'autres facteurs ont également joué, notamment le rôle accru des places boursières à la fois pour financer l'économie, la dette publique et pour attirer et retenir des capitaux flottants.

La banque commerciale grande clientèle : les banques disposent de mandats de gestion pour faire fructifier le patrimoine de particuliers fortunés ou la trésorerie de grandes entreprises. Pour cela, elles effectuent des placements en valeurs immobilières (immeubles, terrains...) ou mobilières (actions, obligations, options d'achat...).

Le conseil : il s'agit d'assister des grandes entreprises pour la réalisation de différentes opérations financières telles que les émissions d'actions ou d'obligations, les introductions en Bourse, les offres publiques d'achat (OPA) ou les offres publiques d'échanges (OPE).

L'investissement : les banques octroient des crédits pour financer de grands projets, par exemple la construction d'une usine ou d'un tunnel. Elles peuvent également prendre des participations dans le capital des entreprises. De tels investissements comportent évidemment une part de risque importante et ne peuvent dépasser certaines proportions et certains montants. Dernière-née chez les banques d'investissements : Natixis, fruit de la mise en commun des activités de banque de financement, d'investissement, de gestion d'actifs et de services des deux groupes Caisse d'épargne et Banque Populaire.

Les marchés de capitaux : la plupart des banques sont présentes sur les marchés boursiers. Elles jouent un rôle d'intermédiaire entre les émetteurs de titres (État ou entreprises) et les souscripteurs (épargnants). Mais elles peuvent également opérer pour leur compte propre.

À QUOI SERT LA BOURSE ?

La Bourse permet à l'État et aux entreprises de se procurer de l'argent frais grâce à deux instruments financiers principaux : les actions et les obligations. Les premières correspondent à une fraction du capital d'une société tandis que les secondes sont des emprunts à terme définis par leur taux d'intérêt. Le prix de ces valeurs est fixé en temps réel par le jeu de l'offre et de la demande, l'épargnant devant pouvoir revendre ses titres à tout moment. À la manière d'un thermomètre, la Bourse indique également la santé des entreprises et du pays.
Les transactions sur les marchés boursiers sont réalisées par les sociétés de bourse (nouvelle appellation des agents de changes) qui appartiennent pour la plupart à de grandes banques.

Le groupe Euronext (www.euronext.com), le plus important au monde, regroupe des marchés boursiers basés dans six pays. Il assure le bon fonctionnement technique et réglementaire du marché des valeurs mobilières, ainsi que le contrôle des opérateurs.

L'Autorité des marchés financiers (www.amf-france.org) réglemente et contrôle l'ensemble des opérations financières portant sur des sociétés cotées : introductions en Bourse, augmentations de capital, offres publiques, fusions... et veille au bon déroulement des offres publiques boursières. Elle vérifie que les sociétés publient, en temps et en heure, une information complète et de qualité, délivrée de manière équitable à l'ensemble des acteurs.

La gestion d'actifs pour compte de tiers : au travers, notamment, des organismes de placement collectifs en valeurs mobilières (OPCVM), les banques mutualisent les fonds de particuliers afin de les placer en Bourse.

La gestion des titres : il s'agit de toutes les opérations administratives liées à l'achat, la conservation et la vente de titres cotés en Bourse (règlement et livraison des titres, répartition des dividendes entre les actionnaires...).

RÉSEAU OU SIÈGE : OÙ POSTULER ?

En termes de nombre de postes à pourvoir, les agences bancaires l'emportent largement sur les sièges sociaux. Difficile donc d'espérer rejoindre immédiatement une salle des marchés ou un autre service central, à moins d'être issu d'une grande école de commerce ou d'ingénieurs et d'avoir déjà eu des expériences « significatives » en relation avec la haute finance. D'autant plus que le passage dans le réseau est souvent, et à juste titre, considéré comme une première étape très formatrice. À la Bred Banque Populaire, par exemple, toutes les nouvelles recrues, quel que soit leur diplôme, débutent à un poste de guichet pour découvrir les produits et apprendre les techniques de vente. Libre à chacun d'évoluer ensuite au sein de l'agence ou de rejoindre le siège en fonction de ses désirs, de son potentiel et des postes à pourvoir.

Voici les adresses de différents sièges sociaux de banques :

- Allianz Banque. 1, cours Michelet – CS 30051, 92076 Paris La Défense cedex. Internet : www.allianz.fr
- BPCE. 50, avenue Pierre Mendès-France, 75201 Paris cedex 13. Internet : www.groupebpce.fr
- BNP Paribas. 16, boulevard des Italiens, 75009 Paris. Internet : https://group.bnpparibas
- Cetelem. 1, boulevard Haussmann, 75009 Paris. Internet : www.cetelem.fr
- CIC. 6, avenue de Provence, 75009 Paris. Internet : www.cic.fr
- Cofidis. Parc de la Haute Borne. 61, avenue Halley, 59866 Villeneuve-d'Ascq cedex. Internet : www.cofidis.fr
- Crédit Agricole. 26 quai de la Râpée, 75012 Paris. Internet : www.credit-agricole.fr
- Crédit du Nord. 28, place Rihour, 59800 Lille. Internet : www.credit-du-nord.fr
- LCL. 18, rue de la République, 69002 Lyon. Internet : www.lcl.fr
- Crédit Mutuel. 88-90, rue Cardinet, 75017 Paris. Internet : www.creditmutuel.fr
- HSBC. 103, avenue des Champs-Élysées, 75008 Paris. Internet : www.hsbc.fr
- ING. 40, avenue des Terroirs de France, 75012 Paris. Internet : www.ing.fr
- Natixis Investissement. 30, avenue Pierre Mendès-France, 75013 Paris. Internet : www.natixis.com
- Société Générale. 29, boulevard Haussmann, 75009 Paris. Internet : www.societegenerale.com

À noter : si les impacts de la crise économique et financière qui sévit depuis 2008 vous semblent opaques ou trop complexes, sachez que la FBF a créé un site, www.toutsurlacrise.fr, afin de vous aider à y voir plus clair.

2 – ASSURANCE, MODE D'EMPLOI

À quoi sert l'assurance ? Pour le savoir, référons-nous à la définition donnée par l'économiste français Jean Fourastié : « *L'assurance est une opération par laquelle un individu, moyennant une contribution, la prime, acquiert pour lui ou pour des tiers un droit à la protection en cas de réalisation d'un risque, cette indemnité étant versée par une entreprise ou un organisme qui, prenant en charge un ensemble de risques les compense conformément aux lois de la statistique.* »
En langage clair, s'assurer, c'est se garantir contre les conséquences financières des aléas de l'existence. Pour qu'un risque soit assurable, il faut donc que trois conditions soient réunies. Premièrement, la réalisation du risque doit être aléatoire, c'est-à-dire indépendante de la volonté de l'assuré. Deuxièmement, les risques doivent être nombreux et homogènes afin de pouvoir faire l'objet d'une mutualisation. Enfin, l'assureur doit disposer de provisions financières suffisantes pour faire face à tous ses engagements.
Véritable industrie de l'incertitude, l'assurance se situe ainsi à la croisée de l'économique, du technique et du social. C'est ce qui fait à la fois sa complexité et son charme.

LES ASSURANCES EN QUÊTE DE JEUNES RECRUES

Selon les chiffres 2019 de la Fédération française des sociétés d'assurances (FFSA), le secteur de l'assurance emploie environ 146 800 personnes.
Compte tenu de leur pyramide des âges, les sociétés d'assurances engagent chaque année entre 10 000 et 14 000 personnes, dont une part importante de cadres (48,5 % des effectifs). Ce volume de recrutement devrait se maintenir dans les années à venir, en raison de l'évolution démographique et de la profonde mutation des emplois que connaît le secteur. La modernisation du secteur de l'assurance requiert également un niveau de professionnalisme de plus en plus élevé. Les métiers les plus concernés sont le commercial, la gestion de contrats, l'informatique, l'actuariat et le marketing, avec une prédominance des commerciaux et des gestionnaires de contrats. La plupart des formations qui préparent à ces emplois peuvent être suivies dans le cadre de l'alternance. La profession s'est dotée de dispositifs adaptés, tels que l'apprentissage, dont le développement est significatif, ou le contrat de professionnalisation, dont les priorités ont été déclinées au niveau de la branche (+ 8,8 % en 2018).

LES TROIS BRANCHES DE L'ASSURANCE

L'assurance est divisée en trois grands domaines correspondant aux différents risques couverts : les assurances de personnes, de dommages et la réassurance.

Les assurances de personnes

Les assurances de personnes représentaient, fin 2018, 74,5 % du chiffre d'affaires global des sociétés d'assurances, soit quelque 163,4 milliards d'euros (source : FFSA). Elles couvrent les risques liés à la vie humaine, notamment les opérations d'épargne (vie et capitalisation) et de prévoyance (décès et santé).

L'assurance-vie : l'assureur s'engage à verser une somme déterminée ou une rente annuelle, soit aux ayants droit de l'assuré en cas de décès, soit à l'assuré lui-même (à une date convenue par avance) si celui-ci est encore en vie.

La capitalisation : il s'agit d'une accumulation d'épargne sur une durée déterminée. L'assureur fait fructifier l'argent accumulé et garantit un montant minimum de capital à l'échéance du contrat. Ce type d'assurance est souvent utilisé pour bénéficier d'une retraite complémentaire.

L'assurance en cas de décès : le versement d'un capital est garanti en cas de décès avant le terme du contrat, quelle qu'en soit la cause.

L'assurance-santé et dommages corporels : ces contrats garantissent le remboursement des frais de soin en complément des régimes de Sécurité sociale, mais aussi le versement d'un capital en cas de décès par accident et d'indemnités en cas d'invalidité ou d'incapacité de travail.

Les assurances de dommages

Regroupées sous le terme IARD (pour « incendie-accidents-risques divers »), les assurances de dommages représentent un chiffre d'affaires d'environ un quart du CA de l'assurance française.

Elles englobent les assurances de biens et de responsabilité. Les premières permettent une indemnisation en cas de sinistre tandis que les secondes répondent au droit de réparation dont disposent les victimes d'un préjudice. Voici les assurances-dommages les plus importantes.

L'assurance-automobile : elle concerne obligatoirement la responsabilité civile du conducteur et, éventuellement, les dommages au véhicule et l'assurance personnelle du conducteur. Avec des millions de voitures assurées, elle représentait 10,1 % du chiffre d'affaires direct en assurances de biens et de responsabilité en 2018.

L'assurance des biens des particuliers : elle est constituée essentiellement des contrats « multirisques habitation ». Ces derniers portent sur les risques accidentels (incendie, dégâts des eaux, vol par effraction...), certains risques naturels (tempête, grêle...) et la responsabilité civile des occupants.

L'assurance des risques professionnels : les petites entreprises (commerce, artisanat, PME-PMI...) sont couvertes par des contrats multirisques tandis que les grandes font l'objet de contrats sur mesure pouvant couvrir, par exemple, des installations industrielles ou des systèmes informatiques. Il existe également une garantie « perte d'exploitation » qui prémunit contre la baisse de résultat consécutive à un événement fortuit.

L'assurance-transport : elle couvre les dégâts pouvant être occasionnés à des marchandises durant leur acheminement par voie terrestre, maritime ou aérienne.

L'assurance-construction : un régime spécifique, mis en place depuis 1983, combine deux garanties distinctes. Le propriétaire souscrit une assurance « dommage ouvrage » tandis que l'entreprise de construction doit prendre une assurance responsabilité civile décennale qui couvre durant dix ans certains risques de malfaçon.

L'assurance-responsabilité civile générale : cette branche comprend des risques en fort développement, notamment les atteintes à l'environnement et la responsabilité médicale.

Cotisations de l'assurance française en 2018 (affaires directes)

Secteurs	Part (en %)
Vie	59,5
Maladies et accidents corporels	10,8
Automobile	10,1
Dommages aux biens	8,5
Capitalisation	4,2
Responsabilité civile	1,7
Construction	1
Catastrophes naturelles	0,8
Transports	0,4
Autres	3,2

Source : FFSA. Données clés 2018.

QUAND L'ACTUALITÉ TRANSFORME L'ASSURANCE

Le secteur de l'assurance est soumis aux changements de la société et aux événements qui font l'actualité. Ainsi, les attentats du 11 septembre 2001, qui représentent à ce jour le plus grand sinistre de l'histoire de l'assurance, ont conduit les assureurs à réajuster les mécanismes d'assurance et de réassurance. En effet, les attentats new-yorkais n'avaient pas pour cible des biens ou des espaces publics, mais des immeubles privés, et qui plus est *via* des avions de lignes commerciales ! Or, en France, la loi qui a rendu obligatoire la garantie attentats dans tout contrat d'assurance de dommages n'était pas adaptée à ce type d'événement, la FFSA a donc demandé une adaptation de cette loi, et, fin 2001, les pouvoirs publics annonçaient que la CCR (Caisse centrale de réassurance) couvrirait désormais, avec la garantie de l'État, les actes de terrorisme au-delà d'un certain montant.
Autre exemple : la loi du 4 mars 2002 relative aux droits des malades qui précise les régimes de responsabilité des professionnels de la santé et d'indemnisation des victimes et qui instaure une assurance obligatoire.

La réassurance

Si les cordonniers sont les plus mal chaussés, ce n'est pas le cas des assureurs qui sont souvent conduits à s'assurer eux-mêmes. Ils le font notamment lorsqu'ils ont à couvrir des risques très coûteux auxquels leurs fonds propres ne permettent pas de faire face en totalité, par exemple un tremblement de terre ou l'incendie d'une plate-forme pétrolière.

Ce sont les sociétés spécialisées dans la réassurance qui réalisent la part la plus faible du chiffre d'affaires du secteur. Elles prennent en charge tout ou partie des risques souscrits par une société d'assurances. Celle-ci demeure l'unique interlocuteur de ses assurés et répond intégralement des engagements pris à leur égard. Mais le réassureur s'engage à lui rembourser une partie des sommes qui leur sont versées.

Pratiquée à l'échelle mondiale, avec une forte prédominance des places européennes, la réassurance consolide ainsi la sécurité financière du mécanisme d'assurance. Elle permet aux sociétés d'assurances de souscrire des risques plus lourds et plus nombreux et de disposer de liquidités importantes en cas de sinistre grave.

LE MARCHÉ FRANÇAIS DE L'ASSURANCE

Savez-vous que l'Europe fait partie des leaders mondiaux de l'assurance ? En effet, en 2018, le marché de l'assurance européen occupait la deuxième place du marché mondial de l'assurance, après l'Asie, selon l'étude annuelle publiée par Insurance Europe, la Fédération européenne de l'assurance et de la réassurance. En outre, en Europe, la France se plaçait à la deuxième place après le Royaume-Uni.

Les acteurs de l'assurance

Le nombre de sociétés d'assurances en France ne traduit pas la réalité du marché, car un même groupe rassemble plusieurs entités juridiques. Ainsi, lorsqu'un même groupe exerce des activités d'assurances de dommages et des activités d'assurance-vie, il doit le faire au sein de deux entreprises juridiquement distinctes.

Les sociétés d'assurances se distinguent donc par leur taille, leur forme juridique et, bien sûr, la nature de leurs activités. Certaines sont généralistes tandis que d'autres opèrent uniquement sur un certain type de risques. En 2019, la Fédération française des sociétés d'assurance regroupait 280 entreprises qui représentent 99 % du marché français de l'assurance.

Les sociétés anonymes d'assurances : elles sont rattachées au code des assurances qui leur impose notamment un capital minimal très important. En font partie les filiales de groupes étrangers installées sur le sol hexagonal et considérées à ce titre comme des sociétés de droit français. À elles seules, elles détiennent la moitié du marché de l'assurance-vie et les deux tiers de celui du marché dommages. Parmi les plus importantes figurent Axa, la CNP, Allianz, le groupe Crédit Agricole assurance et BNP Paribas Cardif.

Les mutuelles régies par le code de la mutualité : placées sous la tutelle du ministère du Travail, elles interviennent essentiellement dans le domaine de l'assurance-santé en complément des régimes de sécurité sociale. Elles comptent dans leur rang la LMDE, la SMER et la MGEN.

Les sociétés d'assurances mutuelles : on en dénombre une centaine et ont en commun d'être des sociétés civiles dotées non pas d'un capital mais d'un fonds d'établissement. Leurs assurés en sont sociétaires, c'est-à-dire copropriétaires, et participent à ce titre à leur gestion. On a coutume de les distinguer entre elles en fonction de leur mode de distribution. À l'instar des sociétés anonymes, certaines font ainsi appel à des distributeurs commissionnés, agents généraux ou courtiers. D'autres, en revanche, se réclament de la philosophie de l'économie sociale et n'utilisent que des distributeurs salariés. Dénommées MSI (mutuelles sans intermédiaire), elles sont en général spécialisées sur une catégorie socioprofessionnelle : fonctionnaires (GMF), artisans (Maaf), commerçants (Macif), personnels de l'Éducation nationale (Maif)…

La mutualité agricole : les caisses d'assurances mutuelles agricoles sont fédérées sur le plan national au sein de Groupama, neuvième assureur français par son chiffre d'affaires (11,6 milliards d'euros en 2018) et ses effectifs (25 000 collaborateurs).

Les sociétés étrangères : étant donné la réglementation européenne sur la Libre prestation de services (LPS), les assureurs étrangers peuvent proposer des contrats aux assurés français directement à partir de leur pays d'origine. Les sociétés les plus présentes dans l'Hexagone sont suisses (Zurich), anglaises (Aviva...), italiennes (Generali...) et allemandes (Allianz...). Elles sont particulièrement actives dans le domaine des risques industriels.

Les 10 premiers groupes d'assurances en 2018

Groupe	Chiffre d'affaires (en milliards d'euros)
Crédit Agricole Assurance	27,4
Axa	24,9
CNP	21,5
Covéa	14,9
BNP Paribas Cardif	14,5
Allianz	13,9
Generali France	12,5
Groupama	11,6
Natixis Assurances	11,3
ACM	11,3

Source : *L'Argus de l'assurance*, 2019.

La distribution des assurances

Les assurances, tout le monde en vend... mais de manière diversifiée. À côté des modes de distribution traditionnels (réseaux salariés, agents généraux, courtiers, guichets des mutuelles sans intermédiaire), on assiste depuis quelques années à l'apparition de nouveaux intervenants (banques, grande distribution) et de nouveaux supports de vente (vente par téléphone ou par correspondance).

La France se caractérise par la variété de ses réseaux de distribution : agents généraux et courtiers d'assurances, réseaux salariés, bureaux des sociétés sans intermédiaires, réseaux de

bancassurance, vente directe (publipostage, vente par téléphone, par internet…).
En France, agents généraux et bureaux de sociétés sans intermédiaires dominent la vente des assurances de dommages, suivis des courtiers, plus spécialisés dans les assurances des entreprises. En risques de particuliers, les sociétés sans intermédiaires ont accru leur part de marché depuis 1995, part qui s'est stabilisée en 2004. En revanche, en assurances des entreprises ou de transports de marchandises, les sociétés avec intermédiaires restent très largement prédominantes.
L'assurance-vie est distribuée majoritairement par les réseaux de bancassurance. Puis viennent les réseaux salariés des sociétés d'assurances.

Les effectifs salariés des sociétés s'élèvent à 146 800, répartis entre les administratifs et les commerciaux itinérants.
Ils sont très présents au sein des anciennes compagnies nationalisées (Allianz, GAN, GPA, La Mondiale…).
Spécialisés dans la distribution d'assurances de personnes à domicile, ils interviennent en appui des agents généraux et des courtiers.
Depuis quelques années, le nombre des vendeurs salariés itinérants ne cesse de diminuer (- 28 % en 10 ans).

Les agents généraux : exerçant une profession libérale, ils sont mandataires d'une ou plusieurs sociétés d'assurances traditionnelles. Ils sont leaders dans la distribution d'assurances-dommages aux particuliers. Pour résister à la concurrence des mutuelles sans intermédiaire et à l'arrivée de nouveaux intervenants sur le marché, cette profession, jugée moribonde il y a quelques années, a entrepris de se moderniser.

À noter : il y a 40 ans, on comptait 18 000 agents généraux mandataires, en 2015, ils n'étaient plus que 12 000 (source : fédération nationale des syndicats d'agents généraux). Cependant, le chiffre d'affaires moyen des agences reste dynamique (+ 3 % en un an) : 295 000 euros en moyenne.

Les courtiers : ce sont des commerçants qui officient pour le compte de leurs clients, sans lien de droit avec les sociétés d'assurance.

Les activités des courtiers se répartissent équitablement entre les assurances de personnes et les assurances de dommages. Néanmoins, la tendance est à une segmentation du marché par type de clientèle ou par domaine de risques. Autre évolution notable : le regroupement des cabinets de courtage par le biais de fusions ou d'acquisitions, avec une domination de plus en plus écrasante des grands groupes anglo-saxons.

La vente au guichet ou bureaux : les mutuelles sans intermédiaire (GMF, Macif, Maif, Maaf...) lui ont donné ses lettres de noblesse, mais elles n'ont plus le monopole de ce mode de distribution. En effet, les banques, La Poste et la Caisse d'épargne se sont tournées vers la vente de produits d'assurances dans leurs agences dès le début des années 1980. Après avoir investi avec succès l'assurance-vie, ces établissements ont mis le pied dans la distribution d'assurances-auto et multirisques habitation. Autre nouvel adepte de la vente au guichet : la grande distribution.

La vente directe : elle consiste à vendre des contrats d'assurance à distance, par téléphone, courrier ou internet. La vente directe occupe une place essentielle dans la distribution des produits d'assurances, grâce à internet. Certaines sociétés telles que Direct Assurance ou Eurofil (groupe Aviva) se sont ainsi spécialisées dans ce mode de distribution tandis que d'autres, comme la GMF ou Axa, l'utilisent comme une force d'appoint.

QUELLE ENTREPRISE CHOISIR ?

Société anonyme, mutuelle, agence générale ou cabinet de courtage... Comment faire le bon choix ? Le premier critère à prendre en considération est la taille de l'entreprise. En effet, plus celle-ci est importante, plus les tâches sont segmentées. Ainsi, les agences générales et les courtiers confient davantage de responsabilités à leurs collaborateurs et leur demandent de faire preuve de beaucoup de polyvalence. À l'inverse, les salariés des sociétés anonymes et des mutuelles sont souvent en charge d'une activité bien précise (conseil et vente, production, gestion des sinistres...) centrée sur un unique produit (assurance-vie, automobile ou habitation...).
Autre paramètre important : les possibilités d'évolution professionnelle. Elles sont, bien sûr, plus importantes dans les grandes structures où il existe plusieurs niveaux d'encadrement. Mais il faut également faire

un distinguo entre les sociétés anonymes et les mutuelles. De façon générale, les premières privilégient la mobilité interne. Chez Allianz, par exemple, trois règles d'or ont été édictées : « *Personne n'est propriétaire de son poste* », « *Aucune direction n'est propriétaire de son collaborateur* » et « *On ne reste pas plus de quatre ans au même poste.* » A *contrario*, dans les mutuelles, les organigrammes sont souvent figés dans le marbre et les perspectives de carrière plus limitées.

Bon à savoir : face à un environnement financier peu favorable, le chiffre d'affaires réalisé par l'assurance (plus de 219 milliards d'euros) témoigne de la capacité de résistance de ce secteur en France.

3 – BANQUE-ASSURANCE : UN PAYSAGE EN RECOMPOSITION

Depuis une quinzaine d'années, les secteurs de la banque et de l'assurance traversent une période de hautes turbulences. Quels sont les impacts sur l'emploi ? Comment évoluent les métiers ? Quels nouveaux profils les entreprises recherchent-elles ? Le point sur la situation actuelle et les chantiers en cours.

CAP SUR LA MONDIALISATION

Négocier des options à Singapour, financer un projet en Amérique du Sud, monter des émissions d'obligations sur le marché londonien..., l'activité des banques, tout comme celle des sociétés d'assurances, s'est largement internationalisée. Pour faire face à cette nouvelle donne, les entreprises des deux secteurs ont dû revoir et corriger leur organisation. Ainsi, sous la marque SG Corporate & Investment Banking (SG CIB), se cache le pôle de financement et d'investissement de la Société Générale, qui regroupe plus 12 000 collaborateurs dans 38 pays. Au service des entreprises et des institutionnels, SG CIB offre une réponse globale et intégrée à leurs besoins financiers et enjeux stratégiques au travers des activités de financement, de marché et de conseil en fusions-acquisitions. C'est une des rares banques européennes capable de combiner une forte base en Europe, une expertise aux États-Unis et une présence reconnue en Asie.

Paradoxalement, les possibilités de travailler à l'étranger ont tendance à se réduire. « *L'âge d'or de l'expatriation se termine. En effet, il est plus simple et plus rationnel de faire appel à des contrats locaux que d'envoyer à grands frais des collaborateurs français hors des frontières* », constate ainsi la responsable du recrutement et du suivi des jeunes diplômés chez Allianz.
Reste que les banques et les sociétés d'assurances ont plus que jamais besoin de profils internationaux, même si ces derniers sont plutôt destinés à faire carrière en France. En attestent les programmes d'intégration à destination des élèves bilingues des

écoles d'ingénieurs et de commerce mis en place dans de nombreux établissements.
En définitive, les effets de la mondialisation se font davantage sentir dans des endroits où l'on ne les attend pas. « *Les carrières internationales à la James Bond revisité en golden boy appartiennent plus au rêve qu'à la réalité. En revanche, les compétences linguistiques sont indispensables dans le Périgord profond où il y a une grosse clientèle allemande et anglaise. Si la guichetière ne maîtrise pas ces langues, elle ne va pas s'en sortir* », constate Élisabeth Bauby, directrice adjointe aux affaires sociales de Fédération Française des sociétés d'assurance.

LE TEMPS DES RESTRUCTURATIONS

Europe oblige, la recomposition du secteur bancaire français et européen est à l'ordre du jour. La bataille bancaire a commencé en 1996 avec le rachat de la banque Indosuez par le Crédit Agricole, s'est confirmée par l'absorption du Crédit du Nord (propriété du groupe Paribas) par la Société Générale et la prise de contrôle du Groupe CIC par le Crédit Mutuel. Suit la guerre boursière opposant la BNP, la Société Générale et Paribas qui se soldera, en 1999, par la création de BNP Paribas. En 2000, le groupe britannique HSBC rachète le CCF et, en 2002, c'est au tour du Crédit Lyonnais de se faire avaler par le Crédit Agricole. En 2009, la Caisse d'épargne et le groupe Banque Populaire fusionnent après le rapprochement des organes de financement et d'investissement de ces deux banques en 2006. La multiplication des acquisitions, privatisations et autres OPA-OPE a profondément modifié le paysage.
Chez les assureurs, il y a eu la fusion entre l'UAP et Axa, l'achat des AGF par Allianz et du GAN par Groupama... Les mouvements de concentration à l'échelle européenne ainsi que les opérations de fusion et d'acquisition concernent également toutes les sociétés de taille moyenne ou petite.

Dans la banque et dans l'assurance, tous ces rapprochements ont bien sûr des conséquences immédiates sur l'emploi. Ils s'accompagnent en effet de restructurations internes visant à réaliser des économies d'échelle, c'est-à-dire à supprimer des services et des postes qui font double emploi. Un moment difficile à vivre pour les salariés en place, même si le passé a démontré que les traitements étaient la plupart du temps administrés en douceur, sous forme de départs bien négociés, de préretraites ou de reconversions réussies au travers de dispositifs de formation. Durant ces périodes de transition, les entreprises ont également tendance à ralentir leurs recrutements.

DES INNOVATIONS À TOUT VA...

Internet, bouquet numérique..., les banques et les sociétés d'assurance sont passées au « tout électronique ». Ainsi, 88 % des internautes utilisent l'internet bancaire pour consulter leur compte ou effectuer des virements (57 %). 50 % des internautes se connectent aussi à leur banque en ligne pour effectuer des paiements en ligne, transférer de l'argent sur des comptes externes (48 %) ou payer des factures (37 %). Internet est également utilisé par 13 % des internautes pour gérer leurs investissements. En revanche, ils ne sont que 7 % à déclarer demander des crédits en ligne (source : Statista 2019).

Depuis les années 1980, les guichets et distributeurs automatiques de billets délestent déjà les commerciaux des banques d'une grande partie des opérations courantes : retraits d'espèces, remises de chèques, consultation des soldes et des dernières opérations... Grâce aux systèmes de reconnaissance électronique, ils seront également accessibles sans carte de crédit. Ainsi, la société de financement immobilier Nationwide avait déjà conçu, un peu avant les années 2000, un automate bancaire expérimental capable d'identifier tout utilisateur... à partir de la forme de son œil (l'iris de chaque individu étant unique, le système serait plus sûr et moins falsifiable qu'avec un code secret).

Dans un registre moins futuriste, plusieurs banques et sociétés d'assurances se sont dotées de centres d'appels téléphoniques ayant permis la création de nouveaux métiers au sein de leurs réseaux. À Bred Direct Services, par exemple, les téléconseillers travaillent sur plusieurs plates-formes téléphoniques ouvertes du lundi au samedi. Leur rôle ? Accueillir et renseigner la clientèle, vendre des produits et prendre des rendez-vous en complément du réseau d'agences.

Avec la généralisation de la téléphonie mobile, les banques ont également développé des services interactifs et des applications mobiles permettant la consultation et la gestion des comptes bancaires sur téléphones portables.

Mais le plus gros poste d'innovation permanente concerne internet. Les banques et les compagnies d'assurances disposent de sites institutionnels sur le web pour présenter leurs activités, leurs produits, leurs métiers et recevoir les CV de leurs futurs collaborateurs. Elles offrent également un véritable service interactif à leurs clients : consultation des comptes, virements, transactions boursières, souscription d'assurances-vie… Cela dit, les obstacles restent nombreux (défaillances techniques, transactions toujours plus sécurisées…).

Toutes ces innovations ont des répercussions sur l'organisation du travail, le contenu des métiers et les programmes de formation. Reste qu'aujourd'hui, le « cyberbanquier » et le « cyberassureur » n'ont pas encore d'existence tangible, même si des sociétés connaissent de bons succès via le Net, comme, par exemple, ING, Fortuneo Banque ou Boursorama Banque, et côté assurances, Amaguiz, Direct Assurance, etc. À l'instar du Crédit Mutuel qui bénéficie de l'appui de Cap Gemini, les banques et les sociétés d'assurance font en effet appel à des SSII pour mettre en œuvre leurs projets technologiques. Quant à la gestion des systèmes (plates-formes téléphoniques, internet…), elle incombe pour l'essentiel à des informaticiens maison ou à des opérationnels issus du réseau.

LES INFORMATICIENS ONT LE VENT EN POUPE

Selon l'Observatoire de l'évolution et des métiers de l'assurance, en 2018, on comptait environ 11 600 informaticiens dans les sociétés d'assurances. 5 000 informaticiens sont ainsi embauchés par an, l'informatique représentant 8 % des salariés du secteur de l'assurance. Pendant longtemps, les services informatiques ont été fortement centralisés. Isolés dans leur tour d'ivoire, les informaticiens se sont souvent vu reprocher de pondre des « usines à gaz » coûteuses et peu adaptées aux besoins du terrain. Ce n'est plus le cas aujourd'hui. En effet, la nouvelle génération a appris à mieux appréhender les exigences des opérationnels et à communiquer autrement qu'avec un jargon sibyllin. Le suivi sur sites est également largement développé.

4 – LES QUATRE PÔLES DE LA GESTION D'UNE ENTREPRISE

La finance-comptabilité, le marketing, la logistique et la gestion des ressources humaines sont les quatre fonctions qui appuient traditionnellement la direction générale dans ses missions de gestion.

La première fonction, sur le plan historique et quantitatif, est celle de la finance et de la comptabilité. Nous y retrouvons les métiers de comptable, trésorier, chef comptable, assistant comptable, directeur comptable et directeur financier pour les services internes à l'entreprise. L'expert-comptable, les cabinets d'audit et les banques entrent dans la branche finance-comptabilité, bien que leurs liens avec l'entreprise ne relèvent généralement pas du salariat mais du contrat. L'entreprise fait appel à un prestataire de service extérieur pour une mission précise.

La modification de la logique de production est un thème qui a été très largement abordé et fait encore l'objet de nombreux débats à l'heure actuelle. Alors que durant les Trente Glorieuses, les entreprises se situaient dans une logique d'économie de production, elles seraient désormais passées à une logique d'économie du consommateur. En résumé, tandis que les différents produits étaient auparavant fabriqués puis proposés aux consommateurs, dans l'économie actuelle, ces derniers décideraient de la production, mettant ainsi en concurrence les entreprises qui n'auraient d'autre choix que de suivre les évolutions ou les caprices des acheteurs. Par conséquent, l'économie serait poussée par la demande et non plus par l'offre. En tout état de cause, il est vrai que le marketing est l'une des fonctions clés de la réussite de l'entreprise. Les métiers de chef de produits, de directeur marketing et de chargé d'études sont très prisés sur le marché.

Cette modification de la logique de production a transformé les impératifs de la production eux-mêmes en créant de nouveaux enjeux pour ce qui concerne la production, la gestion et l'économie.

Le service logistique, censé répondre à cette nouvelle demande, est voué à relever le défi de l'organisation de la production pour optimiser l'utilisation des ressources.

Enfin, malgré les prophéties de certains, les entreprises ne sont pas devenues des entités sans travailleurs. Mieux encore : abandonnant son statut de « coût variable », la force de travail est devenue « ressources humaines ». Promotion qui confère un rôle prépondérant à la fonction personnelle, autrefois annexe, comme en témoigne le terme même de « direction des ressources humaines ». Le directeur des ressources humaines, le responsable de l'administration du personnel, le gestionnaire des carrières, le responsable de formation et le chargé de recrutement sont autant d'intervenants dans ce domaine.

LA FONCTION COMPTABLE

Dans un ouvrage intitulé *La Comptabilité en perspective* (La Découverte, collection « Repères », 1993), Michel Capron expliquait que « *pour le développement des rapports marchands, les opérations de comptage ont engendré peu à peu un système complexe de codes, de normes et de règlements et entraîné la formation d'un corps de spécialistes, détachés de l'activité productive, ayant pour unique fonction de gérer cette complexité, d'effectuer les calculs et d'en remettre les résultats. Ainsi, opération de comptage à ses débuts, la comptabilité est qualitativement supérieure au comptage dans la mesure où elle met en œuvre des comptes établis et tenus selon des règles* ».

Règles, normes, règlements… : la comptabilité est née sous le signe de la contrainte et de la technique. Dans le même temps, source d'information dont profitent les actionnaires, les administrations fiscales, les dirigeants d'entreprises et les salariés, la comptabilité est vécue comme un enjeu crucial dans l'entreprise. Ainsi que le suggérait Michel Capron, « *la comptabilité, dont on dit souvent qu'elle a vocation à représenter la réalité de l'entreprise, peut être rapprochée de l'art théâtral : elle présente en effet le résultat du jeu des rapports de force s'exerçant sur la scène économique que constitue l'entreprise* ».

La comptabilité générale ou financière

La comptabilité générale enregistre, classe et regroupe les informations relatives aux mouvements de valeurs ayant pour origine les activités de l'entreprise. Il s'agit avant tout d'un instrument de mesure : celui des résultats de l'entreprise sur un exercice (une période donnée qui est le plus souvent l'année) ; celui de la situation patrimoniale à un instant donné (quels sont les avoirs de l'entreprise, à combien s'élèvent ses dettes, etc.).
Obligation légale, elle repose sur une codification qui permet la lisibilité de la comptabilité par l'administration fiscale : le plan comptable général (PCG) qui peut être modifié pour s'adapter aux nouvelles exigences de l'environnement économique ou de l'administration.

Il existe des « principes comptables généralement admis » qui, en France, sont les suivants :
• la continuité de l'exploitation (l'entreprise continuera dans l'avenir) ;
• la permanence des méthodes (afin de permettre des comparaisons), la prudence (prise en compte des risques de pertes mais pas de gains, afin de protéger l'épargnant) ;
• l'indépendance ou la spécialisation des exercices ;
• la non-compensation entre différents postes ;
• le coût historique, l'entité et la sincérité.

À partir de ces principes, on élabore des documents comptables. La première manœuvre consiste à récolter les données. Ce n'est pas toujours le plus simple et cette partie exige une grande rigueur. Chèques, factures qu'il faut obtenir des salariés en déplacements, traites avec les différents fournisseurs, bulletins de paie… les pièces à collecter sont nombreuses. Une fois les documents recueillis, la seconde étape consiste à enregistrer ces données numériques dans le « journal » ou le « grand-livre ». Enfin, les comptes annuels de synthèse s'effectuent par regroupement, classement et présentation des données.

Langue favorisant la communication, la comptabilité détient très peu de signes à son actif et la réalité de l'activité de l'entreprise peut difficilement être appréhendée par son seul biais. La nature et la qualité des produits, les techniques (matérielles ou humaines) employées pour produire, les relations salariales qui conditionnent les performances futures, etc. : autant d'aspects qui ne sont pas réductibles à des données comptables.

La comptabilité de gestion

Quels sont les objectifs d'une comptabilité de gestion ? Si ce secteur a le vent en poupe, c'est parce qu'il répond à des objectifs précis qui intéressent au plus haut point l'entreprise.
Ainsi, la comptabilité de gestion permet de déterminer les coûts des différentes fonctions de l'entreprise : elle constitue la base de l'évaluation de certains éléments du bilan, notamment en ce qui concerne les stocks devenus l'une des variables « clés » de l'efficacité de l'entreprise.
Elle sert de base à la comptabilité budgétaire en établissant les prévisions de charges et de produits. Depuis peu, elle aide à la recherche opérationnelle, notamment pour les calculs de rentabilité d'investissements mais aussi pour les coûts multiples des différents événements qui pourraient survenir dans la vie d'une entité économique. À vocation multiple, la comptabilité de gestion suppose donc des compétences plurielles et une intelligence de la globalité.

Quelles sont les raisons de l'apparition de la comptabilité de gestion ? Pour Michel Capron, celle-ci est née sous l'impulsion d'une double pression. D'une part, celle de l'environnement économique, et notamment la pression de la concurrence qui oblige les entreprises à se dépasser constamment, à chercher des niches d'efficacité. Les hommes du contrôle de gestion sont donc des « fournisseurs d'informations » pour les « chercheurs d'efficacité ».
D'autre part, une pression liée à l'organisation même des entreprises et de leur activité. La multiplicité des produits issus d'une seule et même entreprise incite à la clarification des coûts engendrés par les différents « *inputs* » (consommations nécessaires à la réalisation d'un produit) et la marge possible de « *l'output* » (produit fini qui sera proposé sur le marché aux clients potentiels).

Ces deux éléments ayant concouru à l'émergence d'une comptabilité de gestion diffèrent fortement d'une entreprise à une autre. Afin de

prendre en compte ces particularités, et parce qu'à chaque question, les hommes adoptent des points de vue sinon divergents du moins différents, elle n'est pas unitaire. Source d'information interne, la comptabilité de gestion est un art qui demande de l'interprétation car « *le sens et la portée des informations dépendent de la manière dont elles ont été codifiées et traitées* ».
Voilà certainement ce qui fait l'un des attraits de cette discipline aux yeux des jeunes générations. Nombreux sont ceux qui, débutant dans une formation du cursus comptable, parfois sans foi mais avec la ferme intention d'y trouver des perspectives d'emploi, se surprennent à éprouver un véritable plaisir dans leur travail. La comptabilité de gestion donne l'occasion d'exercer son imaginaire, son flair, invite à se distancier des outils utilisés, impose l'argumentation. La pratique devient plus incertaine mais moins mécanique, laissant à ses praticiens des occasions de se dégager de la morosité accolée à la profession…

LA FONCTION MARKETING

Axé sur le commercial, le marketing ne semble *a priori* pas relever du domaine de la gestion. Or, si l'on se réfère aux déclarations des chefs d'entreprise, le secret de la gestion moderne consisterait à se tenir résolument à l'écoute des marchés (en termes de prix, de besoins, d'attentes et de désirs du consommateur). La concurrence exacerbée entre les produits permet aujourd'hui au consommateur de choisir celui qui lui convient le mieux.

Denis Lindon, consultant et ancien professeur de marketing au centre HEC-ISA, adopte une définition « réaliste » du marketing. Il veut à la fois se distancier des définitions péjoratives qui ne verraient dans le marketing qu'un « *moyen de vendre n'importe quoi à n'importe qui* », et des définitions vertueuses qui transformeraient la mercatique en « *acte socialement positif, en activité humaine orientée vers la satisfaction des besoins et des désirs au moyen de l'échange* », sans évoquer l'objectif ultime de l'opération : le profit.
« *Le marketing est l'ensemble des moyens dont dispose une organisation pour influencer, dans un sens favorable à la réalisation de ses propres objectifs, les attitudes et les comportements des publics auxquels elle s'intéresse.* » Dans cette définition volontairement

généraliste, Denis Lindon cherche à ne pas restreindre le champ d'intervention du marketing aux seules entreprises. Il faut néanmoins reconnaître que les entreprises privées représentent les principaux recruteurs…

Si l'on a parfois oublié le marketing dans les métiers de la gestion, cela est dû en grande partie à l'habitude qui consiste à faire l'amalgame entre marketing et dynamique commerciale. Or, si l'objectif fixé reste effectivement la vente, il s'agit avant tout de mettre en œuvre des politiques qui influenceront cette dernière. La différence peut ici paraître bien modeste, mais elle revêt toute son importance sur le terrain.

L'ÉTUDE DE MARCHÉ

Comment une organisation s'acquitte-t-elle de l'étude du marché préalable à toute activité ? La méthode type consiste à :

- décrire le marché et son environnement grâce à des études documentaires (quels sont les concurrents, les contraintes juridiques, politiques… ?) ;
- repérer les comportements et les expliquer pour mieux les anticiper (ce sont les études de consommateurs) ;
- découper les marchés en sous-ensembles. Il existe une demande générale pour l'automobile, mais celle-ci diffère suivant les publics (jeunes, femmes, familles…) ;
- prévoir les évolutions (le marché est-il en croissance ou en déclin ?).

Chaque spécialité de la gestion répond avec ses outils spécifiques aux questions qui se posent. La mercatique cherche en premier lieu à connaître le marché afin, dans un deuxième temps, de s'y adapter et/ou d'agir sur lui. Pour connaître le marché, les gestionnaires ont créé des méthodes d'études sophistiquées. En effet, si l'intuition peut fonctionner lorsque l'on est artisan (le tri des informations fournies par les 10, 20 ou 30 clients se faisant naturellement), la tâche se révèle d'autant plus ardue que la population « cible » est importante.

Pour se sortir de cette masse d'informations difficile à gérer, l'homme du marketing a pris l'habitude de faire appel à des techniques issues de disciplines multiples : psychologie, sociologie des consommateurs, statistique, économie et économétrie.

Des enquêtes pour cerner les goûts des consommateurs sont réalisées ; des « supputations » établies à partir de modèles de comportement guident les politiques.
Le marketing ne devient pas pour autant une simple technique : pratique et pragmatisme sont plus que nécessaires. La technique ne remplace pas ici l'intuition, mais vient plutôt la compléter. Aller toujours plus loin dans les études marketing, croiser les données pour s'assurer de la qualité de l'information détenue : par ces pratiques, le marketing apparaît véritablement comme une science.
Il n'en reste pas moins que ce domaine des sciences humaines oblige à la prudence et laisse le praticien dans le mystère de la réalisation. Malgré les études les plus sérieuses et les analyses les plus approfondies, vous pouvez vous lancer dans un projet qui s'avérera catastrophique. À l'opposé, un homme seul peut très bien avoir l'intuition magique, la clairvoyance. La technique sert uniquement à conforter ou à réconforter, ainsi qu'à réduire les risques d'erreurs dus à un jugement approximatif.

LES MOYENS D'ACTION

Une fois les études de marché réalisées, il faut adapter la politique de marketing aux objectifs de l'entreprise. Cela concerne :
- la politique de produit ;
- la politique du prix ;
- la politique de distribution ;
- la politique de communication/promotion.

LA FONCTION LOGISTIQUE

La logistique concerne toutes les opérations déterminant le mouvement des produits telles que la localisation des usines et des entrepôts, l'approvisionnement, la gestion physique des en cours de fabrication, l'emballage, le stockage et la gestion des stocks, la manutention et la préparation des commandes, les transports et tournées de livraison.
Le domaine de la logistique se rapporte à l'activité liée au transport (gestion de la flotte des transports, personnel, programme de livraison) ; la manutention (déchargement des marchandises reçues, consolidation des commandes, chargement) ; l'entreposage

(localisation des entrepôts et des produits dans les entrepôts) ; les stocks (politique des commandes, intérêts, taxes, assurance) ; le traitement de l'information (statistiques des commandes et des livraisons, mesure du rendement de la distribution physique) ; la gestion de la distribution physique (application de la stratégie de l'entreprise, activité tactique et de contrôle de la distribution physique).

La logique actuelle tend à faire disparaître les surstockages et les coûts de rupture occasionnés par des éléments disparates tout au long du canal qui va des matières premières jusqu'au client final en passant par le travail complexe de la production.
Hier délaissée, car pas assez noble, la logistique est devenue ces dernières années l'une des fonctions les plus dynamiques de la gestion.

LA FONCTION RESSOURCES HUMAINES

Il a été très largement question d'un nouveau modèle de production misant sur les compétences et redonnant à l'homme la place centrale dans l'entreprise, place qu'il n'aurait jamais dû perdre. En France, le temps du travail parcellisé, spécialisé, mécanisé propre au taylorisme de l'après-guerre est révolu. Si les entreprises modernes parient désormais sur les hommes, ce n'est pas pour des raisons altruistes, mais parce que la source de toutes les valeurs créées découle de l'activité humaine.
Au-delà du recours à de nouveaux dispositifs pour une économie plus sociale, les entreprises ont une vraie réflexion sur les ressources humaines, notamment en valorisant les qualités des individus. Le développement des compétences ou des qualifications passe par le tri des meilleurs sur le marché du travail, par des formations destinées à orienter la trajectoire des compétences, par l'adoption de modes de rémunération censés améliorer les performances, etc.

Deux fonctions différentes, mais se recouvrant en partie, forment le service de la gestion des ressources humaines. Historiquement, sa première fonction concerne la gestion administrative du personnel. La seconde, plus récente, vise à développer les qualités des employés dans leurs pratiques de travail. À l'une revient un rôle passif de conformité aux règles, à l'autre la charge de l'action.

5 – LA COMPTABILITÉ À L'HEURE EUROPÉENNE

En 2005, les normes comptables ont été alignées à l'échelle du continent européen. Cette transformation, souhaitée par la Commission européenne, a eu de nombreuses conséquences sur la pratique comptable des sociétés européennes cotées en Bourse afin, d'une part, de rendre plus transparentes les publications financières (pour lutter contre d'éventuelles irrégularités des entreprises) et, d'autre part, de faciliter le travail de comparaison effectué par les investisseurs.

L'adoption d'un langage européen financier unique bénéficie aux utilisateurs internes et externes des comptes. Tout le monde parle désormais IFRS (*International Financial Reporting Standards*), du nom des normes mises en place il y a maintenant une quinzaine d'années.
Depuis 2003, les sociétés sont en effet dans l'obligation de recourir aux IFRS dans les documents destinés à être visés par la COB (Commission des opérations de Bourse).

ENCORE DE BEAUX JOURS POUR LES COMPTABLES...

Exit l'image d'Épinal avec le vieux comptable en blouse grise au fond d'un sous-sol ! Le comptable version 2020 est un collaborateur essentiel et visible de l'entreprise.
« *Ces métiers sont reconnus dans l'organigramme. Ils sont en lien total avec l'entreprise* », assure Fabrice Coudray, manager régional chez Robert Half International. « *La fonction n'a jamais été aussi oxygénée qu'actuellement* », poursuit Yan Fessard de Foucault, ancien directeur senior chez Michael Page. « *Au point de devenir un poste clé*, assure Fabrice Coudray. Et d'ajouter : *Les comptables sont de véritables aides à la décision. C'est vers eux que se tourne la direction.* »

Avant, seul le directeur financier était sollicité. Aujourd'hui, le comptable est également impliqué au plus haut niveau de l'entreprise. « *C'est un conseil précieux dont les patrons ne sauraient se passer. On dit souvent que le chef comptable est le garant des chiffres. C'est d'autant plus vrai dans une période où les chefs d'entreprise sont susceptibles de se retrouver devant les tribunaux pour malversation* », confirme de son côté Alexandre Tamagnaud, associé fondateur de Fed Finance.

Encore plus qu'hier, le comptable est le gardien du temple. « *C'est surtout sous la pression des nouvelles normes de consolidation que la profession a été amenée à changer. Ces nouvelles normes ont permis une visibilité globale des comptes.* »
Aujourd'hui, l'heure est à la transparence et le traitement des opérations a un impact sur les résultats de l'entreprise. Notamment pour les sociétés cotées. « *Le comptable est assurément le garant de ces arbitrages. Il est là pour veiller à donner une image fidèle des comptes du groupe. La responsabilité du président en dépend* », rappelle Fabrice Coudray. « *Les systèmes informatiques, dits ERP, ont sans conteste donné une dimension analytique forte au métier* », note Yan Fessard.

Propos recueillis dans *Le Figaro*.

6 – LE MARCHÉ DU TRAVAIL EN COMPTABILITÉ-GESTION

Plus de 140 000 personnes exercent en France un emploi dans le domaine de la comptabilité et de la gestion, dont 21 000 experts-comptables. La demande en contrôleurs de gestion et spécialistes de l'audit est également importante dans tous les secteurs d'activité. Une grande partie de la demande en cadres financiers émane en particulier des entreprises de services.

De plus, les métiers de la comptabilité et de l'audit, avec la crise et ses conséquences, bénéficient des restructurations du secteur et des nouvelles organisations des entreprises. La course à l'optimisation des coûts de production et aux finances saines crée de belles opportunités.

Le marché de l'emploi de la gestion-finance est aussi porteur pour les jeunes diplômés. Les postes proposés par les entreprises sont généralistes (comptable, assistant de gestion, auditeur interne) ou plus spécialisés (assistant crédit ou assistant trésorier). Les jeunes diplômés occupent également une bonne place dans les plans de recrutement des cabinets d'expertise comptable et d'audit.

Notons une très forte demande *via* les agences d'intérim : celles-ci recherchent du personnel du secteur tertiaire et notamment des professionnels de la comptabilité. Sachez qu'aujourd'hui, l'emploi intérimaire constitue une excellente porte d'entrée dans le monde du travail.

LES SECTEURS QUI RECRUTENT

• Les métiers comptables et financiers ne connaissent pas la crise. Les métiers les plus recherchés sont actuellement : contrôleur de gestion opérationnel ; comptable auxiliaire ; analyste des risques du marché et actuaire tarification IARD.

• Les postes de cadres s'adressent essentiellement aux titulaires d'un bac + 5, issus d'une école de commerce ou ayant obtenu un master universitaire en finance ou gestion.

• Côté salaires, le secteur est également compétitif puisque le salaire annuel moyen des métiers du secteur banque, finance, comptabilité se situe autour de 33 000 euros bruts, ce qui correspond à la moyenne des salaires annuels français.

Source : Direction de l'animation de la recherche, des études et des statistiques (Dares), 2018.

PARTIE II

LES MÉTIERS

1 – LES MÉTIERS DE LA BANQUE ET DE LA FINANCE

Les banques embauchent et embaucheront encore dans les années à venir des milliers de jeunes diplômés chaque année. Mais qui recrutent-elles et à quels postes ? Essentiellement des jeunes diplômés appelés à travailler dans leurs réseaux. Ainsi, les deux tiers des débutants sont affectés à des fonctions de chargés d'accueil ou de chargés de clientèle. Restent les métiers de spécialistes qui s'exercent dans les salles de marché et les services d'ingénierie financière. Sans oublier les métiers transversaux (informaticiens, secrétaires…) que nous ne traiterons pas ici car ils ne sont pas spécifiques à la banque.
Quel que soit le poste occupé, l'intégrité, le sens du risque et les capacités d'adaptation sont indispensables au futur « banquier ». Mais chaque famille de métier, chaque profession requiert également, bien entendu, des qualités et des compétences particulières.

LE RÉSEAU : AU CONTACT DU CLIENT

Deux salariés de la banque sur trois sont des commerciaux, c'est dire l'importance que les banques accordent à leurs réseaux d'agences.
Principale caractéristique des métiers de l'agence ou des réseaux : ils comportent pour la plupart un contact direct avec les clients qu'il s'agit essentiellement d'informer et de conseiller sur les services et les produits offerts par la banque.
Toutefois des distinctions s'opèrent en fonction de chaque type de clientèle. Les métiers commerciaux se divisent ainsi en trois grands segments : les chargés de clientèle de particuliers s'occupent de monsieur Tout-le-Monde ; les chargés de clientèle de professionnels sont en relation avec des artisans, des commerçants ou des libéraux ; les chargés d'affaires travaillent auprès de petites et moyennes entreprises. La tendance est même aujourd'hui à une segmentation plus fine des marchés. Au point que dans certaines banques, il existe également des chargés de clientèle spécialisés par secteur économique : immobilier, artisanat, santé…

Pour répondre au mieux aux attentes de leur clientèle, les commerciaux des réseaux ont été délestés de nombreuses tâches administratives, désormais automatisées ou sous-traitées à d'autres services. En outre, ils disposent aujourd'hui d'outils informatiques sophistiqués et de méthodes de marketing direct performantes (mailing, phoning...).
Signalons enfin que les postes en agence couvrent tous les niveaux de la hiérarchie : du chargé d'accueil, préposé au guichet, au directeur d'agence, véritable chef d'une petite entreprise, en passant par le chargé de clientèle grandes entreprises, qui bénéficie d'un statut de cadre supérieur. D'où l'existence de réelles possibilités d'évolution *intra muros*.

Chargé d'accueil

Son rôle
Lorsque vous entrez dans une banque, c'est la première personne que vous rencontrez. Il est chargé d'accueillir, de renseigner et de conseiller la clientèle, lui proposant les produits et les services commercialisés par son établissement. Il effectue lui-même le placement des plus simples d'entre eux : carte bancaire, compte sur livret... Et il oriente les clients vers les chargés de clientèle de particuliers pour les produits et services plus complexes : crédit immobilier, contrat d'assurance-vie, transaction boursière... Lui incombent enfin la gestion de sa caisse et le traitement des opérations courantes telles que dépôts et retraits d'espèces, alimentation du distributeur de billets, remises de chèques ou délivrance de chéquiers.

Les qualités requises
Pour ce métier, priorité est donnée aux aptitudes commerciales. À commencer par le sens du contact et un goût affirmé pour la vente. Par ailleurs, il faut faire preuve d'une grande rigueur pour tout ce qui concerne le traitement des opérations administratives.

La formation
Il est encore parfois possible d'intégrer ce poste avec un baccalauréat pour tout bagage. Mais pour avoir des chances d'évoluer rapidement, mieux vaut débuter avec un diplôme commercial de niveau bac + 2 (BTS ou DUT).

Et après ?
Les titulaires d'un diplôme commercial de niveau bac + 2 sont souvent affectés à ce poste pour faire leurs premières armes dans la banque. Après un à trois ans, ils peuvent devenir chargés de clientèle de particuliers.

À savoir
Le chargé d'accueil est aux premières loges pour la communication au quotidien avec les clients. Il occupe donc un poste stratégique car c'est de lui que dépend l'image véhiculée par la banque à l'extérieur.

Chargé de clientèle de particuliers

Son rôle
Il a pour mission de vendre des produits et des services : carte bancaire, plan d'épargne logement, crédit à la consommation, assurances-vie... Il assume donc des fonctions à la fois techniques et commerciales.
Techniques parce qu'il doit mettre en place des opérations de placement et de crédit. Sans être un expert, c'est lui qui traite les dossiers en premier. À ce titre, il délivre des conseils, effectue des analyses financières et développe une approche globale des problèmes patrimoniaux avant, si besoin est, d'orienter le client vers un spécialiste.
Commerciales parce qu'il doit gérer et développer un portefeuille de clients (de 200 à 1 000 suivant les établissements). À cette fin, il propose en permanence à ses clients des produits susceptibles de répondre à leurs attentes. En outre, il prospecte de nouveaux clients dont le profil (âge, profession, revenus...) correspond à la cible de sa banque. Ses principales armes sont alors le fichier de son agence, son téléphone et son bureau où il reçoit sur rendez-vous.
Notons également que le chargé de clientèle de particuliers dispose d'une vaste palette d'outils informatiques. Grâce à son ordinateur, il peut réaliser des opérations en temps réel (virement, édition de contrats...), effectuer des simulations, organiser des tris de clients selon plusieurs critères ou encore recevoir des messages de rappel ou d'alerte (échéance d'un crédit, anomalie sur un compte...).

Les qualités requises
Généraliste et polyvalent, le chargé de clientèle de particuliers doit, en outre, posséder toutes les qualités d'un bon commercial. Homme de contact, il doit se montrer rassurant et chaleureux, avoir une capacité de persuasion et un sens de l'écoute aiguisé. La rigueur et le sens de l'organisation sont par ailleurs indispensables. Enfin, il faut avoir les nerfs solides pour résister à la pression des objectifs à atteindre.

La formation
Pour ce poste, les banques privilégient aujourd'hui les profils de commerciaux : BTS banque, conseiller de clientèle (particuliers), BTS négociation et digitalisation de la relation client, BTS management commercial opérationnel, DUT techniques de commercialisation… Les compétences techniques s'acquièrent ensuite sur le terrain, en commençant par occuper un poste de chargé d'accueil, puis par des cycles de formation interne sur les produits et les services. Sont également recrutés des technico-commerciaux titulaires d'un bac + 5 spécialisé.

Rémunération
Un chargé de clientèle de particuliers gagne 35 000 euros bruts annuels en moyenne (hors commissions).

Et après ?
Le chargé de clientèle de particuliers peut évoluer vers un poste de management (directeur ou directeur adjoint d'agence) ou vers l'animation d'une équipe de vente. Autre alternative : s'orienter vers la gestion de patrimoine (clientèle fortunée de l'agence) ou prendre en charge un portefeuille de clients professionnels.

À savoir
« L'approche produits » fait désormais place à « l'approche clients ». En clair, il s'agit de prendre en compte les besoins du client et non plus de lui vendre à tout prix le produit que l'on souhaite placer. Néanmoins, le chargé de clientèle de particuliers a toujours des objectifs commerciaux à atteindre, qu'ils soient exprimés sous forme d'un nombre minimum de produits à placer, de volume d'argent à faire entrer dans les caisses de l'agence ou encore de rendez-vous à obtenir dans le mois.

UN RÔLE SOCIAL

Une licence d'économie en poche, Patrick Molinari est recruté par les Banques populaires où il suit une formation commerciale d'un an. Ses motivations ? « *Je trouvais rassurant de travailler dans un grand groupe, aux bases financières solides, qui soit en prise avec l'économie locale.* » Peu de temps après, il est contacté par un cabinet de recrutement qui lui propose de rejoindre la Caisse d'épargne d'Ile-de-France avec, à la clé, une augmentation de 40 % de ses revenus. L'Écureuil recherche alors des personnes expérimentées pour les faire évoluer rapidement vers des postes à responsabilités. Chose promise, chose due. Patrick passe ainsi une première année derrière un guichet, afin de peaufiner son approche commerciale, avant d'être promu conseiller financier, l'équivalent chez les Caisses d'épargne d'un chargé de clientèle de particuliers. Puis il fait le tour des agences de la région parisienne pour se frotter à différents environnements sociaux, de la clientèle populaire de Gennevilliers à celle « haut de gamme » de Neuilly-sur-Seine.

Patrick est aujourd'hui en poste à Levallois-Perret. En raison d'un marché immobilier très actif, il passe l'essentiel de son temps à monter des dossiers de prêts. Son rôle consiste à analyser les risques en fonction de critères légaux, mais aussi de la situation particulière de chaque client. « *Je suis souvent amené à faire du social*, constate-t-il, *par exemple à rééchelonner les dettes d'une personne plutôt que de l'envoyer en commission de surendettement.* » Outre l'autonomie dont il dispose, il se sent gratifié par le fait « *de jouer un rôle moteur dans la vie des gens en les accompagnant dans leurs projets* ». Parallèlement, Patrick a également suivi récemment une formation bancaire diplômante d'un an et demi à l'ESSEC, à raison de trois jours tous les deux mois. Avec la perspective d'être nommé ensuite directeur adjoint d'une agence.

Chargé de clientèle de professionnels

Son rôle

Il est l'interlocuteur privilégié des entrepreneurs individuels (commerçants, artisans et professionnels libéraux) sur un secteur géographique donné. Dans certaines banques, il n'est pas rattaché à une agence, mais à un centre d'affaires, structure autonome spécialisée dans le marché des professionnels et des entreprises. Sa particularité ? Il gère à la fois les comptes privés et les comptes commerciaux de ses clients. En premier lieu, son rôle est d'établir une convention avec chacun d'entre eux. Celle-ci définit l'ensemble des prestations offertes par la banque : facilité de caisse, crédits, assurances, installation de terminaux de paiements... Pour évaluer les risques, le chargé de clientèle de professionnels dispose de méthodes d'aide au diagnostic qui prennent en compte toute une série d'éléments : bilan comptable de l'entreprise, compétences en gestion du client, nature du fonds de commerce ou des outils de production, patrimoine personnel... Une fois que la convention est signée, il dispose d'un pouvoir de délégation qui lui permet de gérer au jour le jour les affaires de sa clientèle.

Les qualités requises

La curiosité et la souplesse intellectuelle sont primordiales. En effet, le chargé de clientèle de professionnels doit s'adapter aux besoins d'une population très hétérogène. Les demandes sont ainsi différentes suivant que le client est médecin, fleuriste ou plombier, que sa société est une entreprise individuelle ou une SARL (société anonyme à responsabilité limitée), que son chiffre d'affaires annuel se compte en dizaines de milliers d'euros ou en millions...

La formation

Ce métier est souvent exercé par de jeunes diplômés de grandes écoles de commerce ou munis d'un master professionnel, voire par des commerciaux de niveau bac + 2 au terme d'une première expérience à un poste de chargé de clientèle de particuliers. Dans les deux cas, des cycles de formation internes sont à prévoir. Au programme : la négociation commerciale, l'analyse de risque, l'organisation du temps, sans oublier les aspects juridiques et fiscaux de la gestion d'entreprise.

Rémunération

Un chargé de clientèle professionnel et entreprises est payé entre 35 000 et 40 000 euros bruts annuels s'il est jeune diplômé, jusqu'à 45 000 euros bruts environ pour un jeune cadre et jusqu'à 60 000 euros pour un cadre confirmé. Ce salaire ne tient pas compte de la part variable liée aux résultats.

Et après ?

Les chargés de clientèle de professionnels ont deux possibilités : se spécialiser sur le créneau des PME-PMI ou opter pour le management en devenant, par exemple, directeur d'agence.

À savoir
Pour exercer ce métier, une parfaite connaissance du tissu économique local est indispensable. Au point que certaines banques jugent préférable que leurs chargés de clientèles de professionnels habitent dans le secteur géographique qu'ils couvrent.

Gestionnaire de patrimoine

Son rôle
Il conseille des particuliers fortunés (riches héritiers, dirigeants de grandes entreprises, sportifs de très haut niveau...) dans la constitution ou l'optimisation de leur patrimoine. Après avoir effectué un bilan patrimonial (état des lieux de la situation actuelle du client), il définit avec eux une stratégie en tenant compte des avantages fiscaux et des contraintes juridiques de chaque type d'investissement. Il peut ainsi les orienter vers des placements classiques tels que l'immobilier, les assurances et les valeurs mobilières, ou bien choisir des solutions plus originales comme l'achat d'objets d'art, d'antiquités, de métaux ou de pierres précieuses, l'acquisition d'une forêt ou d'un vignoble, voire la production cinématographique. Suivant les établissements, les gestionnaires de patrimoine sont rattachés aux agences locales ou dépendent d'une direction nationale spécialisée.

Les qualités requises
Généraliste chevronné, le gestionnaire de patrimoine doit disposer d'un solide bagage technique dans les domaines juridiques, financiers, économiques et fiscaux. Il doit également faire preuve de qualités humaines pour instaurer une relation de confiance avec ses clients.

La formation
Les titulaires d'un master professionnel monnaie, banque, finance, assurance parcours risque, assurance, décision ou parcours finance sont très bien placés pour occuper ce poste délicat. Mais un master de droit, de sciences économiques ou le diplôme d'une grande école de commerce peut également convenir.

Rémunération
Un gestionnaire de patrimoine titulaire d'un bac + 5 touche environ 60 000 euros bruts annuels, après quelques années d'expérience. Comme pour tous les professionnels de la banque, sa rémunération est constituée d'une part fixe et d'une part variable (commissions ou primes).

Et après ?
Il est possible d'évoluer dans ce poste en conseillant des clients de plus en plus riches, jusqu'à la gestion de fortunes qui peuvent atteindre plusieurs centaines de millions d'euros ; de bifurquer vers des fonctions d'encadrement au sein d'une agence ou d'une succursale ; ou encore de prendre un virage à 180 degrés en s'orientant vers le marketing, la banque de marchés ou la banque d'affaires.

À savoir
Cette profession a le vent en poupe. L'explication ? La complexité croissante des règles juridiques et fiscales ainsi que la diversité des produits financiers rendent nécessaire le conseil. Notons également que le marché s'est étoffé avec l'arrivée à la retraite de nombreux patrons de l'après-guerre qui se sont constitué de jolis pécules en vendant leur entreprise. Le contexte de crise économique de ces dernières années a également renforcé l'importance et l'enjeu de la pertinence du conseiller bancaire et des placements envisagés.

Chargé d'affaires

Son rôle
Il est responsable d'un portefeuille d'entreprises industrielles et commerciales (PME-PMI ou grandes entreprises). Le chargé d'affaires propose à ses clients des solutions adaptées à leurs besoins : crédits, placements, outils informatiques, moyens de paiement, épargne salariale... La prospection et le suivi quotidien de sa clientèle occupent le plus clair de son temps. Très présent sur le terrain, il visite ainsi les entreprises et répond à leurs attentes sur des sujets variés. Il peut s'agir tout aussi bien de monter un programme d'investissement, de faciliter une implantation à l'étranger ou d'optimiser la gestion de la trésorerie. Avant toute décision importante, il analyse la situation financière de l'entreprise

et évalue les risques, en concertation avec sa hiérarchie et avec l'appui de services spécialisés. Il dispose ensuite d'une marge de manœuvre importante pour négocier la vente des produits ou des services demandés.

Les qualités requises

Outre des connaissances étendues sur les entreprises (économiques, juridiques et fiscales), ce métier nécessite de réelles qualités humaines, le sens de la négociation, ainsi que de bonnes capacités d'analyse et de synthèse. Le chargé d'affaires doit être souple, adaptable et capable de passer rapidement d'une activité à une autre. Une autonomie qui va de pair avec un certain esprit d'équipe.

La formation

Pour débuter, un master professionnel ou le diplôme d'une grande école de commerce ou d'ingénieurs sont de bons sésames. Mais il est également possible d'exercer ce métier après une formation « sur le tas » ou en ayant préparé un diplôme réservé aux salariés des banques à l'École supérieure de la banque (CFPB).

Rémunération

Un chargé d'affaires touche 60 000 euros bruts annuels en moyenne, après quelques années d'expérience (hors primes).

Et après ?

Ce métier ouvre de nombreuses portes. Ainsi, il est possible de prendre en charge un portefeuille de grandes entreprises, de se spécialiser sur un créneau pointu (monétique, crédit-bail...) ou de rejoindre le siège social à un poste fonctionnel (marketing, inspection, ressources humaines...).

À savoir

Le marché des entreprises, et surtout des PME, est de plus en plus concurrentiel. Actuellement, ce sont les banques de réseau de taille moyenne qui tirent le mieux leur épingle du jeu car elles favorisent une relation de proximité et de confiance avec les dirigeants d'entreprise.

Directeur d'agence

Son rôle

À l'instar de tout chef d'entreprise, il exerce deux missions principales.

La première consiste à définir et à mettre en œuvre une stratégie commerciale en fonction du tissu économique local. À ce titre, il organise l'aménagement de son agence et met en place des actions promotionnelles adaptées. Il est aussi l'interlocuteur le plus haut placé de la clientèle. Ce qui le conduit à se déplacer sur le terrain pour rencontrer les clients les plus importants (entreprises, institutions...) et à répondre directement aux réclamations des particuliers. Sa deuxième mission revient à gérer son agence comme un véritable centre de profit. Ce qui signifie qu'il est responsable à la fois du compte d'exploitation, de la rentabilité des opérations, des risques encourus et de la qualité du service. Concrètement, il suit au jour le jour la comptabilité interne pour comprendre son évolution et détecter des dérapages éventuels. Il contrôle également le bon suivi des procédures et le respect de la réglementation. Enfin, il anime au quotidien l'équipe de l'agence : répartition des tâches et attribution des portefeuilles aux commerciaux, gestion des plannings et formation de l'ensemble du personnel.

Les qualités requises

Le directeur d'agence doit posséder des talents d'organisateur et un grand savoir-faire au niveau de l'approche commerciale et de la gestion des risques. Il doit également faire preuve de charisme pour motiver ses troupes. Enfin, l'autonomie et l'esprit d'initiative sont incontournables.

La formation

Un diplôme commercial (BTS, DUT ou grande école de commerce) est indispensable, mais insuffisant. Il faut également faire ses armes en passant par un ou plusieurs postes à l'exploitation (chargé de clientèle et/ou chargé d'affaires). Cette première expérience peut être complétée par un cycle de formation bancaire (CFPB).

Rémunération
Le salaire d'un directeur d'agence bancaire est de 60 000 euros bruts annuels en moyenne, après quelques années d'expérience.
Et après ?
En toute logique, cette fonction est un tremplin pour évoluer verticalement, en prenant la tête d'une succursale ou d'un groupe constitué de plusieurs agences. Mais elle peut aussi mener tout droit au siège social, par exemple au marketing ou à la gestion des ressources humaines.

À savoir
Pour coller au plus près des besoins de leur clientèle, les banques ont tendance à démultiplier leurs agences et à accroître leurs prérogatives. D'où une montée en puissance de ce métier qui représente une part de plus en plus importante des promotions internes et même des recrutements. Notez par ailleurs une pratique désormais courante dans les réseaux bancaires : le personnel d'une agence, chargés de clientèle, mais également directeur, changent (de lieu d'exercice) tous les trois à cinq ans.

LE MARCHÉ AU CŒUR DE LA FINANCE

Les métiers de la salle des marchés ont acquis leurs lettres de noblesse au début des années 1980 parallèlement à la flambée des bourses internationales. Durant une quinzaine d'années, les *golden boys* ont régné en maîtres sur la finance, permettant aux banques et aux maisons de titres de gagner en deux temps trois mouvements des sommes colossales. Puis l'ivresse est retombée, à partir de 1995, avec les premières grosses pertes dues à des spéculations trop hasardeuses. D'un seul coup, les salles de marché se sont réveillées avec la « gueule de bois ». Elles ont décidé de freiner leurs recrutements et de mettre davantage l'accent sur la maîtrise des risques et les procédures de contrôle internes.
Avec l'arrivée de l'euro, les métiers liés aux transactions monétaires ont connu une seconde crise. Du jour au lendemain, les spécialistes des taux de change entre les monnaies des pays membres de la zone euro ont ainsi été voués à la disparition.

Enfin, la dernière crise financière en date a entraîné une chute des cours des marchés boursiers et la crise économique qui sévit depuis 2008 provoque un ralentissement généralisé de l'activité économique, voire des récessions dans plusieurs pays depuis 2008.
Cependant, avec l'accroissement des volumes d'échange, les opérations sur les nouvelles devises des pays émergents et la création de produits tels que les dérivés de crédit, de nouveaux débouchés se développent pour les mathématiciens de haut vol, maîtrisant parfaitement les rouages de l'économie et de la finance, à l'aise en anglais et ayant de solides connaissances en informatique.

Opérateur de marché

Son rôle

Aussi connu sous le nom de *trader* ou de *broker* (ou encore cambiste lorsqu'il intervient sur les devises), il a pour mission d'acheter sur le marché des produits financiers : actions, taux de change, obligations... Il œuvre pour le compte propre de la société qu'il représente (banque, société de bourse, courtier...) ou pour celui des clients (OPCVM, institutionnel, entreprise, personne physique...). Mais il n'est jamais en relation directe avec ces derniers. Ce qui l'amène souvent à prendre des positions, c'est-à-dire à anticiper les ventes potentielles qui seront réalisées par les technico-commerciaux. Pour autant, ce n'est pas un « risque-tout ». En effet, il dispose d'instruments financiers comme les marchés à terme pour couvrir ses arrières. L'opérateur de marché assure ainsi le *trading* quotidien sur un ou plusieurs produits, ainsi que la gestion des portefeuilles (en euros et en devises) dont il a la charge. Rivé à son téléphone et à son ordinateur, il est sans cesse en relation avec des intermédiaires à qui il donne des ordres d'achat ou de vente. Il a également de fréquents contacts avec les autres intervenants de la salle des marchés : technico-commerciaux, analystes financiers... Sans cesse à l'écoute de l'information mondiale macroéconomique, politique et sociale, il doit l'intégrer rapidement dans la gestion de ses portefeuilles, afin de concrétiser ses opérations dans les meilleures conditions par rapport à la concurrence.

Les qualités requises

En prise avec l'actualité, l'opérateur est toujours à l'affût des événements qui peuvent faire évoluer le marché dans un sens comme dans l'autre. Il doit également avoir des nerfs solides (et une excellente résistance au stress), ne pas paniquer quand les choses ne vont pas dans son sens, ne pas commencer à vendre quand tout le monde vend, réagir au quart de tour lorsqu'une opportunité se présente à lui. Enfin, doté d'un esprit critique, il est capable de prendre du recul par rapport aux informations qu'il reçoit et de se forger sa propre opinion.

La formation

Les diplômés des grandes écoles de commerce ont la cote, et plus encore les ingénieurs ayant complété leur formation par un diplôme bac + 5 en finance.

La rémunération

De 4 000 à 6 000 euros bruts par mois en moyenne. Le salaire est composé d'une partie fixe et d'un bonus basé sur des objectifs (personnels ou de service). Le montant de ce dernier peut égaler voire largement dépasser le montant du fixe.

Et après ?

Les possibilités d'évolution verticale au sein de la salle des marchés sont quasiment inexistantes. En revanche, il existe des passerelles pour devenir technico-commercial ou analyste de marché.

À savoir

Excitant et ludique au premier abord, ce métier présente aussi de nombreuses contraintes : stress de tous les instants, hyperspécialisation, absence de perspectives managériales… C'est pourquoi, après quelques années, les opérateurs de marché sont souvent tentés de bifurquer vers d'autres secteurs de la banque, par exemple le réseau commercial ou l'ingénierie financière. Mais peu franchissent le pas car ces reconversions impliquent pour la plupart une baisse sensible de leur rémunération.

LES SCIENTIFIQUES ENVAHISSENT LES SALLES DE MARCHÉ

Dans le passé, les boursiers avaient coutume de se fier à leurs intuitions. Ils s'appuyaient sur des paramètres tels que la croissance, les résultats, les compétences des dirigeants d'entreprises. Aujourd'hui, ils se fondent de plus en plus sur des méthodes scientifiques telles que le *trend following, martingale* d'origine américaine qui consiste à calculer les probabilités de hausse d'un titre en fonction de l'évolution de son cours sur une période donnée. Théorie du chaos, mouvement brownien, analyse spectrale des signaux, etc. : les concepts mathématiques utilisés pour analyser les marchés et anticiper leur évolution viennent pour la plupart de la recherche fondamentale sur des domaines totalement étrangers à la finance. Résultat : les forts en maths colonisent progressivement les salles de marché.

Technico-commercial

Son rôle

Appelé aussi *salesman* ou *sale*, il gère les relations commerciales avec la clientèle de son établissement. Il existe deux catégories de technico-commerciaux : les généralistes et les spécialistes. Les premiers négocient les opérations de change et de placement en actions ou obligations auprès d'un certain type d'acheteurs : entreprises, Sicav, caisses de retraite, fonds de pension anglo-saxons, *hedge funds*... En relation avec les opérateurs de marché, ils conseillent leurs clients et leur proposent des produits adaptés à leurs besoins. Pour donner des informations fiables et assurer la vente dans les meilleures conditions, ils doivent être parfaitement au courant de l'environnement économique et financier. Les seconds assurent la vente d'un produit donné (swaps de taux, obligation...), opération commerciale qui nécessite plus fréquemment un travail sur mesure en termes de montage, d'optimisation, de structuration par rapport aux besoins de la clientèle. En ce cas, ils sont souvent assistés par des équipes d'ingénierie ou de recherche. À l'instar des généralistes, ils exercent également des activités de conseil et de négociation commerciale.

Les qualités requises

Le dynamisme, la fiabilité et la rigueur intellectuelle sont des vertus indispensables. Il faut être capable d'intégrer rapidement des informations complexes et de prendre des décisions rapides, mais aussi avoir le sens du contact humain et de la négociation. Attention toutefois, ce métier, comme tous ceux de la salle des marchés, est souvent éreintant et nécessite une résistance physique à toute épreuve.

La formation

Les technico-commerciaux doivent être passés par une école de commerce et d'ingénieurs ou avoir suivi une formation universitaire en économie/gestion. Par ailleurs, une parfaite maîtrise de l'anglais est requise.

La rémunération

La rémunération à l'embauche oscille entre 2 500 et 3 000 euros bruts mensuels. Mais un technico-commercial aguerri peut gagner des dizaines de milliers d'euros par an, commissions comprises...

Et après ?

Si un opérateur de marché peut facilement devenir technico-commercial, l'inverse se vérifie moins souvent. Reste aux technico-commerciaux la perspective d'étoffer leur portefeuille de clientèle et d'augmenter ainsi le volume de leurs opérations.

À savoir

Contrôle des risques oblige, le technico-commercial, tout comme l'opérateur de marché, est entouré de spécialistes de tous poils : économistes, stratégistes, chercheurs, informaticiens, opérateurs du *back* et du *middle office*... S'il reste seul maître à bord pour négocier et prendre des décisions, son autonomie est dorénavant très relative.

LEXIQUE DES TERMES FINANCIERS

- **Action** : titre de propriété sur une fraction du capital d'une entreprise qui donne droit à une part proportionnelle de ses bénéfices (le dividende).
- **Cac 40** : sigle pour « cotation assistée en continue ». Le Cac 40 reflète l'état de la bourse parisienne. Il mesure en temps réel l'évolution des 40 valeurs les plus importantes du marché à règlement mensuel (RM).
- **Fonds de pension** : système anglo-saxon permettant de se constituer un complément de retraite. Les cotisations acquittées par les salariés et les employeurs sont investies en obligations et en actions.

Certains fonds de pension américains gèrent des sommes de plusieurs centaines de milliards d'euros. Ils peuvent ruiner un pays en une journée en déplaçant leurs capitaux.

• **Future** : achat ou vente à terme, c'est-à-dire à une date ultérieure et à un prix convenu à l'avance, d'un instrument financier (action, obligation, devise) ou d'un produit (métal précieux, matière première). En France, ces opérations s'effectuent sur le Marché à terme international de France (Matif).

• **Obligation** : titre de créance émis par une entreprise, une collectivité locale ou un État. Une obligation se caractérise par son taux de rémunération et sa date d'échéance. Sa valeur fluctue ensuite en fonction de l'évolution des taux d'intérêt. Plus les taux montent, plus son prix baisse. Plus ils descendent, plus son prix monte.

• **OPCVM** : organisme de placements collectifs en valeurs mobilières. Ils facilitent l'accès à la bourse qui n'a ni le temps, ni les compétences pour gérer des titres en direct. Les Sociétés d'investissement à capital variable (Sicav) et les Fonds communs de placement (FCP) sont des OPCVM. L'investisseur achète des parts d'un portefeuille composé de produits financiers divers et variés. Il est rémunéré au prorata des bénéfices réalisés.

• **SBF** : Société des bourses françaises. Il s'agit d'une entreprise de services qui assure le fonctionnement, la sécurité et le développement des marchés français (marché à règlement mensuel, Matif, Monep...).

• **Taux d'intérêt** : ils définissent la valeur de l'argent à court, moyen et long terme. Les taux directeurs courts sont fixés par les Banques centrales (Réserve fédérale aux États-Unis, Banque de France, Bundesbank...) pour contrer les risques inflationnistes ou raffermir la parité de leur devise. Les taux longs, quant à eux, sont fixés par le marché en fonction de la loi de l'offre et de la demande.

Analyste financier

Son rôle

Dans une salle des marchés, l'analyste financier intervient en support des activités de *trading* et de vente. Sur le marché des actions, par exemple, il est chargé de fournir des informations sur des sociétés cotées en Bourse et/ou sur des secteurs d'activité. Pour cela, il épluche les comptes des entreprises, analyse leur stratégie, étudie leurs méthodes de gestion. Il rencontre également des dirigeants pour obtenir la meilleure visibilité possible. Ses investigations sont finalisées par des rapports dans lesquels il donne des préconisations d'achat ou de vente. Parfois, il accompagne les vendeurs en clientèle pour leur fournir un appui technique.

On trouve également des cohortes d'analystes financiers dans les bureaux d'études des établissements financiers. Contrairement aux analystes des salles de marché, qui se consacrent exclusivement au court terme, ces derniers échafaudent des scénarios à moyen et long terme. Dans le domaine des obligations, par exemple, ils peuvent être chargés d'anticiper l'évolution des taux d'intérêt dans un pays donné en fonction de sa croissance, de l'état du marché du travail, des prévisions d'inflation ou encore de sa politique monétaire. Leurs études sont destinées aux salles de marché, mais elles atterrissent également dans d'autres services de la banque tels que les agences, les centres d'affaires, l'ingénierie financière, voire la direction générale qui peut s'en servir pour établir le budget prévisionnel.

Les qualités requises

Outre une attirance pour les chiffres et la prospective, l'analyste financier doit savoir s'exprimer aussi bien oralement que par écrit... et, si possible, en au moins trois langues. Les adeptes du contact rechercheront plutôt l'ambiance de la salle des marchés et les relations avec la clientèle tandis que les timides préféreront travailler en solitaire au sein d'un bureau d'études.

La formation

Cette profession est accessible aux diplômés des écoles de commerce et d'ingénieurs, mais aussi aux universitaires titulaires d'un master recherche, master professionnel ayant trait à l'économie ou la finance.

À noter : *via* son centre de formation (CFAF), la SFAF, Société française des analystes financiers, forme des analystes et des gérants. Elle dispense plusieurs types de formation pour les analystes financiers comme pour les gestionnaires de fortune, et des formations ponctuelles traitant de sujets ciblés. Pour de plus amples renseignements, rendez-vous sur le site www.sfaf.com

La rémunération

Un débutant gagne entre 2 500 et 4 100 euros bruts, tandis que le salaire mensuel d'un cadre confirmé peut atteindre 10 000 euros.

Et après ?

À l'instar du bon vin, l'analyste financier se « bonifie » au cours des années par l'expérience qu'il acquiert ! C'est la raison pour laquelle il est plutôt conseillé de faire l'essentiel de sa carrière dans cette profession. L'évolution classique consiste alors à élargir sa compétence sectorielle sur une zone géographique plus vaste. Par exemple de passer du secteur de l'aéronautique français au secteur de l'aéronautique européen. Cela dit, rien n'interdit de s'orienter vers d'autres métiers comme la vente en salle de marché, la gestion de Sicav ou encore le conseil en fusion/acquisition.

À savoir

Avec la complexité des marchés, ce métier attire de plus en plus de jeunes diplômés. Cette montée en puissance s'accompagne de deux tendances : une spécialisation accrue par secteurs économiques et géographiques et un élargissement de la fonction vers le conseil en clientèle.

UN MÉTIER LUDIQUE MAIS STRESSANT

Nathalie est stratégiste obligataire chez BNP Paribas. « *Je suis chargée de commenter les chiffres économiques, les décisions de politique monétaire et les flux d'obligations afin d'aider les* traders *et les* sales *à prendre les bonnes décisions* », explique cette titulaire d'un DEA monnaie-banque-finance (aujourd'hui devenu master recherche) et d'un magistère d'économie. Sur son bureau (qui ressemble davantage à un cockpit d'avion…) trônent deux ordinateurs : l'un lui sert à envoyer des mails et à rédiger des rapports, l'autre à regarder les dépêches de l'agence Reuter. Elle utilise également une boîte, sorte de mini-standard téléphonique équipé d'un écran tactile, lui permettant de communiquer avec plusieurs interlocuteurs en même temps.
Tous les matins, Nathalie participe à une réunion téléphonique en relation avec les salles de marché de Londres, Francfort, Milan, New York ou Singapour. « *La circulation de l'info est une composante essentielle de mon travail. Je passe ainsi mes journées à lire la presse économique et politique, à examiner la courbe des taux pour repérer les anomalies et essayer d'en faire profiter les* traders », insiste-t-elle.
Autre activité essentielle : le conseil en investissement. « *Les* sales *m'emmènent souvent voir leurs clients en vedette américaine*, dit-elle en souriant. *Je leur suggère, par exemple, de vendre leurs obligations à trente ans pour acheter* "du dix ans" *parce que je pense que la politique monétaire européenne ne va pas être resserrée dans les mois qui viennent et que les maturités courtes vont s'apprécier.* »

De son métier, Nathalie apprécie surtout l'ambiance jeune et dynamique ainsi que le côté ludique. « *Quand on aime jouer, on s'amuse beaucoup à voir comment le marché bouge* », avoue-t-elle. Le revers de la médaille ? Des journées qui débutent à 8 h du matin et s'achèvent à 20/21 h et, surtout, un stress permanent : « *Moi, je n'ai pas de portefeuille à gérer, donc pas de pression d'argent. En revanche, quand un chiffre tombe, on attend mon commentaire dans les deux secondes. Et si j'ai le malheur de me tromper, je perds toute crédibilité !* »

Opérateur back *et* middle office

Son rôle

L'opérateur *back office* est chargé d'assurer le suivi administratif et comptable des opérations conclues au *front office*. Il enregistre les transactions, informe les clients (entreprises ou institutions), effectue le règlement et la livraison des titres, gère le versement des dividendes des actions et des intérêts des obligations, reporte à la banque de France et au Trésor toutes les opérations effectuées. Il vérifie également la position des comptes et rapproche les résultats comptables avec les résultats de gestion. Enfin, il se doit de participer activement à la mise en place et à l'évolution des procédures et des systèmes informatiques. Avec, en ligne de mire, une réduction des délais et des coûts des opérations. Il réalise ainsi des études d'organisation couvrant l'analyse fonctionnelle, les recettes et le fonctionnement du *back office*.

L'opérateur *middle office*, quant à lui, est chargé de faire la jonction entre le *front* et le *back office*. Il saisit sur une base de données toutes les transactions effectuées par les *traders* et les *sales*. Il chiffre quotidiennement leurs gains, leurs pertes et les alertes lorsqu'ils sont dans le rouge. Enfin, il met en place avec eux des méthodes d'analyse des risques et définit des procédures homogènes par ligne de produits.

Les qualités requises

Pour exercer ce métier, l'esprit d'analyse et la rigueur intellectuelle sont des qualités phares. Mais il faut également aimer le travail d'équipe et avoir le sens de la pédagogie. De solides connaissances en informatique sont par ailleurs indispensables.

La formation

Ici encore, les diplômés des écoles de commerce et d'ingénieurs ont la cote, ainsi que les titulaires de bac + 5 universitaires spécialisés dans le contrôle des activités de marché. Pour les activités purement administratives, les établissements financiers font également appel à des BTS ou des DUT de commerce/gestion.

La rémunération

35 000 euros bruts annuels en moyenne. La rémunération de départ des opérateurs du *back* et du *middle office* est moindre que celle des commerciaux (*traders et sales*). En revanche, les possibilités de promotion sont plus nombreuses. Ce qui fait que l'écart se comble en général assez rapidement.

Et après ?

L'évolution classique consiste à gérer des opérations de plus en plus complexes puis à devenir responsable d'un service administratif.

À savoir

Les métiers du *back* et du *middle office* sont moins austères qu'il n'y paraît. Certes, les activités répétitives occupent une place importante, mais il faut aussi comprendre le fonctionnement des opérations et s'adapter en permanence à des changements d'organisation et de procédures. Par ailleurs, le *back* et le *middle office* n'échappent pas à la règle : comme dans tous les secteurs de la banque, la part des activités administratives décline progressivement au bénéfice du contact direct avec la clientèle.

UNE CARRIÈRE INTERNATIONALE

À 30 ans, Franck Dubois peut se flatter d'avoir déjà derrière lui une jolie carrière internationale. Sorti de l'ESC Rouen, il complète sa formation par un DEA de sociologie (aujourd'hui devenu master recherche), avant d'être recruté en CDD à la direction des ressources humaines de BNP-Paribas-Luxembourg. À ce poste, il est chargé de décrire par le menu les différentes fonctions exercées au sein de cet établissement. « *En six mois, j'ai pu comprendre tous les rouages d'une banque, ce qui m'a bien servi par la suite* », souligne-t-il. Dans la foulée, Franck enchaîne un autre CDD de deux ans en tant qu'opérateur *back office* junior. Alors que son contrat touche à sa fin, une nouvelle opportunité se présente. En effet, Paribas vient de racheter un courtier en Italie

ainsi que l'activité titres de J.P. Morgan. Franck est alors envoyé sur place pour restructurer les équipes et le système informatique. Deux ans plus tard, il est envoyé à Hong Kong durant un an pour une mission du même type.
Fort de l'expérience engrangée durant ses voyages, Franck occupe aujourd'hui un poste de responsable *administration bonds* (terme anglais pour « obligations ») à la salle des marchés parisienne de Paribas. « *Mon rôle consiste à gérer des changements,* résume-t-il. *En ce moment, par exemple, je m'occupe des recrutements au sein du service et je manage une équipe de vingt personnes.* » Ne dites jamais à Franck que les activités administratives sont moins attrayantes que les activités commerciales : il vous rira au nez. « *Les fonctions du* back office *sont très riches et très complexes intellectuellement. Évidemment, on ne fait pas des calculs à la Einstein. Ce sont des uns et des zéros : vous gagnez de l'argent ou vous en perdez, le client est content ou il ne l'est pas... Mais la masse d'informations à traiter est très importante. De plus, rien n'est jamais acquis, vous devez toujours vous remettre en question. On sait qui fait quoi quand tout va bien mais il y a au moins une fois par jour quelque chose qui ne se passe pas dans le cadre standard* », s'enthousiasme-t-il. Reste qu'après une année passée dans la capitale, Franck ne souhaite qu'une chose, « *repartir rapidement m'occuper d'un projet dans un cadre international* ».

L'INGÉNIERIE FRANÇAISE : DES SPÉCIALISTES HAUT DE GAMME

Arranger des mariages entre entreprises concurrentes, financer des projets d'infrastructures industrielles aux quatre coins du globe... Telles sont les missions qui incombent aux spécialistes de l'ingénierie financière.
Si les banques d'affaires (Lazard, Paribas, JP Morgan, Morgan Stanley, etc.) jouent de longue date le premier rôle, les généralistes (Société Générale, BNP Paribas, LCL-Crédit Lyonnais...) n'hésitent plus à investir ce créneau très porteur. Mondialisation des marchés oblige, il est vrai que les opérations en tout genre se sont multipliées. Avec, à la clé, des transactions qui portent sur des sommes colossales où l'unité de base est le million de dollars.
Vous l'aurez compris, les professionnels de l'ingénierie financière font partie de l'élite du monde bancaire. Toujours entre deux aéroports, habitués à de rudes négociations (en anglais, *of course* !) dans les salons feutrés d'hôtels de haut standing, ils jonglent avec des

instruments de pointe, qu'il s'agisse d'emprunts sur mesure, d'émissions innovantes ou de produits dérivés.
Mais attention, les deux métiers que nous avons choisi de vous présenter s'adressent rarement à des jeunes fraîchement diplômés. En effet, ils supposent de s'être déjà familiarisé avec les arcanes de la finance internationale au travers d'une première expérience au niveau du marché des capitaux ou de la clientèle grandes entreprises.

Conseiller en fusions-acquisitions

Son rôle

Il conseille des entreprises dans la réalisation de montages financiers complexes : opérations d'achat, de vente, restructurations... Spécialisé sur un secteur d'activité (télécommunications, métallurgie, chimie, BTP...), il suit de près l'actualité financière afin de détecter des affaires alléchantes. Il rencontre ensuite ses clients potentiels pour leur faire part de ses idées. Lorsque ses propositions sont acceptées, il est mandaté pour suivre l'exécution de l'opération de A à Z. Il s'entoure alors d'une équipe d'experts (juristes, économistes...) et supervise toutes les facettes de l'affaire, de la phase de négociation à mise en œuvre des modalités de la transaction.

Les qualités requises

Un jour à New York, le lendemain à Tokyo, des soirées et des week-ends souvent sacrifiés, le conseiller en fusions-acquisitions doit avant tout faire preuve d'une totale disponibilité. Il doit également savoir s'adapter à des situations changeantes, être tenace et créatif. Bien entendu, pour ce globe-trotter de la finance, la maîtrise parfaite de deux ou trois langues est incontournable.

La formation

Appartenant à la crème de la finance, les conseillers en fusions-acquisitions collectionnent les diplômes de prestige : grandes écoles de commerce ou d'ingénieurs, souvent assortis de mastères et/ou de MBA. En outre, ils doivent avoir acquis une expérience de la banque d'affaires, au moins au travers d'un stage.

La rémunération
Entre 3 800 et 6 100 euros bruts mensuels pour un junior. Le salaire étant composé d'une partie fixe et d'un bonus basé sur des objectifs (personnels ou de service), le montant de ce dernier peut égaler voire dépasser le montant du fixe après quelques années d'expérience.

Et après ?
L'évolution classique consiste à mener des transactions de plus en plus nombreuses et importantes, pour devenir senior autour de 35/40 ans, voire associé-gérant dans une banque spécialisée dans le conseil aux entreprises, avec une rémunération annuelle pouvant alors friser plusieurs millions d'euros...

À savoir
Mondialisation oblige, ce métier est actuellement très porteur, du fait des multiples rapprochements d'entreprises à l'échelle internationale. Tous les grands établissements recrutent, qu'il s'agisse des banques d'affaires ou des banques généralistes.

Responsable du financement de projets

Son rôle
De la grande arche de la Défense à une centrale électrique en Amérique du Sud, en passant par une usine chimique en Hongrie, un pont sur le Tibre ou un tronçon d'autoroute à Taïwan, le responsable du financement de projets est présent en amont de toutes les grandes opérations internationales d'infrastructures. Des projets de longue haleine qui durent parfois plusieurs années. Il propose à des entreprises de travaux publics des modélisations financières sophistiquées à partir des spécificités juridiques et fiscales du pays concerné. Pour ce faire, il négocie avec le maître d'ouvrage, dialogue avec des conseillers techniques, orchestre l'intervention d'expert et celles d'autres partenaires financiers.

Les qualités requises
Ce virtuose de la finance doit posséder une solide connaissance du terrain. L'ouverture d'esprit, la persévérance, la résistance au stress et le sens de la négociation sont par ailleurs indispensables pour concrétiser des projets dont le coût se monte souvent à plusieurs centaines de millions d'euros.

La formation
Les banques ouvrent grand leurs portes aux ingénieurs dont l'esprit cartésien et la culture industrielle correspondent bien aux exigences de ce métier. Mais les diplômés des grandes écoles de gestion et de Sciences Po sont également appréciés pour leur créativité et leurs capacités de persuasion.

La rémunération
Elle oscille entre 3 000 et 7 500 euros bruts mensuels.

Et après ?
Il est possible d'évoluer au sein de la fonction en devenant senior, puis responsable d'une équipe de conseillers financiers. Autre opportunité : prendre la tête d'une succursale à l'étranger.

À savoir
La plupart des opérations de grande envergure se négocient sur les marchés de New York, de Londres ou de Tokyo. Résultat : les débouchés sont plus importants dans les banques anglo-saxonnes que dans les établissements français.

Enfin, retenez que dans la finance, de nouveaux métiers fleurissent de toutes parts, au rythme des besoins des marchés et d'une réglementation de plus en plus complexe. *Compliance officer*, *product manager*… ne soyez pas désemparé à la lecture des annonces d'offres d'emploi : le plus souvent, il ne s'agit pas réellement de nouveaux métiers, mais plutôt de postes de plus en plus spécialisés. « L'hyperspécialisation », venue du monde anglo-saxon, est en effet une tendance lourde qui se confirme.

2 – LES MÉTIERS DE L'ASSURANCE

Conseil, vente, gestion des contrats, conception des produits, expertise, évaluation des risques... L'assurance propose une vaste palette de métiers accessibles du niveau bac + 2 au niveau bac + 5 et plus. Tous comportent un aspect relationnel important et nécessitent des compétences très pointues en droit, gestion et finance. Si l'assurance a longtemps souffert d'une image quelque peu austère, ce n'est plus le cas aujourd'hui. D'abord parce que son utilité n'est plus à démontrer : sans elle, pas de protection sociale, ni de possibilité pour les entreprises de prendre des risques calculés. Ensuite, parce que les professions de l'assurance, comme vous allez pouvoir le constater, offrent aux jeunes diplômés des activités variées, des salaires attractifs et de vraies opportunités de carrière.

LA FAMILLE COMMERCIALE : DES ACTIVITÉS TOUT-TERRAIN

Avec la concurrence exacerbée que se livrent aujourd'hui les compagnies d'assurances, la fonction commerciale revêt plus que jamais une importance stratégique. Un tiers des salariés du secteur en fait partie, qu'ils travaillent au sein d'un réseau itinérant, soient postés derrière un guichet ou jouent du téléphone pour vendre des contrats à distance. Si l'on ajoute les intermédiaires indépendants (agents généraux et courtiers) et leur personnel en contact direct avec la clientèle, il apparaît qu'environ 60 % des actifs de l'assurance consacrent leurs activités à la relation commerciale.
Ce qui n'empêche pas les sociétés d'assurances de chercher à étoffer davantage leurs forces de vente et de déplorer un manque chronique de jeunes diplômés prêts à accepter ces postes. Peut-être parce que, dans l'imaginaire collectif, le vendeur d'assurances est encore souvent associé à un « tireur de sonnettes » dont le bagout suffit à peine à compenser les lacunes techniques. Un cliché pourtant bien loin de la réalité. Ainsi, les commerciaux d'aujourd'hui sont de véritables spécialistes. Leur clientèle est très ciblée, grâce au soutien du marketing, et ils disposent d'outils performants pour déployer leurs argumentaires : méthodes d'études personnalisées des besoins du client, logiciels d'aide à la vente, etc.

Pour autant, rien ne sert de le cacher, la vente reste un métier difficile où il faut dépenser un maximum d'énergie pour des résultats parfois décevants, surtout lorsqu'on débute. Si certains parviennent à se faire rapidement une place au soleil, beaucoup se découragent en chemin. Dans certaines compagnies, le turnover des commerciaux nouvellement recrutés dépasse ainsi 40 % la première année.

Conseiller en assurances

Son rôle

Il vend des produits d'assurance à des particuliers et des professionnels. L'organisation de son travail dépend de la société qui l'emploie. Le nomade appartient à une petite équipe animée par un inspecteur. Il démarche sa clientèle (particuliers ou entreprises) sur un secteur géographique donné. Pour cela, il a recours à diverses méthodes telles que le porte-à-porte, les réunions d'information dans des comités d'entreprise ou encore l'envoi de courriers personnalisés. Le sédentaire, lui, reçoit uniquement ses clients sur rendez-vous dans un bureau d'accueil. Appelé aussi producteur, il est également chargé d'opérations administratives telles que l'émission de contrats ou l'indemnisation en cas de sinistre. Enfin, le télévendeur vend ses contrats par téléphone dans le cadre d'une relation à distance avec le client ou prospect.
Les conseillers en assurance sont recrutés pour l'essentiel par les compagnies d'assurances, mais ils intègrent également des banques et des établissements financiers qui eux aussi proposent des produits d'assurances.

Les qualités requises

De solides connaissances en droit, en gestion et en fiscalité sont de rigueur. Mais il faut également être à l'aise sur le plan relationnel, savoir créer un rapport de confiance avec les clients. La tâche du conseiller en assurances est ardue car il vend des produits immatériels et qui supposent l'existence de risques que personne n'a vraiment envie d'imaginer.

La formation

Ce métier peut s'exercer avec un diplôme de niveau bac + 2 ayant trait au droit, à l'économie ou au commerce comme par exemple le BTS assurance, le BTS management commercial opérationnel ou le DUT carrières juridiques.

La rémunération

2 300 euros bruts mensuels, en moyenne. La rémunération comprend une part variable en fonction des résultats obtenus.

Et après ?

Après quelques années d'expérience, un conseiller en assurances peut devenir animateur de réseau. Par ailleurs, rien ne l'empêche de s'installer à son compte en tant qu'agent général.

À savoir

Ce métier difficile offre de nombreux débouchés dans les compagnies d'assurances, mais aussi dans les agences générales et les cabinets de courtage.

UN EFFET BOULE-DE-NEIGE

À 26 ans, Fabien Rainon a été promu junior manager à La Mondiale. « *Je porte désormais deux casquettes* », explique ce titulaire d'un BTS management des unités commerciales (remplacé par le BTS management commercial opérationnel). « *Je fais du conseil en assurances et je m'occupe du recrutement et de la formation de nouveaux collaborateurs.* » Ses galons, Fabien les a gagnés en enchaînant les succès.

Embauché à un poste de conseiller stagiaire débutant, il a été deux années de suite le meilleur vendeur de l'inspection de Rueil-Malmaison, dans la région parisienne. Le secret de cette performance ? « *Dès le début, j'ai décidé de ne pas faire de prospection téléphonique mais d'utiliser le système de la cooptation. J'ai ainsi rencontré cinq personnes parmi mes relations : deux chefs d'entreprise, un médecin, un dentiste et un responsable d'association. Je leur ai présenté mon activité qu'ils ont trouvée intéressante. Puis chacune d'entre elles m'a donné quatre à cinq recommandations. Par effet boule de neige, j'ai ainsi pu étoffer progressivement mon portefeuille qui compte aujourd'hui plus de 200 clients haut de gamme.* »

Spécialisé dans le marché de la protection sociale (retraite, prévoyance, mutuelle, produits financiers et transmission de patrimoine),

Fabien travaille également en partenariat avec des avocats, des experts-comptables et des commissaires aux comptes qui l'aiguillent sur de bonnes affaires. Ce qu'il apprécie le plus dans son métier ? Le fait de ne pas être un simple vendeur mais un conseiller à part entière. « *La découverte de l'environnement social de chaque client passe avant la présentation des produits* », insiste-t-il.

Inspecteur commercial

Son rôle

Chargé du développement commercial d'une zone géographique qui lui est confiée, il anime un réseau constitué de vendeurs salariés, d'agents généraux ou de courtiers. Il s'occupe donc du recrutement, de la formation et de la dynamisation de sa force de vente constituée, selon les cas, de 5 à 30 personnes. Il assure la réalisation des objectifs, valide les résultats et contrôle la remontée d'informations en rédigeant notamment des rapports d'activité. Enfin, il participe aux actions de promotion commerciale, comme le lancement d'un nouveau produit ou la mise en œuvre d'un plan de marketing.
À noter : son champ d'intervention est souvent délimité par branche (IARD, vie ou capitalisation), voire spécialisé au sein d'une branche.

Les qualités requises

Outre de solides compétences techniques, l'inspecteur commercial doit être un meneur d'hommes doté d'un sens aigu de la communication. La disponibilité et la mobilité géographique sont par ailleurs indispensables.

La formation

Il est possible d'accéder à ce métier avec une formation de niveau bac + 4/5 (master, école de commerce, cycle de l'ENASS/CNAM...) complétée par une première expérience commerciale.

La rémunération

5 300 euros bruts mensuels en moyenne.

Et après ?
L'évolution peut être verticale, en devenant inspecteur général (c'est-à-dire responsable d'une équipe d'inspecteurs commerciaux) ou transversale, en intégrant les services techniques ou marketing de la société. Par ailleurs, il est possible de reprendre une agence générale.

À savoir
Si les perspectives d'embauche restent stables pour l'encadrement des réseaux salariés, elles connaissent en revanche une légère progression pour celui des réseaux externes (agents généraux et courtiers).

LES CHARGÉS DE CLIENTÈLE ET D'INDEMNISATION

Chargé de clientèle

- Profil : une personnalité affirmée doublée d'une grande capacité d'écoute. Aimer conseiller les autres, avoir le goût de la vente et la culture du résultat est également fortement conseillé. Un dynamisme certain doit venir compléter ces qualités relationnelles.
- Missions : organiser et assurer la prospection ; conseiller, négocier et conclure la vente des contrats ; réaliser le suivi d'un portefeuille de clients. Généralement, le travail de vente s'effectue dans un bureau d'accueil de la clientèle. Le chargé de clientèle est également chargé d'opérations de gestion telles que l'émission d'un contrat ou l'indemnisation de sinistres de risques simples (automobile, habitation, etc.). Son activité peut également s'effectuer par téléphone (téléconseiller) dans le cadre d'une relation à distance avec le client ou le prospect.
- Formation : en général, le métier requiert une formation commerciale ou une formation technique en assurance, de niveau bac + 2 (DUT, BTS…).
- Salaire mensuel brut du débutant (hors primes) : à partir de 2 000 euros.

Chargé d'indemnisation

- Profil : l'équité est une valeur essentielle pour ce professionnel. Pondéré, il prend toujours le temps d'étudier précisément les tenants et les aboutissants d'une situation avant de prendre une décision. Il est diplomate, perspicace et tenace, ce qui lui confère de bonnes qualités relationnelles et de négociation.
- Missions : vérifier que les garanties souscrites s'appliquent à l'événement survenu et apprécier, le cas échéant, les responsabilités ; évaluer le montant des dommages et régler les sommes dues à l'assuré ou à la victime ; agir dans le cadre contentieux lors d'un différend avec un tiers victime ou, plus rarement, avec un assuré ;

dans ce cas, le chargé d'indemnisation engage et suit la procédure devant les juridictions concernées, il prépare l'argumentation et les instructions pour les avocats, exerce les recours et fait exécuter les décisions.

- Formation : l'indemnisation nécessite une formation juridique avec le plus souvent une spécialisation en droit des assurances. Selon le poste proposé et la complexité des sinistres à gérer, le niveau requis varie de bac + 2 (BTS assurance, DUT carrières juridiques option banques et assurances…) à bac + 4/5 ou plus (master de droit privé, troisième cycle en droit des assurances…).
- Salaire mensuel brut : à partir de 2 100 euros environ.

Agent général

Son rôle

L'agent général d'assurances dirige une agence qui a pignon sur rue. Sa mission ? Faire office d'intermédiaire entre une entreprise d'assurances qu'il représente en vertu d'un traité de nomination et la clientèle. Concrètement, il porte trois casquettes. Conseiller, il aide ses clients à formuler leurs besoins de protection, tant dans le domaine des biens que de la personne, et leur propose les réponses les mieux adaptées. Commercial, il prospecte de nouveaux marchés et organise le suivi de ses clients : il gère leurs contrats et les accompagne, en cas de sinistre, jusqu'au versement des indemnités. Chef d'entreprise, il dirige son agence et anime en général une petite équipe de collaborateurs.

Les qualités requises

Pour développer son entreprise, il doit faire preuve d'une grande autonomie et de qualités de gestion humaine et financière. En outre, cette profession exige une véritable maturité professionnelle (compétences commerciales, de gestion et de communication…), souvent acquise après une première expérience salariée.

BIEN PRÉPARER SON INSTALLATION

Avant de reprendre une agence, vous devrez vous livrer à une analyse des marchés et des conditions économiques, ainsi qu'à un examen rigoureux de votre propre motivation professionnelle. Apprenez tout d'abord que l'entreprise d'assurance doit vous communiquer tous les éléments nécessaires à l'analyse de l'agence que vous convoitez :

historique, composition du portefeuille, revenu net durant les trois dernières années, encaissement et commissionnement. Sachez ensuite que vous pouvez recueillir des renseignements pratiques auprès de la Fédération nationale des syndicats des agents généraux d'assurances (AGEA) qui organise régulièrement des réunions d'information.

▶ **Contact :** AGEA. 30, rue Olivier Noyer, 75014 Paris. Tél. : 01 70 98 48 00. Internet : www.agea.fr

La formation

Une formation initiale de niveau bac + 2 est exigée. Elle est doublée d'un stage professionnel de 600 heures auprès de l'entreprise d'assurances ou d'un établissement agréé (formation au métier, aux produits, à la gestion et stage pratique) qui est validé par un examen.

La rémunération

L'agent général ne perçoit pas un salaire, mais des commissions sur la vente et la gestion des contrats d'assurance qu'il réalise, complétées par un intéressement aux résultats et à la qualité. La moyenne de commissionnement par agence est d'environ 250 000 euros, 10 % dépassent le 1 million d'euros. L'essentiel des commissions provient de la clientèle de particuliers (65 %).

Et après ?

Un agent général peut développer son agence en élargissant sa gamme de produits et en recrutant de nouveaux collaborateurs.

À savoir

Lorsqu'il s'installe, un agent général doit racheter le portefeuille, c'est-à-dire la clientèle de son prédécesseur pour un prix qui dépasse fréquemment les 150 000 euros. Il est donc souvent contraint de s'endetter vis-à-vis de la compagnie qui fait appel à lui. Quoi qu'il en soit, cette profession présente des opportunités pour tous ceux qui souhaitent exercer une activité indépendante, en contact permanent avec des clients divers (particuliers, entreprises, artisans, commerçants, collectivités) et ayant envie de s'investir dans le conseil et la vente de produits financiers et d'assurances.

UNE RELATION DE CONFIANCE

Après un DESS finance et banque (aujourd'hui devenu master professionnel) et une formation d'un an à l'Institut des assurances de Lyon, Hervé Pierrot, a débuté sa carrière à un poste d'inspecteur commercial au GAN. Il y a quinze ans, il a décidé de faire cavalier seul en prenant la tête d'une agence à Bourg-en-Bresse, en association avec son père adoptif. Un choix qu'il ne regrette pas : « *Je suis libre d'organiser mon travail comme bon me semble. Par ailleurs, j'entretiens une relation de confiance avec les gens. Comme je les suis sur de longues périodes, ils me confient leurs soucis quotidiens et m'informent des événements de leur vie familiale* », explique-t-il. Autre motif de satisfaction : la diversité de ses activités qui vont de la prévoyance collective aux opérations d'assistance en passant par tous les classiques de l'assurance individuelle (automobile, responsabilité civile, maladie…). « *Je travaille aussi bien avec des particuliers qu'avec des entreprises de 1 000 salariés* », constate Hervé. Tous les matins, notre agent se rend dans sa boutique pour prendre connaissance de son courrier. Après ce rituel, il prépare les rendez-vous de la journée. « *Le plus souvent, il s'agit de vendre des assurances qui sortent de l'ordinaire. Hier soir, par exemple, j'ai assuré le transport de matériel informatique d'Espagne au Brésil.* » Le reste de son temps se partage entre l'accueil des clients, la prospection commerciale, le traitement des dossiers en cours et les tâches administratives diverses liées à la vie de l'agence. Comme tout chef d'entreprise, Hervé s'occupe également de la gestion de ses collaborateurs : un commercial et trois assistantes auxquelles il demande aujourd'hui « *de ne plus se consacrer exclusivement à des tâches administratives mais de participer également au développement de la vente.* »

Courtier

Son rôle

Le courtier d'assurances est un travailleur indépendant inscrit au registre du commerce. Contrairement à l'agent général, il n'est pas lié à une compagnie d'assurances. Mandataire de ses clients (entreprises ou particuliers), il négocie pour eux la signature de contrats d'assurance ou de produits financiers, les assiste dans l'exécution de ceux-ci ou dans le règlement des sinistres. Il connaît donc parfaitement l'offre des différentes compagnies d'assurances et est à même de choisir les meilleures solutions en fonction de la situation particulière de chaque client. Tout comme l'agent général, il est à la tête d'un cabinet et s'occupe du recrutement et de la gestion de son personnel salarié.

Les qualités requises

Une connaissance globale des risques d'entreprises est indispensable car ces dernières constituent plus de 70 % de la clientèle des courtiers. En outre, il faut avoir des compétences en responsabilité civile, un sens commercial aigu, des qualités relationnelles et, si possible, parler couramment anglais.

La formation

Une formation commerciale ou juridique de niveau bac + 2 est le seuil minimum d'entrée dans la profession mais les titulaires d'un bac + 5 peuvent évoluer plus rapidement. Pour exercer il faut, en outre, obtenir la capacité professionnelle, délivrée soit à l'issue d'un stage professionnel de 150 heures, soit après 2 ans d'expérience professionnelle dans un cabinet de courtage ou d'assurance, ou 4 ans dans un poste à responsabilités au sein d'une entreprise commerciale ou industrielle, soit après un bac + 3 dans le secteur de l'assurance et du courtage.

La rémunération

Le courtier est traditionnellement rémunéré à la commission mais le développement de son rôle de conseil le conduit parfois à toucher des honoraires.

Un cadre collaborateur gagne 3 200 euros bruts mensuels en moyenne. La rémunération du collaborateur en société de courtage s'effectue sous forme de salaires et se compose d'une partie fixe à laquelle s'ajoute une partie variable (commissions).

Et après ?

À l'instar de l'agent général, le courtier peut agrandir le rayon d'action de son entreprise. La taille d'un cabinet de courtage varie ainsi entre une personne et plusieurs centaines de salariés.

À savoir

Les courtiers français sont en première ligne des grands mouvements de restructuration dus à l'internationalisation : regroupement de cabinets, achats de sociétés de courtage par des compagnies étrangères... Pour sortir leur épingle du jeu, ils doivent plus que jamais faire preuve d'un extrême professionnalisme.

Pour tout connaître du métier de courtier, contactez la Chambre syndicale des courtiers d'assurances.

► **Contact :** Planète CSCA. 10, rue Auber, 75009 Paris.
Tél. : 01 48 74 19 12. Internet : www.planetecsca.fr/syndicat

LA GESTION DES CONTRATS : DE LA TECHNIQUE AVANT TOUTE CHOSE

La gestion des contrats offre les débouchés les plus importants après la fonction commerciale. Elle concerne toutes les étapes de la vie d'un produit d'assurance, de sa production au règlement d'un sinistre en passant par la surveillance de sa rentabilité. En ligne de mire, il s'agit de satisfaire les clients, en leur offrant des prestations conformes à leurs attentes, tout en défendant les intérêts de la compagnie d'assurances.
Les gestionnaires de contrats doivent résoudre des problèmes complexes tels que la production d'assurances sur mesure, le règlement de litiges faisant appel à la jurisprudence ou encore la prise en compte du droit européen et international.
Le transfert des opérations de gestion des sièges sociaux vers les bureaux de vente et les agences régionales a permis aux salariés de gagner en autonomie et en polyvalence, mais ces changements sont allés de pair avec une réduction des échelons hiérarchiques. D'où une forte diminution des postes d'encadrement à pourvoir qui freine les perspectives de carrière.

Rédacteur

Son rôle

Le rédacteur « production » établit et gère des contrats. Pour les risques dits « de masse » (automobile, habitation, maladie…), il se réfère à des contrats préétablis. Pour les risques plus complexes (risques industriels, construction, responsabilité civile…), il est souvent amené à rédiger des clauses spécifiques. Il saisit chaque contrat sur ordinateur à l'aide de codes et établit leur tarification. C'est également lui qui réalise les appels de cotisation et vérifie leur encaissement. Lorsque la situation d'un assuré évolue, il adapte les contrats en ajoutant ou en retranchant des clauses. Toutes ces opérations s'inscrivent dans des procédures très précises définies par la loi sur les contrats d'assurance.

Le rédacteur « règlement », quant à lui, intervient en aval des sinistres (accident, maladie, incendie, décès...). Il vérifie les garanties, apprécie les responsabilités, calcule le montant des dommages et règle les sommes dues à la victime ou à l'assuré. En cas de litige, il peut être amené à entamer une procédure auprès de la juridiction concernée. Il doit alors préparer l'argumentation et les instructions pour les avocats, exercer les recours prévus par la loi et faire exécuter les décisions de justice.

Quelle que soit sa fonction, le rédacteur est souvent spécialisé dans un domaine : responsabilité civile, automobile, maladie, etc. Il est sans cesse en relation téléphonique avec ses clients et travaille en collaboration avec le réseau de vente, mais aussi avec des avocats, des médecins et des experts.

Les qualités requises

Les vertus cardinales du rédacteur sont la rigueur intellectuelle, un bon sens relationnel, l'esprit d'investigation et la capacité à prendre des décisions. En outre, il doit savoir jouer du clavier informatique car il travaille quotidiennement à l'aide d'ordinateurs.

La formation

L'entrée dans ce métier peut se faire avec un BTS assurance ou un DUT carrières juridiques option banques et assurances. Autre possibilité : poursuivre des études de droit jusqu'à la première année de master au moins. C'est en effet la meilleure carte à jouer pour se spécialiser sur le règlement des contentieux, activité qui nécessite des compétences juridiques très pointues.

La rémunération

Entre 2 000 et 3 400 euros bruts mensuels.

Et après ?

Pour des diplômés de niveau bac + 4/5, ce poste est un tremplin pour évoluer vers des fonctions d'encadrement. Pour des titulaires d'un bac + 2, la voie la plus classique consiste à passer de la production ou du règlement de sinistres simples à la gestion de sinistres complexes.

À savoir

Avec l'informatisation du traitement administratif des dossiers, les rédacteurs ont plus de temps pour se consacrer aux relations avec la clientèle. On leur demande également davantage de polyvalence. Dans de petites sociétés, il n'est pas rare qu'un rédacteur s'occupe de plusieurs branches de l'assurance, voire qu'il cumule la production et le règlement.

AVEC LE CLIENT...

Christian Meneghin est entré aux AGF à un poste administratif avec un bac pour tout bagage. Au fil des années, il a décroché, par le biais de la formation continue, un CAP/BEP d'assurances, puis un BTS assurance et enfin le diplôme de l'École nationale des assurances (ENASS). *« Ce parcours m'a ouvert l'esprit et m'a permis de m'intégrer dans chaque fonction que j'ai pu avoir »*, résume-t-il.
Christian est désormais attaché d'indemnisation sur une plate-forme téléphonique à Bordeaux. Un autre type d'aventure pour cet ancien auditeur/contrôleur dont le rôle était de vérifier le bon respect par les agents généraux du code des assurances et des règlements internes à la société : *« Aujourd'hui, je n'ai plus affaire à des dossiers posés sur mon bureau mais à des personnes que je peux directement aider à résoudre leurs problèmes. »* Spécialiste des dossiers matériels, Christian intervient uniquement sur des cas épineux, *« lorsque les choses ne se passent pas comme sur des roulettes pour une raison x ou y. »* Dernier litige en date : un assuré, victime d'un cambriolage, se plaint que certains objets volés n'ont pas été pris en compte. Christian tente alors d'y voir plus clair. *« Après avoir écouté le client et examiné le rapport de l'expert, je me suis aperçu qu'il manquait juste quelques pièces justificatives »*, explique-t-il. Et voilà l'imbroglio résolu en deux temps trois mouvements !
Mais les choses ne sont pas toujours aussi simples. Car dans la plupart des cas, il faut se référer à la jurisprudence et tenir compte des conventions passées avec les compagnies d'assurances adverses. Reste que la qualité de l'écoute et le sens de la psychologie l'emportent désormais sur la technicité. *« Les dossiers de base en habitation ou en automobile se ressemblent tous. La différence, c'est la personne que l'on a au bout du fil. L'approche n'est pas la même s'il s'agit d'un jeune citadin ou d'une personne âgée affolée par tous les papiers à remplir. Dans chaque cas, mon travail consiste à rassurer le client, à prendre en charge ses problèmes. Je suis sans arrêt avec lui »*, souligne Christian.

LA CONCEPTION : FABRIQUER DE NOUVEAUX PRODUITS

Répondre aux attentes des assurés en leur offrant les produits les mieux adaptés à leurs besoins et les plus compétitifs sur le marché : tel est l'objectif des professionnels de la conception de produits.
Cette fonction suppose non seulement d'élaborer de nouveaux contrats ou d'adapter des contrats existants, mais encore de rédiger l'ensemble des instructions nécessaires à leur gestion, ainsi que la documentation et les argumentaires destinés aux forces de vente.
Le développement des produits fait ainsi appel à des compétences diversifiées et complémentaires comme en attestent les trois métiers que nous avons choisi de vous présenter ici. Il associe des techniciens de l'assurance (les développeurs de produits), des spécialistes du risque (les actuaires) et des professions que l'on retrouve dans d'autres secteurs (les chargés d'études commerciales).
Ces professions requièrent un niveau de qualification élevé. Ainsi, 60 % des salariés qui travaillent dans la conception et l'adaptation de produits ont un statut de cadre.

Développeur de produits

Son rôle
Il travaille au sein d'un bureau d'études en relation avec le marketing et les actuaires (qui participent à la conception technique des produits d'assurance). Sa mission ? Créer de nouveaux produits ou adapter des produits existants (assurances IARD ou vie). En amont, le développeur de produits analyse l'évolution du marché : offre de la concurrence, besoins de la clientèle, contexte juridique, économique et fiscal... Il définit ensuite les caractéristiques du futur produit en termes de garanties offertes et de tarification, puis rédige toutes les instructions et la documentation technique. Destinée au réseau de vente, mais aussi aux services de production et de règlement, sa prose fait le point, notamment, sur les procédures de gestion interne et de règlement des indemnités.

Les qualités requises
Excellent technicien, le développeur de produits doit maîtriser toutes les « arcanes » du contrat d'assurance (champs de garantie, ciblage,

cadre juridique et fiscal, procédures de gestion…). Il possède également de solides notions en statistiques et domine parfaitement l'outil informatique.

La formation

Les recrutements s'opèrent au niveau minimum bac + 4/5 et sont très diversifiés : écoles supérieures de commerce, écoles d'ingénieurs, master de droit ou de sciences économiques, Instituts des assurances, master professionnel assurances…

La rémunération

À partir de 3 000 euros bruts mensuels environ, selon la formation initiale.

Et après ?

Le bureau d'études sert de tremplin pour évoluer au sein des différents secteurs techniques (service production ou contentieux, unité de gestion des sinistres…), tant dans la filière expertise que dans la filière management.

À savoir

Les postes de développeur de produits constituent une voie d'entrée classique pour les jeunes diplômés car ils permettent d'expérimenter d'entrée de jeu toutes les facettes techniques de l'assurance.

Actuaire

Son rôle

L'actuaire conduit des études techniques (mathématiques, financières et statistiques) nécessaires à la création ou la modification de contrats d'assurance. C'est un peu le visionnaire qui agit en amont. Il élabore notamment des formules afin de fixer les tarifs au plus juste pour chaque catégorie de contrats. Par ailleurs, il effectue des modélisations et des simulations permettant de prévoir leur rentabilité à moyen et long terme. Autre mission de l'actuaire : assister les services opérationnels pour l'évaluation des risques. À partir des sinistres passés, il détermine la probabilité des sinistres à venir.

Enfin, il est chargé de calculer le montant des réserves monétaires dont la compagnie doit disposer pour être capable d'honorer ses engagements vis-à-vis de ses assurés.

Les qualités requises

Si l'actuaire est avant tout un mathématicien et un financier de haut vol, il doit également posséder le sens de la communication et du travail d'équipe. En effet, il est souvent conduit à « sortir le nez » de ses algorithmes pour échanger des informations avec d'autres services de sa compagnie.

La formation

Il existe plusieurs formations qui préparent au métier d'actuaire (voir la partie III de ce guide). Elles s'effectuent dans des écoles spécialisées, des universités ou des grandes écoles de commerce. Le recrutement des candidats s'opère généralement au niveau bac + 5, après des études supérieures à dominante mathématique, statistique ou économique.

La rémunération

À partir de 3 500 euros bruts mensuels, auxquels s'ajoute une part variable.

Et après ?

Figurant parmi l'élite des salariés de l'assurance, les actuaires évoluent très facilement vers des postes de direction.

À savoir

Le nombre d'actuaires augmente, mais la demande reste suffisamment importante pour ne pas créer d'embouteillages. Les principaux débouchés se situent dans le domaine des assurances de personnes, en raison de leur fort développement et de l'implication nouvelle des banques et des établissements financiers.

▶ **Contact :** IAF (Institut des actuaires français). 4, rue Chauveau-Lagarde, 75008 Paris. Tél. : 01 44 51 72 72.
Internet : www.institutdesactuaires.com

Chargé d'études commerciales

Son rôle

Appelé aussi chargé d'études marketing, il coordonne les opérations de lancement des nouveaux produits sur le marché. Pour ce faire, il réalise des études de marché en liaison avec le réseau de vente. Il s'agit de s'assurer, avant l'émission d'un contrat, que celui-ci correspond bien aux attentes d'un segment de la clientèle. Le chargé d'études commerciales ou marketing conçoit également des méthodes de commercialisation. Actuellement, la demande des sociétés se porte notamment sur l'approche directe, les nouveaux supports de vente (téléphone, internet...) et le développement de partenariats avec d'autres réseaux commerciaux, comme les banques ou la grande distribution. Enfin, il s'occupe de la communication vis-à-vis des clients, mais aussi des agents généraux et des courtiers. À ce titre, il réalise des brochures, rédige des courriers publicitaires ou encore organise des séminaires d'information.

Les qualités requises

La créativité et l'esprit d'équipe sont incontournables. Par ailleurs, il faut être intéressé par la spécificité des produits d'assurances et bien connaître leur marché.

La formation

Ce poste est accessible aux diplômés des grandes écoles de commerce, mais aussi aux titulaires d'un bac + 5 en économie, avec une spécialisation en marketing. Les diplômés en statistiques sont également appréciés.

La rémunération

Le salaire moyen d'un débutant est de 2 600 euros bruts mensuels.

Et après ?

La progression de carrière s'effectue en prenant de plus en plus de responsabilités. Un débutant se verra d'abord confier des tâches d'exécution avant d'évoluer vers des missions à dimension stratégique.

À savoir
La plupart des services marketing au sein des compagnies d'assurances sont encore relativement récents. Un défi pour les jeunes diplômés désireux de faire la preuve de leurs capacités d'innovation...

L'EXPERTISE : DES HOMMES DE L'ART

Construction, automobile, objets d'art, médecine, équipements industriels... : les experts interviennent dans leur domaine de compétence spécifique à la demande des sociétés d'assurances ou des assurés eux-mêmes, le plus souvent à la suite d'un sinistre. Professionnels indépendants, ils sont chargés d'évaluer la valeur des biens à garantir, de déterminer la cause des sinistres et d'estimer le montant des préjudices subis. Outre de solides connaissances techniques, ils doivent maîtriser sur le bout des doigts les règles juridiques liées aux contrats d'assurance et aux mécanismes de règlement.
Nous avons choisi de vous présenter deux des principales spécialités de cette fonction périphérique : l'expertise automobile et l'expertise incendie et risques divers.

Expert automobile

Son rôle
Après un accident de la circulation, il se prononce sur la responsabilité des conducteurs. Pour cela, il examine les constats à l'amiable ou, en cas d'accident grave, se rend directement sur les lieux, interroge les victimes et les témoins. Il calcule ensuite le coût global du dossier en évaluant la valeur du véhicule avant l'accident, le montant des réparations à effectuer ou le prix de vente de l'épave. Les sociétés d'assurances font également appel à lui pour lutter contre la fraude (véhicule surévalué, simulation d'accident...) grâce à des examens techniques appropriés. Pour mener à bien ses investigations, l'expert automobile dispose d'une abondante documentation sur les caractéristiques techniques de l'ensemble des véhicules du marché.

Les qualités requises
L'expert automobile doit constamment se tenir informé sur l'évolution des gammes de voitures des constructeurs et des techniques de réparations. Par ailleurs, il doit posséder les qualités d'un chef d'entreprise pour diriger sa propre affaire.

La formation
Pour exercer cette profession, vous devez être titulaire du diplôme d'expert en automobile (homologué au niveau bac + 2). L'examen comporte trois séries d'épreuves : connaissances générales, technologiques et professionnelles.
À noter : les titulaires de certains diplômes, comme le BTS maintenance des véhicules, sont exemptés de certaines épreuves.

La rémunération
La plupart des experts en automobile sont des professionnels libéraux rétribués sous forme d'honoraires. Leur rémunération dépend donc à la fois de leur volume d'activité et des tarifs pratiqués par les compagnies avec lesquelles ils ont l'habitude de travailler. Cependant, le salaire d'un débutant se situe généralement autour de 2 200 euros bruts par mois.

Et après ?
Un expert automobile peut développer son cabinet jusqu'à devoir recruter, former et animer une petite équipe de collaborateurs pour l'assister.

À savoir
On compte en France environ 2 700 experts en automobile. Cependant, le nombre des expertises suit l'évolution du nombre d'accidents. Ces derniers, en raison d'une sécurité croissante des véhicules et d'une législation de plus en plus répressive vis-à-vis des chauffards, devraient connaître une régression, et le volume des expertises devrait donc décroître. L'Alliance nationale des experts en automobile (ANEA) étudie donc les possibilités de diversifier l'activité des experts, notamment en se tournant vers l'intervention et le conseil pour l'achat de véhicules d'occasion.

► **Contact :** ANEA. 41/43, rue des Plantes, 75014 Paris.
Tél. : 01 45 40 40 40. Internet : http://anea.fr

Expert incendie et risques divers

Son rôle

Lors d'un sinistre (incendie ou dégât des eaux par exemple), deux experts peuvent être mandatés : l'un par la société d'assurances, l'autre par l'assuré. Leur mission ? Déterminer de façon contradictoire le préjudice subi à partir des éléments en leur possession. Les experts incendie et risques divers également appelés experts en assurances se rendent sur place pour rechercher la cause, le point de départ et les circonstances du sinistre. Ils recueillent des témoignages, vérifient l'identité des lieux, l'exactitude des déclarations contenues dans le constat, le respect des normes de sécurité. Il leur incombe également d'établir, en amont du sinistre, la valeur des objets garantis et d'évaluer, en aval, celle des objets rescapés. Leurs conclusions servent ensuite de base à l'indemnisation selon les dispositions du contrat d'assurance.

Les qualités requises

Sherlock Holmes de l'assurance, l'expert doit allier le sens de l'observation à celui de la déduction… Il a, bien entendu, des compétences techniques dans le domaine du bâtiment, mais aussi une parfaite connaissance du droit contractuel et jurisprudentiel des assurances.

La formation

Le CNPP (Centre national de prévention et de protection) a mis en place une certification de personnes pour les experts évaluateurs et d'assurances (EEA). Pour postuler vous devez justifier d'une formation initiale (bac + 3 minimum) et d'un minimum d'expérience professionnelle.

► **Contact :** CNPP. Route de la Chapelle Réanville,
CD 64 – CS 22265, 27950 Saint-Marcel. Tél. : 02 32 53 64 00.
Internet : www.cnpp.com

La rémunération

De 1 700 à 2 500 euros bruts par mois pour un jeune collaborateur salarié.

Et après ?

Le parcours classique consiste à faire ses premières armes en tant que collaborateur dans un cabinet d'expertise. Après quelques années d'expérience, il est possible de devenir associé, c'est-à-dire de prendre des parts dans la société et de participer à sa gestion, ou de voler de ses propres ailes en posant sa plaque.

À savoir

Depuis quelques années la tendance est à la mise en sociétés et au regroupement des cabinets d'expertise. Résultat : le mode d'exercice salarié de la profession prend progressivement le pas sur le mode d'exercice libéral.

LES RISQUES D'ENTREPRISE : DES ACTIVITÉS DE PRÉVENTION

Du supermarché de quartier à la multinationale, les entreprises représentent une part importante du marché des assurances. Mais elles constituent également une clientèle à haut risque. Imaginez les sommes à débourser en cas d'explosion d'une usine chimique ou de catastrophe ferroviaire ! Pour vous donner un ordre de grandeur, sachez, par exemple, que l'incendie du Crédit Lyonnais (en mai 1996) a coûté la bagatelle de plus de 228 millions d'euros (1,5 milliard de francs à l'époque).

C'est pour éviter ce type de catastrophe que les assureurs et les entreprises clientes font appel à des spécialistes du risque. Véritables médecins de l'assurance, ces derniers sont chargés de diagnostiquer les dangers inhérents à une activité, mais aussi de remédier à la protection et à la prévention humaine.

Les trois métiers que nous avons choisi de vous présenter comptent parmi les plus passionnants de l'assurance car ils concernent tous les secteurs de l'activité économique nationale ou internationale. En outre, ils offrent l'avantage majeur d'être ouverts à une grande variété de profils. À condition toutefois de compléter son cursus initial en s'intéressant à d'autres domaines que le sien. Ainsi, un scientifique devra s'investir dans des formations juridiques et financières, tandis qu'un commercial devra porter ses efforts sur le droit.

Les juristes ou les financiers de formation, quant à eux, devront assimiler des règles physico-chimiques pour comprendre la portée et la dangerosité d'un « process industriel ».
Dans tous les cas, il faut également être en prise avec la vie, lire les journaux, regarder la télévision, suivre la politique et l'économie, et parler plusieurs langues...

Inspecteur-vérificateur

Son rôle

Avant d'assurer une entreprise, un bâtiment ou un chantier, les sociétés d'assurance envoient un inspecteur-vérificateur sur les lieux afin d'apprécier les risques encourus. Ce dernier est souvent amené à préconiser des mesures de sécurité. Il peut s'agir d'installer une porte coupe-feu dans un atelier d'usinage, d'entretenir des équipements anciens, de poser des alarmes pour prévenir les vols ou encore de prendre des mesures d'exception visant à protéger l'environnement. Dans certaines sociétés, telles que Groupama ou la Société mutuelle d'assurances des collectivités locales (SMACL), il peut travailler auprès des communes partout où leur responsabilité civile est engagée : parkings municipaux, colonies de vacances, salles de spectacle... Enfin, quelle que soit sa spécialisation, l'inspecteur-vérificateur est chargé de concevoir et de mettre en œuvre des formations techniques destinées au réseau de vente.

Les qualités requises

L'inspecteur-vérificateur a un sens de l'observation aiguisé. Il allie des connaissances abstraites, financières et juridiques, à des compétences techniques (construction, matériaux, outils de protection...) ainsi qu'à une solide expérience du terrain. Enfin, il doit savoir communiquer car il travaille de concert avec les souscripteurs, les gestionnaires de contrat, les experts, les agents généraux et les courtiers.

La formation

L'idéal est de passer par une école d'ingénieurs ou de commerce, ou bien de suivre un master en droit, économie ou gestion. Puis de compléter son cursus par une formation en gestion des risques industriels. Les formations diplômantes et les agréments préparés après quelques années d'expérience professionnelle sont particulièrement appréciés.

La rémunération
De 2 000 à 4 000 euros bruts mensuels selon l'expérience.

Et après ?
L'inspecteur-vérificateur peut évoluer vers des postes d'encadrement dans des services de production ou de règlement. Autre possibilité : devenir agent général.

À savoir
Cette profession est l'une des plus attractives dans le domaine de l'assurance car les situations sont toujours inédites et complexes. Malheureusement, les besoins en recrutement sont limités. Si quelques sociétés d'assurances font appel à des débutants qu'elles forment, la plupart préfèrent embaucher des spécialistes déjà aguerris.

Souscripteur

Son rôle
Le souscripteur est souvent spécialisé dans un domaine pointu : production industrielle, transport de marchandises, travaux publics... Il évalue des risques d'entreprises à partir d'informations qui lui sont transmises par l'inspecteur-vérificateur ou par le réseau de distribution. Si les risques sont trop importants, il peut décider de ne pas les garantir. Dans le cas contraire, il détermine les conditions de la garantie et fixe le montant des primes. De plus, il est souvent sollicité en tant qu'expert pour participer à des études sur de nouveaux produits d'assurances. Il définit alors les barèmes de tarification ainsi que les conditions de garantie (clauses, exclusions) qui seront appliquées ensuite par tous les souscripteurs et rédacteurs. On peut éventuellement lui demander de participer à l'évaluation d'un sinistre important.

Les qualités requises

Un souscripteur doit savoir prendre des décisions rapides en fonction de paramètres parfois contradictoires. Il doit veiller à la fois aux intérêts de sa compagnie et à ceux de ses clients. Homme de dialogue, il passe le plus clair de son temps à argumenter ses choix.

La formation

Les diplômes permettant d'accéder à cette profession sont nombreux : Institut des assurances, masters professionnels en droit des assurances ou en finance, école de commerce ou d'ingénieurs, etc. Acquérir ensuite une double compétence en relation avec le type de risques assurés constitue un plus indéniable.

La rémunération

5 300 euros en moyenne.

Et après ?

Du fait de la réduction des échelons hiérarchiques, il est plus facile de se spécialiser en gérant des dossiers de plus en plus complexes que d'accéder à des fonctions d'encadrement. Après quelques années, un souscripteur expérimenté pourra notamment se voir confier des missions à dimension internationale sur de gros risques industriels.

À savoir

Ce métier est difficilement accessible aux jeunes fraîchement diplômés. En revanche, il offre une possibilité de deuxième carrière intéressante aux ingénieurs issus de l'industrie.

Risk-manager

Son rôle

Le *risk-manager* (ou gestionnaire du risque) ne travaille pas pour une société d'assurances, mais pour une grande entreprise. Il conseille la direction générale sur la meilleure façon de gérer les risques fortuits (accident, incendie, vol...) et les dangers liés à des décisions stratégiques (lancement d'un produit, programme d'investissement...).

En ligne de mire, il s'agit de réduire l'impact financier de tous les événements aléatoires qui pourraient survenir. Dans un premier temps, le *risk-manager* traque et quantifie la totalité des risques inhérents à l'activité de l'entreprise. L'objectif ? Donner aux décideurs les éléments d'information nécessaires pour qu'ils évitent de faire fausse route. À l'instar de l'inspecteur-vérificateur, il joue ensuite un rôle de prévention. Il peut, par exemple, prescrire l'installation d'un système de protection pour lutter contre le piratage informatique ou encore l'ajout d'une clause sur un contrat commercial pour éviter une éventuelle contestation d'ordre juridique. Enfin, il fait office d'interlocuteur vis-à-vis des sociétés d'assurance. Il négocie ainsi avec des courtiers et des agents généraux pour mettre au point des garanties spécifiques et trouver les meilleurs tarifs.

Les qualités requises

Le *risk-manager* doit avoir l'esprit en éveil, être constamment à l'écoute de ce qui se passe dans son entreprise et ailleurs. Il faut qu'il soit également capable d'argumenter et de convaincre car il n'a, à lui seul, aucun réel pouvoir de décision. Enfin, la maîtrise de l'anglais constitue un plus car la fonction comprend souvent une dimension internationale.

La formation

Ici encore, il n'y a pas de profil type. La formation initiale peut être soit technique (école d'ingénieurs), soit commerciale (école de commerce ou troisième cycle spécialisé) soit juridique (master professionnel en droit des assurances). Le plus important est d'avoir derrière soi une solide première expérience professionnelle liée au secteur d'activité de l'entreprise.

La rémunération

À partir de 3 500 euros.

Et après ?

De par ses compétences, on peut estimer que le *risk-manager* n'aura que l'embarras du choix pour s'orienter : vers le consulting indépendant, l'expertise technique au sein d'une société d'assurance ou encore la reprise d'une agence ou d'un cabinet de courtage.

À savoir

D'origine anglo-saxonne, ce métier s'est implanté progressivement en France, notamment dans les activités industrielles à hauts risques : chimie, pétrole, spatial, poudres et explosifs... Selon l'AMRAE (Association pour le management des risques et des assurances de l'entreprise), environ 550 cadres l'exercent à plein temps dans de grandes entreprises. Parallèlement, on assiste depuis quelque temps au développement de consultants indépendants spécialisés dans l'audit d'assurances auprès des PME-PMI.

▶ **Contact :** AMRAE. 80, boulevard Haussmann, 75008 Paris. Tél. : 01 42 89 33 16. Internet : www.amrae.fr

Données sur les effectifs dans les assurances en 2019

	Métiers-cœurs (1)	Métiers-supports (2)	Métiers du pilotage (3)	Ensemble des métiers des assurances
Effectifs du groupe de métiers	97 800	22 900	26 100	146 800
Poids représentatif du groupe de métiers	66,6 %	15,6 %	17,8 %	–
Taux de recrutement	9,7 %	8,5 %	8,9 %	9,8 %
Âge moyen	41,9 ans	45,6 ans	43,9 ans	42,7 ans
Taux de cadres	37,3 %	58,8 %	82,9 %	48,5 %
Niveaux de formation bac + 2 à bac + 4	54,3 %	42,2 %	40,6 %	49,8 %
Niveaux de formation bac + 5	16,2 %	20,6 %	39,9 %	21,4 %

Source : baromètre prospectif de l'Observatoire de l'évolution des métiers de l'assurance (2019), consultable sur www.metiers-assurance.org

(1) Le groupe des métiers-cœurs rassemble les familles Actuariat et conception technique, Marketing, Distribution et développement commercial, Contrôle technique et prévention, Gestion des contrats ou prestations, Gestion des actifs et du patrimoine immobilier.

(2) Les métiers-supports sont : Support administratif, Logistique, Systèmes d'information, Communication.

(3) Le troisième groupe réunit : Ressources humaines, Pilotage et gouvernance d'entreprise, Gestion et maîtrise des risques internes, Pilotage économique, comptable et financier, Organisation et qualité.

3 – LES MÉTIERS DE LA COMPTABILITÉ ET DE LA GESTION

La comptabilité a progressivement élargi son champ d'intervention et ne s'occupe plus uniquement des obligations légales. Ses interventions agissent directement sur la performance de l'entreprise. La profession s'en trouve transformée et les professionnels, conscients de cet état de fait, n'hésitent plus à revendiquer l'importance de leur activité. Est-ce parce que, en tant que discipline première de l'économie, la « compta » reste la base sans laquelle rien n'est possible ?

Ce chapitre présente de façon détaillée chacun des métiers de ce secteur d'activité. Nous y retrouvons dans un premier temps la traditionnelle opposition entre comptabilité générale et comptabilité de gestion avant de traiter des métiers du secteur libéral.

LA COMPTABILITÉ GÉNÉRALE

Les informations qui suivent concernent les professions dont la vocation est de privilégier l'aspect « comptabilité générale » plutôt que « comptabilité de gestion » (voir Partie I). Sont donc abordés les métiers de secrétaire comptable, comptable unique, comptable et chef comptable, directeur de la comptabilité, directeur financier, cadre financier et administratif, et, enfin, celui de responsable de la consolidation.

Comptable unique/chef comptable

Son rôle

Choisir d'être comptable unique revient à rejoindre l'univers de la petite et moyenne organisation. Proche du gérant ou du directeur général, sa mission est de couvrir le champ des opérations comptables, fiscales et financières de l'entreprise : comptabilité clients et fournisseurs, comptabilité des immobilisations, gestion de trésorerie et suivi des comptes bancaires, arrêté des comptes jusqu'au bilan. Une part des tâches administratives lui incombe : la paie et la gestion des stocks.

L'HOMME À TOUT FAIRE DE LA GESTION

Dominique se remémore son expérience de comptable unique dans la grande distribution. « *Lorsque vous êtes employé comme comptable dans un petit Intermarché, vous faites de la comptabilité bien sûr, mais aussi de la gestion du personnel, du remplissage de rayon, les inventaires... Il faut savoir passer d'une activité à l'autre en fonction des urgences. Le comptable unique est en quelque sorte* "l'homme à tout faire" *de la gestion.* »

Les qualités requises

La qualité principale du comptable unique est sa polyvalence. Il réalise aussi bien la mise à jour des livres comptables que le suivi des paiements exigibles, l'examen et l'enregistrement des factures, ou l'appréciation des états financiers. Un effort de formation est requis pour entretenir cette polyvalence ou, mieux encore, pour la développer. Il est souvent nécessaire de se plonger dans des ouvrages et des revues, y compris en dehors des heures de travail. S'informer des dernières dispositions légales et des nouvelles méthodes de comptabilité constitue en effet l'une des tâches essentielles du comptable unique.

Sa formation

Les recruteurs recherchent avant tout des généralistes tournés vers la pratique. Les formations supérieures de courte durée, BTS et DUT, sont très prisées. Mais cette volonté de n'embaucher que des personnes déjà opérationnelles interdit bien souvent l'accès à un poste de comptable unique directement après la formation. En général, une expérience professionnelle est exigée. Comme il faut un jour ou l'autre débuter, celle-ci se fait parfois dans une PME importante ayant une aide-comptable, ou plus généralement dans un cabinet d'expertise comptable ayant des PME comme clients.

Et après ?

La fonction même de comptable unique limite très largement les perspectives d'évolution à l'intérieur d'une organisation. C'est donc à travers les changements d'entreprises que se construit une carrière. Cette mobilité externe suppose une bonne dose d'ambition car elle n'est pas sans comporter certains risques. Si cinq ans de présence au sein d'une entreprise semblent une durée normale lorsqu'on a acquis de l'expérience, les premières années sont plus mouvementées ! Le développement du travail intérimaire dans la profession accroît encore ce processus.

Rémunération
De 2 500 à 3 700 euros en moyenne.

COMPTABLE À PART ENTIÈRE

Mme Benoît a opté pour ce poste à la suite d'une expérience en grande entreprise. Elle pressentait que la spécialisation qui lui était proposée dans les grandes unités ressemblait davantage à une impasse qu'à une autoroute : « *Dans ce type de structure, vous êtes affecté à une unité bien précise : clients, services clients, fournisseurs stocks... Mais il n'y a là aucun apprentissage de la comptabilité. Le fonctionnement s'avère beaucoup trop* "compartimenté" *pour être intéressant. Ou bien, il faut arriver dans ce genre d'unité avec plus de maturité et plus de bagages. Dans ce cas, vous pouvez occuper un poste de chef de service, ce qui permet de toucher à tout. Pour moi, le changement était nécessaire et je n'ai jamais regretté ma décision de travailler dans une PME : je suis enfin devenue comptable à part entière.* »

À noter : le comptable unique est également appelé « chef comptable ».

À LA RECHERCHE DES COMPÉTENCES

« *Aujourd'hui, nous voyons des diplômés de grandes écoles rejoindre la profession. La filière se nourrit vers le haut, mais la base, elle, peine encore à se transformer. Il y a maintenant un système à deux vitesses* », déplore Yann Fessard de Foucault (ancien directeur exécutif chez Michael Page en charge des métiers de la finance et de la comptabilité).
Tout est question de mentalité. Si les professionnels se plaignent d'avoir du mal à recruter des comptables, c'est souvent parce que ce nouveau costume n'a pas été endossé par tous. « *Il est des cabinets d'expertise qui travaillent encore selon la vieille école, n'offrent pas de formation aux salariés et proposent des salaires inférieurs au marché.* »
Il n'empêche, la compétence de comptable est recherchée. « *Trouver des candidats bilingues ou sur des métiers comme la consolidation*

ou la paie est devenu très problématique », s'alarme Alexandre Tamagnaud (l'un des deux associés fondateurs de Fed Finance). De la même façon, les comptables-paies sont rares, car aucune formation n'existe en la matière. Reste enfin le problème de l'anglais. Peu de comptables le maîtrisent parfaitement, pourtant, c'est une demande croissante de la part des entreprises.

Dans l'avenir, le marché promet encore de se tendre. « *Dans dix ans, si les choses ne changent pas, la pénurie sera sévère* », prévient Fabrice Coudray. Et le manager de Robert Half International d'analyser : « *Il y a plus de vieux comptables que de contrôleurs de gestion. La profession va connaître le papy-boom.* » Les remplacements, toutefois, ne se feront pas poste par poste. « *La partie la moins qualifiée sera la moins remplacée. Elle tendra à disparaître* », explique Yann Fessard de Foucault.

Va-t-elle être délocalisée comme c'est déjà le cas, dans ces centres de comptabilité partagée ? À en croire les professionnels, le métier de comptable n'est pas si facilement délocalisable. Certes, les grandes sociétés du CAC 40 continueront d'exporter leurs services de comptables auxiliaires, mais il s'agit surtout des profils d'opérateurs. Les grandes entreprises sont soucieuses de maintenir à proximité les comptables-experts, ceux qui les conseillent stratégiquement. Pour ces postes à forte plus-value, les places sont là... Elles seront même plus nombreuses que l'on imagine. Yann Fessard de Foucault va plus loin : « *Ceux qui resteront en France verront même leur job revalorisé. Ils auront du contrôle, de la supervision.* »

Propos recueillis dans *Le Figaro* auprès de trois spécialistes du recrutement.

Secrétaire comptable

Son rôle

La secrétaire comptable (ce sont majoritairement des femmes à ce poste) remplit sans aucun doute les fonctions d'une secrétaire polyvalente classique. Elle tape le courrier, les rapports et s'occupe de prendre des rendez-vous. Cependant, sa caractéristique essentielle, vous l'avez deviné, consiste à participer à la mission comptable. Son rôle varie suivant sa position : elle peut être attachée à un service comptable (le plus souvent auprès du chef comptable) ou bien à la direction comme cela arrive généralement dans les PME de petite taille.

Dans le premier cas, elle établit les facturations, tient à jour les écritures comptables et souvent la gestion des comptes bancaires.

Néanmoins, confrontée à ses collègues comptables, elle ne récolte pas les meilleurs dossiers, son rôle se limitant bien souvent à celui d'exécutant. Car, devant le terme comptable, se trouve celui de secrétaire et les préjugés quant à cette profession restent tenaces... C'est certainement l'une des raisons qui expliquent la pénurie de main-d'œuvre dans ce domaine.
Être secrétaire comptable dans une petite entreprise s'avère alors préférable : la mission de secrétaire y est plus valorisée et ne supplante pas celle de comptable. Elle tient en particulier les comptes de l'entreprise. Réaliser le journal comptable de l'entreprise, assurer la paie et suivre les relations avec l'administration fiscale constituent quelques-unes de ses tâches. En revanche, on trouve ici très peu de prévisionnel : dans une PME, beaucoup de choses se réalisent à court terme et l'action au jour le jour prime sur le reste.

Sa formation

Que l'on travaille comme secrétaire comptable dans un cabinet ou une petite entreprise, le baccalauréat STMG (sciences et technologies du management et de la gestion), auquel s'adjoint fréquemment un BTS comptabilité et gestion, est une formation très appréciée.

Et après ?

Les perspectives d'évolution demeurent faibles, mais le marché permet de ne pas connaître une période de chômage trop longue, du moins lorsqu'on possède déjà de l'expérience.

Rémunération

Le salaire brut moyen est le Smic.

Aide-comptable/comptable

Son rôle

Tout comme le comptable unique, l'aide-comptable et le comptable ont en charge l'application des obligations légales en matière de comptabilité. Les missions à accomplir divergent néanmoins en raison des besoins liés à l'activité d'une entreprise plus importante. Le comptable est spécialisé dans des domaines précis : comptable clients (enregistrement des factures et procédures de recouvrement), comptable fournisseurs (vérification, imputation et enregistrement de l'ensemble des factures fournisseurs), comptable analytique (pour déterminer les centres de profit, prix de revient et chiffre d'affaires par produit, pour établir les prévisions budgétaires et les procédures de contrôle), comptable exportation, expert en consolidation… Il existe autant de spécialités que le nécessitent la charge de travail, l'activité de l'entreprise et l'organisation du service.

LES COMPTABLES ET INTERNET

Internet a modifié nos rapports à l'espace en offrant un accès décentralisé à l'information. À partir de n'importe quel ordinateur connecté au réseau, chacun peut en disposer à volonté. L'information est disponible immédiatement, en temps réel. C'est un outil de compression : compression des délais, des distances et des coûts. Comment ne représenterait-il pas une source immense de rentabilité pour les professions comptables dans lesquelles l'accès à l'information et la communication jouent un rôle déterminant ?
Les avantages qu'offre internet aux comptables sont énormes : mise à jour des normes, du référentiel, saisie directe de données, consultation des restitutions… La possibilité de tout regrouper dans une même base de données constamment accessible représente un gain de temps considérable. Par ailleurs, internet permet aux entreprises d'utiliser des outils de gestion en ligne, qui, contrairement aux progiciels de gestion intégrés traditionnels, n'ont pas besoin d'être changés régulièrement. Il suffit de les actualiser sur le net.

Les qualités requises

Si la polyvalence apparaît ici moins primordiale que dans le cas du comptable unique, sachez néanmoins que des compétences complémentaires constituent un « plus » appréciable (maîtrise de la fiscalité ou du droit, par exemple). Le net développement des firmes implantées à l'étranger, ainsi que l'importance croissante de la comptabilité anglo-saxonne dans la pratique des entreprises, rend très utile la connaissance de ces domaines.
Le comptable doit avoir l'esprit de rigueur et développer de réelles aptitudes à la communication. La maîtrise des chiffres et des procédures, associée à une excellente connaissance de l'entreprise sont nécessaires pour réussir dans la fonction comptable. Les capacités d'innovation sont de plus en plus appréciées : il faut savoir améliorer un service informatique, introduire de nouveaux outils de gestion prévisionnelle, harmoniser des procédures comptables.

Des qualités de communication s'avèrent également très importantes afin d'animer une équipe, conseiller les différents responsables des services…
Le travail augmente lorsqu'il y a des échéances impératives (rédaction de liasses pour les administrations fiscales et sociales), tout retard pouvant entraîner des pénalités financières. Il est donc possible durant ces périodes de faire des (nombreuses) heures supplémentaires.

Sa formation

Les possibilités d'embauche sont réelles, mais les tâches étant de plus en plus complexes, un niveau bac + 2 (BTS, DUT) est exigé par les employeurs.

COMPTABLE À DOMICILE

De plus en plus de salariés font le choix de travailler chez eux. Le télétravail, ou travail à domicile, ne concerne pas uniquement le secrétariat ou la bureautique. Les comptables peuvent s'installer chez eux et travailler pour une ou plusieurs sociétés.
Première exigence : être équipé correctement en matériel informatique et disposer d'une ligne internet. Deuxième règle : s'imposer une discipline de travail de fer et faire preuve de rigueur et de rapidité.
Travailler à domicile ne concerne que rarement les jeunes diplômés. Cela tient au fait que pour s'assurer une clientèle régulière, il faut avoir déjà pas mal bourlingué. Les comptables qui choisissent le télétravail ont souvent une ou deux dizaines d'années d'exercice derrière eux et ce changement de rythme tient souvent à un changement de vie, tout simplement.
Prenons l'exemple de Valérie qui a quitté son cabinet d'expertise comptable après 16 ans de bons et loyaux services. Aujourd'hui, elle a totalement réorganisé sa façon de travailler. « *Je marie le domicile et les déplacements. Pour certains dossiers, je traite tout de chez moi,* via *internet. Pour d'autres sociétés, je me rends parfois sur place, mais toujours dans un rayon de 50 km autour de mon lieu d'habitation.* »
Enfin, il n'y a pas qu'à Paris que le télétravail est possible. Odile et Luce sont toutes deux secrétaires comptables dans le Sud-Est de la France. Et ce sont des entreprises de la France entière qui leur envoient des tâches à accomplir dans des délais souvent très courts.

Et après ?
Avant d'accéder au poste de comptable, et plus encore à celui de chef comptable, il faut faire ses preuves et acquérir le savoir-faire pratique de la comptabilité. Tous les professionnels sont d'accord sur ce point : la comptabilité est avant tout une question de mise en pratique. Du point de vue de la formation initiale, c'est la spécialité de la gestion qui compte le plus de formateurs praticiens. Un parcours réussi caractéristique consiste à débuter comme aide-comptable, puis devenir comptable afin de parvenir à la fonction de chef comptable.

Plusieurs stratégies sont envisageables pour mener à bien votre parcours professionnel. Vous pouvez choisir de vous spécialiser dans un domaine pointu : les premières années consisteront alors à orienter vos formations complémentaires en conséquence et à chercher des emplois, dans des entreprises qui, de proche en proche, vous fourniront de bonnes opportunités de carrière. Par tradition, il existe une forte prépondérance à changer régulièrement d'entreprise, ce qui explique aussi l'importance des offres d'emploi dans la presse. Mais prenez garde à ne pas vous laisser piéger par une spécialité si votre désir est d'accéder à un poste hiérarchique plus important.
Après votre formation initiale, l'idéal est donc de cumuler les expériences différentes qui vous permettront ensuite de prétendre à des postes à responsabilités. La tâche n'est pas aisée et demande une certaine dose de persévérance. Il faut continuer à se tenir informé de l'ensemble de la pratique comptable, tout en approfondissant son domaine de spécialisation. Travailler chez vous le soir reste encore le meilleur moyen… mais aussi le plus contraignant.

Rémunération
Les revenus d'un comptable varient selon la taille de l'entreprise ainsi que son statut. Vous pouvez en effet être comptable dans un cabinet d'expert-comptable ou au sein d'une entreprise. Sachez que le premier s'avère souvent moins bon payeur.
En entreprise, le salaire du comptable est établi à partir des conventions collectives. Le salaire mensuel brut du comptable débutant titulaire d'un BTS ou d'un DUT est d'environ 1 600 euros, mais il peut atteindre 2 500 euros après quelques années d'expérience.

LES SALAIRES DE LA PROFESSION

Dans le futur cabinet qu'il souhaite créer une fois ses trois années de stage effectuées, Éric, stagiaire expert-comptable, envisagerait plutôt d'employer « *un profil de collaborateur avec au minimum un BTS. Le salaire proposé devrait alors dépasser le cap symbolique du Smic qui est indispensable et légitime pour retenir une telle main-d'œuvre. Il reste difficile de demander des compétences supérieures et de ne pas récompenser cette nouvelle exigence.* »
Sachez que ce cap n'est généralement pas atteint. « *Avec un BTS,* poursuit Éric, *il n'est pas rare d'être embauché au niveau du Smic. Il existe par la suite une progression qui dépend en grande partie des diplômes.* »

Directeur financier

Son rôle

Cette fonction ne prend vraiment toute sa dimension que dans les grandes entreprises de plus de 1 000 salariés. Le directeur financier exerce principalement dans les secteurs de l'industrie (métallurgie, mécanique, construction électrique, électronique), le BTP, les transports, le commerce ainsi que dans les banques et les assurances.

Supervision, organisation, et coordination du service : telles sont les missions quotidiennes attribuées, comme à tout directeur, au responsable administratif et financier. Son champ d'intervention s'étend donc aux domaines de l'administratif, de la comptabilité et de la finance. Le directeur financier est en constante relation avec les milieux bancaires. Il peut également chapeauter le service informatique si celui-ci est avant tout un service à usage interne et sert à véhiculer l'information.
Homme aux multiples casquettes, il assure fréquemment la fonction de directeur général de la gestion de l'entreprise. Cela est dû à la priorité accordée aujourd'hui à l'acquisition de parts de marché : les chefs d'entreprise se sont mutés en commerciaux.
En tant que responsable de la comptabilité, il n'est pas producteur, mais plutôt observateur. Le service comptable, sous l'action de son directeur comptable, peut, et doit, tourner tout seul. Il n'en demeure pas moins que certains gros dossiers non résolus arrivent parfois sur le bureau du responsable financier (dans les cas de non-paiement des factures de la part de gros clients, par exemple).

L'essentiel de son travail consiste à observer ce qui se passe, mois par mois, et à produire une synthèse en fin d'exercice, à l'année ou au trimestre quand des bilans trimestriels sont produits. Le directeur financier se fait à la fois l'œil et l'oreille de l'entreprise, restituant ses résultats au comité de direction afin d'en discuter, et le cas échéant, de prendre les décisions appropriées.
De plus en plus souvent, les entreprises mettent au défi leurs opérationnels et souhaitent que leurs contributions soient connues et reconnues. La logique est d'impliquer le plus grand nombre dans la performance de l'entreprise, réduite aux aspects financiers, pour que l'objectif global de l'entreprise, c'est-à-dire le profit, reste la cible de tous les salariés. Le directeur financier devient donc vecteur de communication interne, *versus* communication financière.

Il s'occupe de la gestion des flux financiers, cherchant toujours à retarder le paiement des factures et à avancer les délais d'encaissement. Véritable jongleur des relations financières avec l'extérieur, dont l'objectif, à l'opposé du jongleur traditionnel, est de posséder le maximum de balles en main et le minimum en l'air... À première vue, cela peut paraître simple, mais les négociations et la technicité rendent cet exercice de style très ardu.
Sa mission ne s'achève pas avec cette restitution comptable. Le directeur financier collabore également à la prévision du budget avec le contrôleur de gestion, ce qui lui demande d'imaginer les hypothèses à partir de l'existant et du probable : quantités produites et vendues, évolution des prix, donc du chiffre d'affaires, variation des dépenses (les prix d'approvisionnement et de fonctionnement), etc. Il est aussi expert des moyens de financement de l'entreprise : des subventions sont-elles envisageables ? Arrivera-t-on à dégager des possibilités de financement propre ? Le recours à des emprunts auprès des banques est-il sérieux ?

Qualités requises

Les négociations de haut niveau vont de pair avec des qualités de contact et de rigueur quasi absolues. Le directeur financier doit être prudent, tout en suscitant la confiance et être capable de prendre des décisions rapides, tout en ayant le sens du risque. Cette profession exige également une formation de haut niveau et une bonne maîtrise de l'anglais et de l'informatique.

Sa formation

La fonction de directeur financier ne concerne que des cadres confirmés possédant en général dix ans d'expérience (en entreprise ou en cabinet d'audit) dans différents domaines de la finance. Les activités de la finance se modifient à un rythme accéléré. Les formations pour y accéder demandent de très solides bases en économie, en mathématiques et en anglais. Les meilleures formations aux métiers de la finance et de la gestion restent les écoles de commerce. Les grandes écoles de commerce proposent des Mastères Spécialisés® en finance (comme le Mastère Spécialisé® manager en gestion de patrimoine financier ou le Mastère Spécialisé® expert en contrôle de gestion, audit et systèmes d'Information de Skema Business School, par exemple).
Certaines universités restent cotées, de même que le DCG, diplôme de comptabilité gestion (bac + 3), grâce à son très bon niveau technique. Il semble important de compléter cette formation de base par une première expérience qui soit assez généraliste.

Rémunération

Le salaire du directeur administratif et financier connaît de grandes variations selon les entreprises. Il se situe généralement dans une fourchette allant de 4 000 à 15 000 euros bruts mensuels.

► **Contact :** ANDFCG (Association nationale des directeurs financiers et de contrôle de gestion). 27, rue Duret, 75116 Paris.
Tél. : 01 42 27 93 33. Internet : www.dfcg.fr

Cadre financier et administratif/trésorier

Son rôle

Le directeur financier et administratif est épaulé dans sa tâche par un cadre financier spécialisé ou un trésorier. Son domaine d'intervention est trop vaste pour l'autoriser à entrer dans le détail et l'importance de la fonction lui commande pourtant d'être très précis : il lui faut donc un homme pour le seconder.

La trésorerie (qui est l'optimisation des flux financiers en euros et en devises), les crédits clientèles, l'assurance contre les risques que génère toute activité productive, le montage des investissements de

l'organisation supposent d'être tout à fait à l'aise avec les données chiffrées. Peu de place ici pour les esprits littéraires… L'univers de la finance est dominé par le « chiffre Roi ». L'important réside donc dans la structuration de ces données et une bonne information. Le cadre financier transmet à son directeur l'essentiel des informations préalablement analysées et dont il ressort la substantifique moelle. Il aime chercher et trouver le meilleur produit financier et le meilleur interlocuteur qui fera gagner de l'argent à son entreprise.
Sa règle d'or : ne pas spéculer. L'argent géré par le trésorier d'entreprise appartient soit aux fournisseurs soit aux clients. Cet argent doit être placé de façon cohérente et logique. Deuxième règle : jouer sur les marchés financiers. C'est le matin, entre 8 h 30 et 11 h que les trésoriers placent l'argent et empruntent. Passé midi, les ordres bancaires ne sont plus enregistrés. Si les virements et les encaissements ne sont pas faits à cette heure-là, l'entreprise perd de l'argent. Généralement, l'après-midi est consacrée au suivi comptable, à l'enregistrement et au contrôle des opérations.

À la demande éventuelle de son supérieur hiérarchique, le trésorier décompose les résultats financiers par produits : trouve-t-on des rentabilités différentielles et pour quelles raisons ? Que doit-on en conclure pour la politique de l'entreprise ? Quels sont les risques encourus par l'organisation en cas de changement de politique ? Assurer une activité réclame des fonds : la répartition actuelle des sources de fonds est-elle judicieuse ? Le recours à d'autres sources de financement est-elle envisageable ?
L'exploration et le diagnostic du cadre financier débouchent normalement sur le conseil à la direction générale : il ne prend pas de décisions, mais ses recommandations lui confèrent une influence indéniable.
Chacun a ses « trucs », ses habitudes, ses hypothèses, ce qui fait que derrière une seule appellation se cache une pluralité de pratiques différentes. Toutefois, ce constat ne se vérifie pas partout : il faut souligner la distinction entre la finance en entreprise et la finance en banque. Sachez qu'une fois une carrière amorcée dans l'une ou l'autre de ces alternatives, il est très difficile d'en sortir. Il est préférable de ne pas envisager de changement car les passerelles entre ces deux types de structures n'existent pas, ou du moins sont très étroites.

Qualités requises
Le trésorier doit avoir la volonté de se tenir au courant et une curiosité perpétuelle, l'envie de rencontrer des gens, de communiquer. Intellectuellement, la rapidité est indispensable. Dans ses relations avec les autres services de l'entreprise, son rôle de conseil l'oblige à se montrer pédagogue et diplomate. Il réagit toujours avec sang-froid et aime prendre des initiatives. Des capacités de synthèse et d'analyse sont nécessaires, de même qu'une bonne faculté de communication. Bien sûr, de solides compétences en comptabilité, en informatique financière, en droit des affaires et en anglais sont indispensables.

Sa formation
Dans le passé, les écoles de commerce monopolisaient les études liées à cette fonction. Aujourd'hui, il est possible de suivre une formation universitaire jusqu'en master. Ce parcours constitue une carte de visite très convenable.
La profession de trésorier est ouverte, mais la compétition est rude. De nombreux postes sont offerts en région parisienne. Il faut faire des stages dans les banques, les salles de marchés, chez un intermédiaire financier...

Rémunération
La rémunération d'un trésorier est en rapport avec ses responsabilités ; elle est de 5 500 euros bruts en moyenne.

Spécialiste de la consolidation

Les spécialistes de la consolidation (poste parfois nommé responsable consolidation) jouent un rôle très précis dans l'économie moderne. C'est aux États-Unis, à la fin du XXe siècle, que les premières consolidations ont vu le jour. La Grande-Bretagne a emboîté le pas durant l'entre-deux-guerres et ce n'est qu'en 1966 que la pratique est née en France. Cet essor n'a cependant pas entraîné une croissance exceptionnelle. Ce n'est qu'après l'obligation légale de 1985, qui fait suite aux directives européennes en la matière, que l'on peut vraiment parler du développement de la consolidation en France.

Son rôle

Le spécialiste de la consolidation est un comptable spécialisé dans un domaine très précis, celui de la consolidation... Mais le flou reste de mise quant à la définition de ce terme.

Les comptes de consolidation sont plus complets que les comptes annuels, au regard des trois domaines que sont le patrimoine, la situation financière et le volume du chiffre d'affaires. C'est l'ensemble du patrimoine qui doit être décrypté derrière l'ensemble des unités. Par exemple, si une entreprise possède deux bâtiments pour ses propres locaux, et que, dans le même temps, elle est propriétaire d'une autre entreprise qui possède du matériel, il faut prendre en compte le tout et pas seulement les deux bâtiments. Si la logique est simple, la pratique peut néanmoins se révéler assez compliquée. C'est le cas, par exemple, quand il n'y a pas de prise de participation complexe dans différentes entreprises, des consolidations à l'international, etc. C'est dans ce genre de situation que la consolidation apparaît comme un exercice périlleux.

La consolidation comptable est parfois complétée par la consolidation de gestion qui consiste, pour une part, à la consolidation du contrôle de gestion.

Il existe aujourd'hui environ 5 000 spécialistes de la consolidation en France, ce qui en fait une profession réduite sur le plan quantitatif, mais néanmoins recherchée. Poussée par les phénomènes de filialisation des entreprises, la pratique est en pleine croissance. Or on ne s'improvise pas dans la consolidation, et les aspects techniques qui y sont liés n'enchantent pas les comptables. Les nouveaux arrivants sur le marché du travail y voient une chance, une « niche » dans l'univers de la comptabilité. Néanmoins, les besoins sont-ils vraiment infinis ? Passer par un cabinet d'audit en tant que spécialiste de la consolidation encadré constitue l'un des meilleurs moyens d'acquérir l'expérience et la maturité demandées au détenteur d'un poste à responsabilité.

Sa formation
La technique de la consolidation est l'une des plus complexes de la pratique comptable. Il paraît nécessaire de posséder un haut degré de technicité, acquise avec le DSCG, le DCG ou dans certains masters. La connaissance des normes internationales est indispensable.

Rémunération
De 5 000 à 15 000 euros bruts mensuels.

LA COMPTABILITÉ DE GESTION

Si les métiers de la comptabilité générale restent les plus nombreux, ceux de la comptabilité de gestion connaissent un bel essor. La transformation de la comptabilité analytique en comptabilité de gestion est l'illustration de la nouvelle logique de cette comptabilité, plus ouverte sur les autres disciplines de la gestion, moins attachée aux outils universels, faisant davantage appel à des qualités de compréhension et d'adaptabilité.

Responsable reporting

Son rôle
La montée en puissance des groupes ainsi que la répartition en différentes filiales ont imposé la pratique du *reporting*. Le *reporting* est l'ensemble des documents transmis périodiquement au dirigeant d'une entreprise par chacun des responsables d'unités, pour assurer un bon management d'ensemble. Ces documents présentent des indicateurs standardisés pour une vision synthétique et permettent de vérifier le bon fonctionnement de l'unité considérée.
Le *reporting* est commun à toutes les branches de l'entreprise, ce qui explique que la dominante financière y soit privilégiée. La bonne image de l'entreprise est en partie liée à cet ingrédient qu'est le *reporting* et qui sert les intérêts de la sphère financière en évitant l'opacité de la gestion des dirigeants d'entreprise. Outre cette responsabilité d'information externe, le *reporting* a un rôle d'information interne. En effet, il possède des vertus structurantes car il permet de comparer les différentes unités du groupe. Il constitue par ailleurs un instrument qui permet une mise en compétition des unités d'un groupe.

Qualités requises

Le *reporting* occupe donc une place importante dans la gestion de l'entreprise, pouvant même devenir parfois un tableau dictant la gestion. Il est par conséquent indispensable d'être prêt à affronter des pressions intenses lors de l'élaboration de ce *reporting* : les fortes têtes discrètes sont appréciées. Autres qualités nécessaires : la rigueur et l'esprit de synthèse.

Sa formation

Futur contrôleur de gestion ou futur auditeur, le responsable du *reporting* est issu d'une école supérieure de commerce ou de l'Université. Les titulaires d'un bac + 5 spécialisé en contrôle de gestion sont particulièrement prisés.

Rémunération

5 500 euros mensuels bruts en moyenne, dans une grande entreprise.

Contrôleur/directeur de contrôle de gestion

Son rôle

L'image « policière » demeure un poncif dès lors que l'on aborde le cas du contrôle de gestion. Voyons en quoi consiste concrètement le travail d'un contrôleur de gestion. Il est rattaché soit au directeur financier, soit au directeur général. Ces deux supérieurs hiérarchiques potentiels lui demandent de définir les objectifs de l'entreprise, non pas sur le plan stratégique (ce qui reviendrait à empiéter sur leurs domaines réservés), mais au niveau opérationnel. Ensuite, il élabore les budgets ; la base du métier étant de s'assurer de l'adéquation entre le budget et les objectifs fixés. Par ailleurs, le contrôleur repère les moyens financiers et techniques permettant d'atteindre ces objectifs.

Directeur du contrôle de gestion, il encadre les contrôleurs de gestion de l'entreprise, et s'il y a lieu, ceux des filiales, branches ou divisions. Pour faire simple et afin de le comparer à l'un des métiers de la comptabilité, disons que le comptable est un producteur d'informations brutes, tandis que le contrôleur analyse les données comptables produites pour guider l'entreprise dans ses activités.

UN PARCOURS BIEN GÉRÉ

Fabien est contrôleur de gestion pour une entreprise du secteur informatique. Après un BTS comptabilité et gestion, deux voies s'offraient à lui : commencer immédiatement à chercher un emploi ou améliorer sa qualification, ainsi que ses perspectives de carrière, par la poursuite d'une maîtrise des sciences et techniques de comptabilité et finance (désormais master). Se sentant encore l'âme d'un étudiant, Fabien passe le concours sélectif d'entrée en MSTCF (aujourd'hui licence et master comptabilité, contrôle, audit). « *D'autres formations sont possibles mais celle-ci a l'avantage d'être reconnue et même recherchée sur le marché du travail.* » Il n'est pas déçu et réussit son cursus sans encombre (mais non sans efforts...). La poursuite vers l'expertise comptable ou vers le commissariat aux comptes est tentante. Toutefois, une proposition de poste en tant que contrôleur de gestion dans une petite unité le décide à arrêter ses études à ce stade. « *Sur le moment, j'ai été surpris de la vitesse à laquelle une insertion sur le marché du travail est possible : bien loin de tous les scénarios catastrophes auxquels la société nous prépare ! Néanmoins, il est vrai que le double cursus à vocation professionnelle donne un avantage certain : celui d'être préparé durant quatre ans à affronter le terrain. Il est le garant pour l'employeur d'une formation spécialisée de bon niveau.* »

Les objectifs et les budgets nécessitent des indicateurs, tableaux de bords qui doivent être construits par le contrôleur lui-même. Entre les objectifs et les réalisations, il existe toujours des écarts, des oublis, de bonnes ou de mauvaises nouvelles, ainsi que des interdépendances non prises en compte. Plutôt que de croire en des forces supérieures rendant les écarts inéluctables, le directeur de contrôle de gestion essaie de comprendre quelles sont les raisons de ces écarts afin d'opérer des réajustements.

Qualités requises

Le poste nécessite un sens de l'organisation et une rigueur exemplaires : les sommes en jeu ne supportent aucun écart, ne serait-ce que de l'ordre du « pour cent ». La maîtrise de la technique comptable est ici primordiale, cela va sans dire. Une parfaite connaissance des rouages de l'entreprise, de ses modes de fonctionnement, de ses coutumes et de ses usages, constitue la clé de la réussite pour un contrôleur de gestion. L'intuition alliée à une grande pratique du « bricolage » est également nécessaire. Les indicateurs font partie de l'outillage technique du contrôleur de gestion, mais leur mode d'emploi est à recréer à chacune des interventions. Une bonne connaissance de l'entreprise paraît, là encore, indispensable afin de ne pas se laisser piéger par les évidences des chiffres et de conserver un sens aigu de la critique. On comprend alors pourquoi ces postes sont rarement pourvus par des juniors, mais plutôt par des contrôleurs de gestion disposant d'une grande maturité professionnelle.

Lors de l'élaboration du budget et des objectifs, il est nécessaire de faire preuve d'un talent de négociateur. Si l'objectif n'est pas de vendre son produit ou de se convertir en commercial, certaines des qualités attachées à cette profession s'avèrent fort utiles.
Pour le poste de directeur du contrôle de gestion, le sens du management est indispensable. Un contrôle de gestion mal coordonné ne sert à rien. Même lorsqu'il délègue, il doit garder en main les indicateurs qui vont lui permettre d'analyser l'ensemble des études de contrôle de gestion. Dans ce cas, il est indispensable d'entretenir une très bonne communication avec ces contrôleurs.

Le contrôleur de gestion débute sa carrière en exerçant ses fonctions dans une filiale ou une branche de l'entreprise, ou encore en tant que contrôleur de gestion industrielle ou commerciale. Les qualités requises ne sont pas totalement équivalentes suivant les cas.
Dans le premier, il aura plutôt un profil de généraliste à qui l'on demandera de connaître sur le bout des doigts les mécanismes de la gestion dans son entreprise. Pour les postes spécialisés, on souhaitera une expertise dans le domaine concerné : sens du marketing, compréhension et même maîtrise de la logique des plans marketing pour aboutir à des analyses et recommandations, sens du commerce pour le contrôleur de gestion commerciale ; connaissance des processus de production, du travail des opérationnels et donc des techniques utilisées, des prix de revient industriels pour les contrôleurs de gestion industrielle.

Sa formation

Les postes sont souvent réservés à d'anciens diplômés d'écoles de commerce ou aux détenteurs d'un master contrôle de gestion. Mais de façon générale, les jeunes diplômés sont peu recherchés pour cette fonction réservée aux « vieux briscards » du maniement

des chiffres ! Un minimum de deux ans d'expérience est nécessaire. Il est conseillé de débuter sa carrière de contrôleur de gestion dans un cabinet d'audit, avec une pratique diversifiée. Le passage par une fonction comptable et financière est en revanche de moins en moins requis.
Par la suite, le contrôleur de gestion pourra devenir directeur administratif et financier, s'il réussit à obtenir des responsabilités variées.

Et après ?
De nouveaux débouchés apparaissent dans le secteur public. Les postes de contrôleur de gestion émanent majoritairement du secteur industriel où le calcul des coûts est plus réaliste et significatif que dans le tertiaire. Cependant, pratiquement toutes les entreprises disposent aujourd'hui d'un système de contrôle de gestion. Ce sont principalement les grandes entreprises (plus de 500 salariés) qui recrutent et dans 20 % des cas des PME. Sachez également que 60 % des offres d'emploi se situent en région parisienne.

Rémunération
À partir de 3 000 euros bruts mensuels.

Auditeur

Son rôle
Le service d'audit interne est davantage appréhendé comme un service de consultant interne que comme un outil de contrôle. En général, il existe une définition écrite du service dans l'entreprise et un plan formalisé de son intervention. Une entreprise qui met en place un plan d'audit cherche en général à s'assurer de l'efficacité de ses services. Les objectifs du service d'audit concernent l'évaluation de l'efficacité des méthodes, la remontée des informations en cas de décentralisation et le respect des procédures. Si l'on distingue actuellement trois tâches essentielles pour le service audit interne (l'audit opérationnel, l'audit des procédures et l'audit comptable et financier), il faut remarquer que pendant longtemps, seul le dernier a été mis en avant. Ce qui fait que la profession admet dans ses rangs un nombre important de comptables. Aujourd'hui, on assiste à un déplacement de l'intérêt du métier pour l'opérationnel, et dans une moindre mesure, pour le contrôle des procédures.

UNE PRATIQUE EN MOUVEMENT

Une enquête réalisée à travers le monde par le cabinet Arthur Andersen et l'Ifaci (Institut français de l'audit et du contrôle internes) montre que l'on peut distinguer **trois types d'audits : l'audit de conformité, l'audit d'efficacité et l'audit de management.**
Derrière ces termes techniques se cachent des missions bien précises. Dans le premier, on s'attache à vérifier l'application des dispositions légales et des règles internes à l'entreprise. Dans le suivant, on pose la question clé, à savoir : les méthodes employées sont-elles adéquates pour atteindre les objectifs poursuivis par son entreprise ? Le dernier type d'audit interroge la politique mise en place et l'organisation existante face à la stratégie choisie par l'entreprise, notamment en ce qui concerne les causes de non-performance. Cet audit a été historiquement très présent dans l'univers public.
Il est en réalité difficile de hiérarchiser la pratique de ces types d'audit. Cependant, pour certains (et il faut rester prudent quant à ces données), si l'on tente de débusquer les signes des évolutions de la profession et de sa mission, des indices peuvent être trouvés dans les créations nouvelles des services audits. L'émergence de ces nouveaux services répondrait à une exigence d'efficacité au sein même de l'entreprise : l'audit d'efficacité semble donc aujourd'hui privilégié, même si l'audit de conformité demeure l'objet majeur de la mission.
La finance est la principale cible, l'objectif étant la recherche des marges de manœuvre disponibles pour gagner en efficacité. Ilfaut préalablement dresser un état des lieux de ce qui se fait dans l'entreprise. En effet, avant de perfectionner les procédures d'une entreprise, encore faut-il connaître réellement les pratiques en cours. Ne vous bercez pas d'illusions : c'est loin d'être toujours le cas.
Si le plan d'audit est souvent formalisé, il n'en reste pas moins que, dans la pratique, beaucoup de tâches non dévolues à l'auditeur selon les normes de la profession, sont cependant exercées par lui. Il en est souvent ainsi et l'auditeur doit accepter le fait que le travail de terrain diffère généralement de la théorie de la profession. L'entreprise n'a que faire des spécialisations strictes. « *De plus en plus, on demande à l'auditeur de définir et de mettre en œuvre des règles et la certification des états comptables* », reconnaît ce praticien de la comptabilité.

▶ **Contact :** Ifaci. 98 bis, boulevard Haussmann, 75008 Paris.
Tél. : 01 40 08 48 00. Internet : www.ifaci.com

L'audit comptable et financier est très proche de la révision légale qui est la mission du commissaire aux comptes. Issu de cette optique légale, l'audit s'est néanmoins dirigé vers une approche plus générale afin de juger, non seulement de la qualité de l'information, mais aussi de la performance et de l'efficacité de l'entreprise.

Constats sur place et entretiens constituent les outils privilégiés de l'auditeur, même si l'analyse des dossiers et les enquêtes ne sont pas oubliées. L'auditeur passe près de la moitié de son temps sur le terrain et l'autre moitié dans son bureau, à analyser et rapporter les informations collectées.

Qualités requises

Pour Étienne Barbier, spécialiste de l'audit, les qualités de l'auditeur doivent être celles de l'écoute, car écouter, c'est « *chercher à bien appréhender la globalité d'une situation, à percevoir ce qu'il explique ; c'est être tourné vers ce qui est extérieur à soi* ». La discrétion semble également de rigueur en ce domaine car, sans elle, point de confiance et point de transmission d'informations. Viennent ensuite les qualités d'analyse et de synthèse, ainsi que la curiosité, le flair et l'imagination : on ne conçoit plus un « *auditeur qui se limiterait à énoncer des constats sans apporter, dans les limites de son rôle, un grain de sel personnel, pertinent et adapté à l'environnement examiné* ». Le caractère et la motivation sont indispensables : la défense de son point de vue doit être aussi ferme et sévère que l'importance du problème posé le justifie. Enfin, certaines compétences d'animateur doivent être mises en action. « *On est loin du personnage effacé, lymphatique, timide, rougissant et rasant les murs* », que les contes et légendes de la comptabilité évoquaient.

Sa formation

L'audit interne moderne requiert un niveau d'études assez élevé, mais pas trop spécialisé. Une certaine ouverture, ainsi que des connaissances générales sont indispensables, dans la mesure où « *on ne peut prétendre élaborer un diagnostic pertinent sur le fonctionnement des activités complexes que forme le tissu de l'entreprise si l'on n'a pas acquis une formation généraliste qui permette de situer l'élément audité dans l'ensemble auquel il est rattaché* ». L'auditeur devrait donc, le plus souvent, être un ancien étudiant d'une école de commerce ou d'une université et non un étudiant très tôt spécialisé.
Malgré les discours d'ouverture, la réalité de l'audit révèle néanmoins que ce sont les anciens étudiants d'écoles de commerce et les comptables du cursus de référence qui restent privilégiés dans

les recrutements. Sachez toutefois que les formations universitaires (masters), autrefois peu représentées, font une réelle percée dans la profession.

LA CONFIANCE DU MARCHÉ : LE RÔLE DE L'AUDITEUR

La confiance dans l'information est cruciale. « *Les auditeurs sont responsables et il est du devoir de la profession d'audit de montrer son utilisation de la confiance qui lui a été donnée.* »
De par sa nature, l'audit est un moyen de pression pour contraindre les sociétés à avoir une bonne gestion et à présenter des comptes qui justifient celle-ci. Il s'agit d'une pression externe, les auditeurs ne participant pas à la gestion des entreprises qu'ils auditent. Ils doivent appliquer des normes d'audit agréées et des données qui elles-mêmes correspondent à des normes agréées.
Les tâches des auditeurs peuvent être perçues comme rébarbatives : elles semblent s'inscrire dans la répétition, le continuel recommencement. Cet aspect, soulevé par de jeunes auditeurs interrogés par une enseignante d'HEC, ne les empêche pas de considérer cette expérience professionnelle comme une excellente école de formation. En effet, l'audit qui se pratique sur des missions ponctuelles dans des entreprises différentes contraint à développer des capacités de lecture pour tout support financier, ainsi qu'à construire une grille de lecture efficace des organisations. « *En quelques mois,* estime un jeune auditeur, *le junior est capable de conseiller des clients qui possèdent une solide expérience du secteur et du métier.* »

Pour comprendre ce « grand écart » des jeunes auditeurs, entre une déception dans le travail même et l'intérêt ressenti pour l'emploi, il faut revenir sur leur activité propre. Le métier d'audit nécessite une grande rigueur quant aux méthodes de travail, lesquelles sont rapidement inculquées aux nouveaux venus. La complexité des dossiers est surmontée grâce à une forte cohésion au sein de l'équipe de travail. Reste alors le contact avec la clientèle, la confrontation ininterrompue avec des secteurs et des entreprises différents, qui procurent une véritable stimulation dans le travail. En période d'intense activité, la journée de douze heures n'est pas rare, d'autant plus qu'il est mal vu de partir avant le chef de mission !
Rassurez-vous, ce temps consacré à l'entreprise est récompensé par des rétributions importantes. Les différences de salaire à l'embauche, en fonction des diplômes de chacun, s'estompent assez rapidement et le niveau de vie devient vite confortable.

L'ENVIRONNEMENT DE TRAVAIL D'UN AUDITEUR

Les voyages font partie intégrante du métier et sont souvent acceptés avec plaisir. Guide des restaurants trois étoiles, hôtels de charme…, l'auditeur trouve des compensations à l'éloignement du domicile.
Autre aspect de la profession : la notion de défi est récurrente. En effet, le mouvement, l'obligation d'adaptation continue, les efforts fournis, doivent naturellement amener à l'excellence. Le stress des débuts, lié à la crainte de ne pas être à la hauteur, devient une expérience commune à tous les anciens auditeurs. Pourtant, avec le temps et la multiplication des missions, ces inquiétudes disparaissent au profit d'un collectif sécurisant.
En ce qui concerne les relations entre collaborateurs, il est habituel de distinguer trois cercles de relations différents. D'une part, il existe des relations spécifiques entre auditeurs embauchés la même année (de la même « promotion » pourrait-on dire) : elles s'inscrivent dans un mélange détonnant de convivialité et de concurrence exacerbée ! D'autre part, des relations de groupe assez fortes, basées sur la solidarité dans le travail, naissent au fil des missions. Enfin, on remarque un fossé assez profond entre les juniors et les cadres associés qui n'interviennent que très rarement sur le terrain.
Dans ce secteur, il existe une certaine incertitude quant à sa carrière. Les auditeurs se sentent parfois comme des « pions » et le fait de ne pas posséder de bureau à soi n'est pas fait pour rassurer.

Dernier point : la spécialisation tend à favoriser les comptables, bien que les étudiants d'écoles de commerce et les universitaires ne soient plus en reste. Compléter l'une de ces deux formations par un diplôme supérieur de comptabilité et de gestion (DSCG), constitue une bonne ouverture vers la profession.
À l'heure actuelle, les débouchés sont largement ouverts. Dans le secteur privé, l'heure est plutôt aux réductions d'effectifs. En revanche, le secteur public (collectivités territoriales, hôpitaux) fait partie des secteurs porteurs. Ce sont surtout les grandes entreprises qui recrutent des audits internes. Les jeunes cadres ayant deux ans d'expérience sont très recherchés. Les cabinets d'audit, quant à eux, attirent les jeunes diplômés, souvent après leurs premières armes en tant que stagiaires. La concurrence pour entrer dans les cabinets connus est féroce, et la barre quant aux exigences de formation est placée très haut.

Rémunération
Un auditeur externe débutant gagne entre 2 500 et 3 000 euros bruts mensuels. Dans les cabinets, les auditeurs sont souvent rémunérés à la performance pour une part de leur salaire.

LA COMPTABILITÉ EN LIBÉRAL

Après avoir abordé le monde comptable de l'entreprise, nous vous proposons un voyage dans l'univers du libéral, celui des experts-comptables et des commissaires aux comptes. Ici, le sérieux des chiffres, les couloirs feutrés et la confidentialité n'invitent pas toujours à l'expansion et à la bonne humeur... Mais les jeunes générations semblent déterminées à changer la pratique de ces métiers, ainsi que l'image qu'on en donne : plus dynamique, plus féminine aussi et rêvant d'un nouveau positionnement dans le domaine de la gestion.

Expert-comptable

Son rôle
L'expert-comptable travaille le plus souvent en libéral. Il certifie les comptes des entreprises. Il appose sa signature au bilan de l'entreprise, ce qui signifie qu'il se porte garant de la véracité des procédures comptables qui sont appliquées par celle-ci. Ses qualifications en comptabilité ainsi que sa haute technicité lui octroient ce privilège de déclarer le bon ou le mauvais, et le cas échéant, de conseiller des modifications.
Les tâches traditionnelles à effectuer sont les suivantes : tenue (ou mise en place) et suivi de la comptabilité d'une part, établissement des comptes d'autre part. Néanmoins, les logiciels comptables réduisent le temps consacré à ces missions, de plus en plus souvent déléguées à des collaborateurs.
On imagine trop facilement l'expert-comptable cloîtré dans son bureau... Or, loin d'être sédentaire, il est amené à effectuer de nombreux déplacements dans les entreprises clientes.

COMPTABLE : UNE VOCATION VENUE SUR LE TARD

Éric est stagiaire comptable dans un cabinet. Après un bac ES, il se décide pour le diplôme préparatoire aux études comptables et financières (remplacé par le DCG) à l'ESPL d'Angers.
« *En définitive,* explique-t-il, *je n'avais pas réellement la logique comptabilité. Loin de là ! Quand j'ai vu un bilan pour la première fois, je me suis demandé ce que c'était que ce charabia... Je ne comprenais rien. Durant toute l'année, j'ai été très en retard. Je crois que ma réussite au diplôme tient du miracle. Je n'arrivais pas à me faire à ces notions comptables.* »
Pourtant, Éric persévère et se lance dans la préparation du DECF (remplacé lui aussi par le DCG). Là, le contenu de l'enseignement lui apparaît autrement plus varié et intéressant : gestion financière, contrôle de gestion, gestion prévisionnelle, tableaux de bord. « *J'étais franchement plus motivé et ça s'est ressenti dans les résultats, même si l'année a été, encore une fois, difficile.* »
Depuis, la motivation n'est pas retombée et Éric espère bien créer son propre cabinet au sortir de ses trois ans de stage.
« Élite certifiée de la comptabilité », l'expert-comptable est amené à éteindre le feu dans les demeures qui brûlent. Ainsi, lors d'une faillite d'une banque, Éric est appelé à la rescousse pour consolider les comptes. Il manœuvre dans la complexité des différents bilans de filiales pour clarifier et garantir l'efficacité de la comptabilité, véritable miroir de l'activité de l'entreprise. Dans ce cas précis, il travaille de concert avec les commissaires aux comptes et la police judiciaire de Nanterre. Connaître tous les rouages de la comptabilité, « imaginer » des solutions acceptables pour toutes les parties, négocier des échéances avec les mauvais payeurs (sur des sommes qui peuvent avoisiner des centaines de millions) : toutes ces activités supposent une faculté de concentration énorme et un amour des chiffres sans bornes !

Sur les dossiers requérant une production technique très délicate, l'erreur n'est pas envisageable. Tout expert-comptable est tenu à un effort constant pour consolider ses connaissances, que ce soit à travers la formation continue ou bien la recherche dans les différents mémentos qui sont les « bibles » du comptable.

Et après ?

Il peut notamment se tourner vers le conseil généraliste auprès des entreprises, d'autant plus lorsque des liens privilégiés ont déjà été noués.

À en croire un professionnel, « *la question de l'intéressement se pose de plus en plus fréquemment aujourd'hui. Cette nouvelle pratique requiert des ressources techniques sur le plan social dont les entreprises ne disposent généralement pas. Il leur faut donc des conseillers qui les aident à résoudre certains points. Il peut s'agir de conseils sur les bulletins de paie* "à risque" *(embauches et débauches) ou sur les obligations légales ou conventionnelles : sont-elles remplies pour licencier telle personne ? Dans l'éventualité d'une démission, le préavis a-t-il été effectué ? Dans le cas contraire, est-ce que vous dispensez le salarié d'une telle démarche ? Le conseil peut également porter sur la fiscalité : selon le statut de l'entreprise, les impositions, les opportunités fiscales sont différentes. Il faut donc veiller à ce que ce client adopte le statut le plus profitable pour lui. L'expert-comptable rend un service de proximité.* »
Un expert-comptable peut être embauché dans une entreprise, et il y en a de plus en plus. Le travail en cabinet, comme salarié ou bien en tant qu'associé, attire peu les nouveaux venus. De ce fait, le secteur connaît une relative pénurie. Pour les amateurs, sachez en profiter, on embauche ! Pour un expert installé à son propre compte, les rémunérations varient avec le nombre de collaborateurs… et sa réputation !

Il est possible pour un expert-comptable d'accéder aux fonctions de commissaire aux comptes. Le diplôme d'expertise comptable ouvre également la voie de l'enseignement. Il permet notamment l'inscription au concours de l'agrégation d'économie et gestion.

Commissaire aux comptes

Son rôle

Le commissaire aux comptes porte un second regard (après celui de l'expert-comptable) sur les comptes des entreprises de plus de 50 salariés, les sociétés par actions et les sociétés anonymes. Choisi par le conseil d'administration dans une liste d'assermentés, il contrôle la bonne tenue des comptes sur le plan légal, certifie leur véracité, puis livre ses résultats au conseil d'administration. Convoqué à la réunion du conseil d'administration qui clôture les comptes annuellement, il a le devoir, sous peine de sanctions disciplinaires ou pénales, de révéler les irrégularités ou les inexactitudes éventuellement débusquées lors de son enquête. Son rôle ne consiste donc pas en une simple relecture des conclusions de l'expert-comptable. Il est en droit, à n'importe quel moment de l'année, d'opérer les vérifications qui lui semblent opportunes.

L'indépendance des commissaires aux comptes est un des soucis de la profession. Les situations « d'incompatibilité » édictées par le Conseil national des commissaires aux comptes, dans un code des devoirs et intérêts professionnels, ont pour vocation la préservation de cette exigence d'indépendance. Il y a incompatibilité avec les situations suivantes :
• avec toute action et tout acte de nature à porter atteinte à son indépendance ;
• avec tout emploi salarié, sauf s'il s'agit d'enseignement se rattachant à la profession ou d'un emploi rémunéré chez un commissaire aux comptes ou un expert-comptable ;
• avec toute activité commerciale.

Le Conseil national aux commissaires aux comptes a complété ces incompatibilités de nature générale par des incompatibilités spécifiques : ainsi le réviseur et le révisé ne peuvent être une seule et unique personne… ce qui semble logique.
L'article 456, de la loi de 1966, précise les pénalités encourues : « *Toute personne qui accepte, exerce ou conserve des fonctions de commissaire aux comptes, nonobstant les incompatibilités légales, sera puni d'un emprisonnement de deux à six mois et d'une amende allant de 305 euros à 9 150 euros, ou de l'une de ces deux peines seulement.* »

Néanmoins, d'autres risques demeurent. Tout d'abord, les risques intellectuels : dans ce cadre, le commissaire aux comptes doit maintenir un niveau d'aptitude professionnel lié à l'évolution rapide des techniques et des règles juridiques et comptables. Le métier de commissaire aux comptes exige, en effet, des connaissances qui doivent être constamment réactualisées, ce qui signifie un effort de formation continue indispensable. D'autre part, il existe des risques économiques résultant de liens trop exclusifs avec un même groupe ou une même société : il serait alors trop tentant de fermer les yeux sur quelques erreurs pour conserver l'ensemble.

Le « marché » des commissaires aux comptes est un marché spécifique qui exige des protections. Tel est également le sens de l'obligation de la nomination des commissaires aux comptes pour six ans dans chaque entreprise. Enfin, pour éviter les tractations obscures qui nuiraient au bon fonctionnement du dispositif, les rémunérations sont réglementées. Une savante correspondance entre importance du bilan, du produit d'exploitation et des produits financiers et le nombre d'heures de travail fixe le prix du service du commissaire aux comptes.

Quels sont plus précisément les différents aspects de la mission légale du commissaire aux comptes ? Sa tâche principale est sans nul doute celle de la certification des comptes annuels. Pour M. Kovaric, spécialiste de la comptabilité, « *la certification est, pour les actionnaires, une garantie censoriale que les comptes ont été établis et vérifiés conformément aux règles en vigueur dans ce domaine.* »
Remis quinze jours avant la date de l'assemblée générale de l'entreprise, le rapport du commissaire aux comptes est une certification écrite qui engage son signataire. L'essence même de la mission du commissariat aux comptes exige une formulation claire et non équivoque, les flous protecteurs entourant certains rapports devant être bannis. La certification, véritable jugement, peut être « certification sans réserve », « certification avec réserve » ou encore « refus de certification ».

La mission du commissaire aux comptes ne s'arrête pas à la révision des comptes : il doit explicitement assurer la protection des actionnaires. Enfin, il intervient en tant qu'observateur de l'entreprise afin de prévenir ses difficultés. Il contrôle les documents prévisionnels et si apparaît « *tout fait de nature à compromettre la continuité de l'exploitation* », une tâche de « *procédure d'alerte* » lui incombe. Néanmoins, il faut remarquer que cette procédure d'alerte vise moins à avertir des dirigeants qui ne s'inquiéteraient pas du sort de leur entreprise (ils sont généralement bien placés pour évaluer les difficultés de l'entité qu'ils manœuvrent), que de les mettre face à leurs responsabilités.

Sa formation

Pour devenir commissaire aux comptes, il faut le diplôme d'expertise-comptable (DEC) suivi d'un stage de deux ans auprès d'un commissaire aux comptes habilité. Les titulaires d'un master 2 en comptabilité, contrôle de gestion, finance doivent, quant à eux, effectuer un stage de trois ans et les titulaires d'un master 2 d'une autre filière doivent valider le certificat d'aptitude aux fonctions de commissaire aux comptes en plus des trois ans de stage.

Rémunération

À partir de 2 500 euros pour un débutant et environ 4 200 euros pour un senior.

PARTIE III

LES FORMATIONS

Une solide formation de base constitue le meilleur atout pour réussir votre carrière. Le niveau bac + 2 est le minimum requis pour passer la porte d'une banque ou d'une société d'assurances en tant que salarié. Pour accéder à des emplois de gestionnaires ou de comptables, il est aujourd'hui fortement conseillé de poursuivre des études supérieures. Les formations en comptabilité-gestion s'adressent donc aux lycéens en fin de cursus ou aux étudiants, à l'exception du bac pro assistance à la gestion des organisations et de leurs activités (ex-gestion administration) pour lequel l'orientation est choisie en fin de troisième. Elles peuvent également concerner les salariés qui ont décidé de suivre une formation professionnelle continue avec diplôme à la clé pour progresser dans leur plan de carrière ou pour se réorienter avec de nouvelles compétences.
Mais soyons réalistes, la priorité est de plus en plus souvent donnée aux diplômés des grandes écoles de commerce, ainsi qu'aux titulaires d'un bac + 5. En ligne de mire, il s'agit de recruter des forts en thème, aptes à exercer des métiers extrêmement techniques et à évoluer tout au long de leur vie professionnelle.

Du BTS au Mastère Spécialisé®, les diplômes qui intéressent les banques, les sociétés d'assurances et les secteurs de la comptabilité et de la gestion sont légion. Beaucoup peuvent s'effectuer par voie scolaire ou par le biais de l'alternance. Au moment de faire votre choix, prenez en compte la durée des études, votre attirance pour les matières enseignées et, surtout, l'éventail des débouchés à la sortie. Attention ! Si vous n'êtes pas encore tout à fait fixé sur le métier que vous souhaitez exercer, orientez-vous plutôt vers des études généralistes. Il sera toujours temps plus tard de décider de votre avenir ou d'une spécialisation. En revanche, si vous avez déjà une idée très précise de ce que vous souhaitez faire, n'hésitez pas à vous diriger le plus rapidement possible vers une formation à vocation professionnelle.

Une étude réalisée par le Centre d'études et de recherches sur les qualifications (Cereq), intitulée *Générations 2013 – enquête 2016* parue en 2017, traite de l'insertion professionnelle des jeunes sortis du système éducatif en 2013. Elle fournit quelques indicateurs importants après trois années de vie active.

85 % des diplômés de l'enseignement supérieur sont ainsi en emploi trois ans après la sortie du système éducatif.
Selon le niveau du diplôme, le taux et la durée de chômage ne sont pas les mêmes. En 2016, le taux d'emploi des titulaires d'un bac + 2 (dont BTS et DUT) est de 80 % contre 87 % pour les licenciés. Seuls les titulaires d'un diplôme d'écoles d'ingénieurs et de commerce ou d'un doctorat font mieux (respectivement 90 et 91 %).
Autre donnée, la qualité des emplois qu'ils occupent trois ans après leur sortie : 68 % des titulaires d'un bac + 2 et 90 % des titulaires d'un diplôme d'ingénieur sont en CDI. Le taux de CDI pour les titulaires d'un bac + 3 est de 73 %, et de 74 % pour les diplômés de bac + 5.
Enfin, le salaire net médian des diplômés du supérieur s'établit à 1 460 euros sur l'emploi occupé trois ans après la sortie. Ce niveau de rémunération est en hausse par rapport à la génération précédente (1 450 euros en 2010).

1 – LE BAC PROFESSIONNEL ASSISTANCE À LA GESTION DES ORGANISATIONS ET DE LEURS ACTIVITÉS (EX-BAC PRO GESTION ADMINISTRATION)

Le bac pro assistance à la gestion des organisations et de leurs activités se prépare en lycée professionnel, en 3 ans après la troisième, ou éventuellement après un CAP ou une seconde générale et technologique.
Les études en bac professionnel s'articulent autour de deux pôles : d'une part des enseignements généraux identiques pour tous les bacs pros quelle que soit la spécialité, et d'autre part des enseignements professionnels et généraux liés à la spécialité du bac pro. En tout, cela représente un maximum de 35 heures de cours par semaine. À ces 35 heures de cours hebdomadaires s'ajoutent 18 à 22 semaines de périodes de formation en milieu professionnel dont 4 à 6 semaines en seconde professionnelle.

Enseignements et horaires en bac pro, spécialités du secteur des services

Enseignements professionnels et généraux liés à la spécialité	Horaires hebdomadaires moyens*
Enseignements professionnels	13 h 45 environ
Prévention, santé, environnement	1 h
Français et/ou maths et/ou langue vivante et/ou arts appliqués	1 h 45 environ
Enseignements généraux	
Français, histoire-géographie, éducation à la citoyenneté	4 h 30
Mathématiques	2 h environ
Langues vivantes (1 et 2)	4 h environ
Arts appliqués-cultures artistiques	1 h
EPS	2 h ou 3 h
Total heures hebdomadaires	**31 h environ**
Accompagnement personnalisé	2 h 30

* Ces horaires répartis sur trois ans peuvent varier d'un établissement à l'autre et d'une année sur l'autre.

Nous vous présentons ci-dessous le **bac pro assistance à la gestion des organisations et de leurs activités** plus en détail.

Admission
Ce bac pro est accessible aux élèves issus de troisième.

Formation
Au programme des enseignements professionnels : informatique (traitement de texte, tableur, logiciels de gestion commerciale, de traitement comptable, de paye…) ; outils de communication (téléphone, internet) ; techniques d'organisation (tenue d'agenda, classement, tableaux, graphiques…) ; techniques de communication écrite et orale (rédaction de courriers, accueil) ; techniques commerciales.

Débouchés
Personnes non rigoureuses s'abstenir ! Ordre, rigueur, méthode sont les trois règles d'or de la profession. Les gestionnaires administratifs sont appelés à travailler au sein de PME, de collectivités publiques, d'administrations, etc. Ils gèrent les dépenses et les recettes (vente de produits ou service, impôts) et les activités de communication (gestion du personnel, paiement des salaires).

À noter : 821 établissements dispensent cette formation en 2020.

2 – LES ÉTUDES SUPÉRIEURES COURTES À VOCATION PROFESSIONNELLE

Les études courtes sont conçues pour apprendre rapidement un métier, l'objectif étant d'entrer le plus vite possible dans la vie professionnelle. Toutes ces formations sont spécialisées. Les spécialités touchent des domaines tels que le commerce, la gestion ou l'assurance. Vous effectuerez vos études dans des sections de techniciens supérieurs (STS), implantées dans les lycées et dans certains établissements privés, où vous préparerez un brevet de technicien supérieur (BTS). Vous pouvez également vous orienter vers l'Université. Vous préparerez alors un diplôme universitaire de technologie (DUT). Sachez enfin que ces cycles courts peuvent être prolongés par un ou deux ans de spécialisation supplémentaire, par exemple en préparant une licence professionnelle, voire par le passage dans une filière d'enseignement longue. Les titulaires de DUT font plus couramment le choix de poursuivre un enseignement long que les titulaires de BTS, diplôme plus spécifiquement destiné à une entrée directe dans la vie active.

BTS ET DUT : QUELLES DIFFÉRENCES ?

Aux yeux des recruteurs, BTS et DUT sont des diplômes de niveau III (bac + 2) et présentent peu de différences. Pourtant, il ne s'agit pas là d'une simple distinction de dénomination ou de lieux d'enseignement (les IUT, Instituts universitaires de technologie, étant rattachés à une université ou une école, et les STS, sections de techniciens supérieurs, à des lycées). Ces filières présentent bien des spécificités qu'il convient de connaître avant de faire son choix.

Contrairement au DUT, le BTS est une formation qui accorde davantage de place à l'enseignement professionnel. Également plus proche des besoins spécifiques de certains secteurs, on y retrouve un nombre important de spécialités. Les BTS sont très prisés puisque plus de 262 600 étudiants s'y inscrivent chaque année, le plus souvent après un bac technologique. Il s'agit d'un examen national qui se prépare normalement en deux ans. Cette préparation s'effectue dans un établissement public, un établissement privé ou

par correspondance. Dans les trois cas, l'orientation professionnelle oblige à un stage d'initiation.
Les démarches d'inscription en BTS débutent dès le mois de janvier via le site internet Parcoursup.fr. Il faut ensuite envoyer un dossier à l'établissement concerné, en imprimant la fiche de vœu proposée sur le site.

Le diplôme universitaire technique (DUT) dispense également un enseignement intensif sur deux ans. Là encore, un stage professionnel vient compléter la formation. Très technique en deuxième année, l'enseignement reste néanmoins assez général pour permettre la poursuite d'études. Ce choix est d'ailleurs réalisé par plus de de deux tiers des étudiants de DUT, contre un tiers environ pour les BTS. Ils se dirigent alors vers l'Université, les écoles de commerce ou le cursus comptable de référence. Contrairement aux STS qui regroupent des classes d'une trentaine d'élèves, les Instituts universitaires technologiques en admettent généralement une centaine.

Les taux de réussite des étudiants sont légèrement différents suivant l'une ou l'autre des formations. Ainsi, les brevets de technicien supérieur sont accordés dans 74,5 % des cas, tandis que 77,2 % des étudiants en IUT obtiennent leur diplôme.

Autre aspect : les lieux de formation influent sur l'ambiance générale que l'on est amené à rencontrer lorsqu'on s'engage dans l'une de ces deux filières. Ainsi, au BTS correspond une ambiance lycée qui peut être plus ou moins bien vécue. Alors que d'autres jeunes du même âge poursuivent des études laissant des marges de liberté indéniables, l'étudiant en BTS se voit « enfermé » dans un système de formation proche de ce qu'il a connu au lycée : petits comités, contrôle des absences, surveillance... Les formations en DUT paraissent plus souples à cet égard, sans pour autant correspondre à l'ambiance de l'Université.

À noter : les places en études courtes sont comptées, ce qui explique une sélection qui repose en premier lieu sur les résultats obtenus au lycée. Des précisions quant à vos souhaits professionnels ainsi que des stages d'initiation en entreprise peuvent constituer des « plus » non négligeables. Il est néanmoins préférable de ne pas se cantonner à une seule demande mais plutôt de les multiplier lors de votre inscription dans le supérieur.

LES BTS

Les titulaires de BTS sont appréciés par les recruteurs des banques, des sociétés d'assurances du secteur de la finance et de la comptabilité. Et pour cause : ils possèdent une culture complète, tant sur le plan technique que professionnel. Ces diplômés sont notamment armés pour exercer un premier poste de chargé de clientèle ou de gestionnaire de contrats d'assurance. Ils peuvent ensuite évoluer vers des fonctions d'encadrement en devenant, par exemple, animateur des ventes ou directeur d'une petite agence.
Les BTS s'adressent de préférence aux titulaires d'un bac technologique, même s'ils accueillent également les autres bacheliers. Dans tous les cas, l'admission se fait sur dossier *via* Parcoursup.fr. La formation dure deux ans et comprend plusieurs stages en entreprise. Selon que la STS est implantée dans un lycée public, privé sous contrat ou hors contrat, le coût de la scolarité varie considérablement. Dans un lycée privé, il est en moyenne de 3 000 euros par an. Les frais de scolarité peuvent ainsi varier (public et privé confondus) de 200 euros à 4 500 euros…
Nous avons choisi de vous présenter ici les sept BTS les plus prisés par les secteurs de la banque, de la finance, de l'assurance, de la comptabilité et de la gestion.

Le BTS comptabilité et gestion

Cette formation, qui existe dans 505 établissements, est accessible après le bac. Les aptitudes requises ? Le goût du concret, le sens de l'organisation et, bien sûr, une attirance pour le calcul et l'informatique appliquée à la gestion. Ce BTS forme des techniciens supérieurs comptables. Leur travail consiste à traduire en comptabilité toutes les opérations commerciales ou financières afin d'établir les différents documents comptables (bilans, prévisions, statistiques). Il comprend également l'analyse de ces informations pour préparer des décisions de gestion. Ces techniciens supérieurs connaissent le matériel et les logiciels comptables et sont capables de participer aux projets informatiques de leur service.

Les enseignements
Culture générale et expression, anglais, mathématiques appliquées, management des entreprises, économie, droit, ateliers professionnels, traitement et contrôle des opérations comptables, fiscales et sociales, situations de contrôle de gestion, d'analyse financière et sociale. Un enseignement facultatif de langue vivante 2 est également proposé.
La durée des stages est de 10 semaines, à effectuer au cours des deux années de formation, dont une période de cinq à six semaines consécutives en fin de première année et une période de quatre à cinq semaines consécutives en deuxième année.

Leur diplôme en poche, les titulaires de ce BTS peuvent exercer dans des cabinets, des services comptabilité des entreprises, des banques, des assurances ou des administrations. Mais ils ont également la possibilité de préparer le diplôme de comptabilité et de gestion (DCG) ou d'intégrer une école de commerce en admission parallèle.

Le BTS gestion de la PME

Ce BTS est tourné vers la gestion des entreprises de 5 à 50 salariés et l'aide à apporter aux chefs d'entreprise qui ne disposent pas obligatoirement de compétences en gestion. Le titulaire de ce BTS a donc la charge d'assurer les fonctions :
• administratives (organisation du travail administratif, gestion du personnel, gestion et utilisation des matériels bureautiques et fournitures de bureau, relations avec les administrations…) ;
• comptables (suivi des opérations courantes en relation avec les clients, les organismes sociaux…) ;
• commerciales (relations avec les clients et les fournisseurs, gestion des approvisionnements et des livraisons, participation à l'action commerciale, recherche de nouveaux clients, études de marché, actions publicitaires…).

Les enseignements
Culture générale et expression, langue vivante étrangère, culture économique, juridique et managériale, gestion des relations avec les clients et les fournisseurs de la PME, gestion des risques de la PME,

gestion du personnel et contribution à la GRH, fonctionnement et développement de la PME, communication, atelier de professionnalisation. Enseignement facultatif de langue vivante étrangère 2.

Ce BTS est ouvert aux titulaires de tous les bacs, mais plus particulièrement aux bacheliers STMG. Il ne conduit généralement pas à la poursuite d'études, car il est reconnu dans le milieu des petites et moyennes entreprises.

À noter : 534 établissements proposent ce BTS dans toute la France, en 2020.

Le BTS négociation et digitalisation de la relation client

Ce BTS a pour objectif de former, en deux ans après le baccalauréat, des vendeurs managers commerciaux non sédentaires et/ou à distance ayant une démarche active en direction de la clientèle. Il permet aux lauréats de postuler à des emplois de managers commerciaux. Le niveau de qualification permet d'accéder relativement facilement (après un délai moyen de 3 à 5 ans) à des postes de responsables des ventes ou de chefs de secteurs. Les plus qualifiés peuvent espérer rejoindre les directions commerciales de leurs entreprises.

Les enseignements
Culture générale et expression, langue vivante étrangère, culture économique, juridique et managériale, relation client et négociation-vente, relation client à distance et digitalisation, relation client et animation de réseaux, atelier de professionnalisation et un enseignement facultatif de langue vivante étrangère 2.

À noter : ce BTS est préparé dans 529 établissements à travers la France, en 2020.

Le BTS management commercial opérationnel

Le titulaire de ce BTS a pour perspective de prendre la responsabilité de tout ou partie d'une unité commerciale (un lieu physique ou virtuel permettant à un client potentiel d'accéder à une offre de produits ou de services ; un magasin, un supermarché, un hypermarché, une agence commerciale, un site marchand... sont des unités commerciales) dans laquelle il aura des missions de management, de gestion de la relation client, de gestion et d'animation de l'offre des produits et des services, de recherche et d'exploitation de l'information nécessaire à l'activité commerciale. Au contact direct de la clientèle, l'étudiant mène des actions pour l'attirer, l'accueillir et lui vendre les produits et/ou les services répondant à ses attentes ; il veille à adapter en permanence l'offre commerciale en fonction de l'évolution du marché.

Les enseignements

Culture générale et expression, langue vivante étrangère 1, culture économique, juridique et managériale, développement de la relation client et vente conseil, animation et dynamisation de l'offre commerciale, gestion opérationnelle, management de l'équipe commerciale, et un enseignement facultatif de langue vivante étrangère 2. 120 heures d'entrepreneuriat et 120 heures de parcours de professionnalisation à l'étranger sont également au programme.

À noter : 719 établissements proposent ce BTS en 2020.

Le BTS commerce international

Ce BTS, préparé dans 218 établissements en 2020, s'adresse aux titulaires d'un bac général ou technologique. Il s'agit d'un diplôme trilingue, aussi un bon niveau dans deux langues étrangères est exigé à l'entrée. La formation en langue est ici placée au premier plan et l'on exige un niveau de compétence et d'aisance identique dans les deux langues (l'anglais est obligatoire). Par ailleurs, il y a obligation d'un stage de quatre semaines, minimum à l'étranger sur les huit semaines de stage que comprend la formation, en première année.

L'enseignement comprend l'étude et la veille commerciales internationales, l'étude et la veille des marchés étrangers, de l'informatique commerciale, de la vente à l'export, de la négociation vente en langue étrangère, des cours de communication et de management interculturels, de la gestion des opérations d'import-export, des cours de culture générale et d'expression et deux langues vivantes étrangères au moins (la 3e étant facultative).

À l'issue de cette formation, vous serez capable de réaliser des études de marchés extérieurs, d'élaborer des statistiques de vente ou encore de gérer des moyens de paiement transfrontaliers. Notez que ce BTS est un diplôme à référentiel commun européen.

Le BTS banque, conseiller de clientèle (particuliers)

Ce BTS a pour objectif de former des conseillers clientèle ou des chargés de clientèle du secteur bancaire possédant de solides connaissances de l'économie et du droit appliqués aux activités bancaires, ainsi qu'un haut niveau de technicité en matière de gestion de clientèle. Pour faciliter leur insertion, l'enseignement dispensé intègre les pratiques du terrain, renforçant ainsi l'efficacité de leur activité professionnelle.

Les enseignements
Culture générale et expression, langue vivante étrangère, gestion de la relation client, développement et suivi de l'activité commerciale, environnement économique, juridique et organisationnel de l'activité bancaire. Le tout complété par des ateliers de professionnalisation et un enseignement facultatif de langue vivante 2.

À noter : ce BTS est proposé dans 111 établissements français en 2020.

Le BTS assurance

Ce BTS, dispensé dans 89 établissements, permet à son titulaire d'exercer des activités à caractère commercial, technique et de gestion, de la souscription au règlement, en assurance de biens et de responsabilité ou en assurance de personnes, en relation avec tous types de clients. Ces activités sont exercées dans des contextes de travail variés et évolutifs, en fonction de la taille et du mode organisationnel de l'entreprise.
Il exerce principalement des fonctions techniques intégrant la relation client dont l'appellation est susceptible de varier selon les principaux domaines d'activité et/ou types de risques : souscripteur, conseiller, téléconseiller, gestionnaire, rédacteur production et/ou règlement, collaborateur d'agence, technicien d'assurance.

Ces emplois, de nature technique, comportent une importante dimension de conseil et de relation avec la clientèle, ils s'appuient fortement sur les technologies de l'information et de la communication.
Si vous ne souhaitez pas entrer tout de suite dans la vie active, rien ne vous interdit de poursuivre des études universitaires en droit ou d'intégrer l'École nationale d'assurances (ENASS).

Les enseignements

Culture générale et expression, langue vivante étrangère, culture professionnelle appliquée, vente et développement commercial, gestion des sinistres, relation client sinistres et ateliers de professionnalisation. Un stage dans une entreprise du secteur de l'assurance de 15 à 16 semaines est également obligatoire.

PRÉPARER SON BTS EN ALTERNANCE

Vous avez le choix entre le contrat d'apprentissage et le contrat de professionnalisation, avec, partout en France, de nombreux lieux où vous former tout en travaillant.

Vous trouverez facilement dans votre région de nombreux CFA (centres de formation d'apprentis) pour préparer l'un des BTS tertiaires présentés précédemment, puisque le contrat d'apprentissage vise en priorité la préparation d'un diplôme d'État. Nous vous conseillons de prendre contact avec votre conseil régional et votre CCI (chambre de commerce et d'industrie) afin d'obtenir l'ensemble des coordonnées des CFA de votre région.

Le contrat d'apprentissage

- Objectif : acquérir une qualification professionnelle sanctionnée par un diplôme national (ou un titre homologué) grâce à une formation générale et théorique dans un CFA et une formation pratique en entreprise.
- Public visé : jeunes de 16 à 29 ans révolus.
- Durée du contrat : un à trois ans en fonction du diplôme préparé (deux ans en général). Il s'agit d'un contrat de travail écrit de type particulier signé par l'employeur et l'apprenti.
- Formation : Le temps de travail de l'apprenti est identique à celui des autres salariés.
- Rémunération minimale : de 27 à 100 % du Smic en fonction de l'âge et de l'ancienneté du contrat.

L'ALTERNANCE, UNE BONNE CARTE À JOUER

Après un bac comptabilité-gestion (devenu depuis bac STMG), Claire décide de poursuivre des études courtes dans le même domaine et s'inscrit en BTS comptabilité et gestion. « *Il me semblait qu'une troisième année de spécialisation serait profitable.* » Deux options se présentaient à elle : comptabilité et finance ou ressources humaines. « *Mon choix a été sans équivoque. Le domaine des ressources humaines me semblait plus trépidant.* » Claire effectue son année de spécialisation en alternance : un bon moyen de s'insérer dans le monde du travail avec trois semaines par mois en entreprise et une semaine de cours. « *Pour trouver mon entreprise, je n'ai pas eu à chercher très loin. J'ai passé mon stage de deuxième année dans l'entreprise qui m'a prise en alternance. C'était un bon moyen de me faire accepter, et pourquoi pas, d'y rester après ma formation.* »
Pari réussi pour Claire qui, son diplôme de spécialisation en poche, a été embauchée en CDD pour neuf mois.

Le contrat de professionnalisation

- Objectif : accéder à une qualification reconnue, en alliant des périodes d'enseignement général, technologique et professionnel à l'exercice en entreprise d'activité en rapport avec la qualification visée.
- Public visé : les jeunes de 16 à 25 ans sortis du système éducatif, les demandeurs d'emploi de plus de 26 ans, les bénéficiaires du revenu de solidarité active (RSA), de l'allocation de solidarité spécifique (ASS) ou de l'allocation aux adultes handicapés (AAH) ainsi que les personnes ayant bénéficié d'un contrat aidé.
- Durée du contrat : les contrats peuvent être à durée déterminée ou indéterminée. L'action de professionnalisation qui fait l'objet d'un contrat à durée déterminée ou celle qui se situe au début d'un contrat à durée déterminée est d'une durée minimale comprise entre 6 et 12 mois. Elle peut, dans certains cas, être portée à 3 ans (à titre expérimental).
- Formation : les actions d'évaluation, d'accompagnement et de formation représentent entre 15 et 25 % de la durée totale du contrat ou de l'action de professionnalisation (pour les CDI). Leur durée minimale est de 150 heures et se déroule en CFA.
- Rémunération minimale : de 55 à 85 % du Smic.

Pour en savoir plus, rendez-vous sur le site du ministère du Travail : https://travail-emploi.gouv.fr

LES DUT

À la différence des BTS, qui s'adressent en priorité aux sections technologiques, les DUT accueillent davantage de bacheliers des filières classiques. Il est vrai que la part de l'enseignement général est plus importante : elle représente environ la moitié du temps contre un tiers en BTS. Au total, la formation dure 60 semaines à raison de 35 à 40 heures de cours hebdomadaire, avec un stage de dix semaines, minimum à la fin de la deuxième année. Une autre différence tient aux modalités du contrôle des connaissances. Il s'agit d'un contrôle continu en DUT alors que les BTS sont délivrés à l'issue d'un examen final. Rappelons enfin que les titulaires de DUT poursuivent plus facilement des études longues que leurs camarades de BTS. Nous avons choisi de vous présenter ici quatre DUT qui intéressent de près les banques, les compagnies d'assurances et les secteurs de la finance, de la comptabilité et de la gestion.

LE SYSTÈME LMD DANS LES IUT

Le DUT participe au système LMD. Cette organisation est appliquée aux 24 spécialités proposées.
Les enseignements s'organisent donc en semestres avec un système de crédits capitalisables (appelés ECTS comme pour le cursus licence, master, doctorat). Ainsi, l'obtention du DUT au terme de 4 semestres donne lieu à l'obtention de 120 crédits européens, soit 30 crédits par semestre validé.
Par ailleurs, chaque étudiant construit son parcours en fonction de son PPP (Projet personnel et professionnel), avec une « majeure » (qui garantit le cœur de compétences du DUT) et des modules complémentaires destinés à compléter le parcours de l'étudiant, qu'il souhaite une insertion professionnelle ou une poursuite d'études vers d'autres formations de l'enseignement supérieur.
Le système LMD facilite la poursuite d'études ou la réalisation du cursus dans un autre pays européen.

Le DUT gestion des entreprises et des administrations (GEA)

Les titulaires du DUT GEA sont préparés à assurer la responsabilité des travaux de gestion comptable, administrative et financière, mais aussi à participer aux fonctions d'organisation et de prévision. Ils doivent être capables de situer les problèmes concrets dans leur cadre économique et juridique et de maîtriser de manière opérationnelle les techniques budgétaires, les mathématiques appliquées, le droit des affaires, le droit fiscal et l'informatique de gestion. Ce diplôme est scindé en trois options : gestion comptable et financière (GCF), gestion et management des organisations (GMO) ou gestion des ressources humaines (GRH).

Le programme pédagogique national du DUT GEA, qui représente 1 620 heures de formation, est organisé chaque semestre en deux unités d'enseignement (UE), l'UE1 étant consacrée à l'environnement et au management des organisations et l'UE2, soit aux outils et méthodes, soit à la mise en situation professionnelle (stages et projets tutorés).

L'option gestion comptable et financière est orientée vers la comptabilité, l'économie d'entreprise, l'informatique de gestion, les mathématiques appliquées. Son orientation, moins technicienne que le BTS comptabilité et gestion des organisations, destine ses étudiants à la poursuite d'études, soit dans la filière comptable, soit en passant par une licence professionnelle, une école de commerce ou un cursus universitaire classique.
L'option gestion et management des organisations propose un enseignement sur les langages fondamentaux (expression et communication, psychologie sociale), l'environnement économique et juridique, le fonctionnement et le pilotage des organisations... Cette spécialité permet d'accéder à des fonctions d'encadrement dans les entreprises mais aussi dans les collectivités publiques.
L'option gestion des ressources humaines apporte des qualifications en termes de gestion de la paie et gestion administrative en général. Cette option cherche à initier aux problématiques de la gestion des formations, des recrutements et des relations humaines.

Bon à savoir : le DUT GEA confère l'équivalent de certaines unités d'enseignement du DCG (diplôme de comptabilité et gestion).

LE DUT : UN BON MOYEN D'ARRIVER EN ÉCOLE DE COMMERCE

Après l'obtention de son baccalauréat scientifique, Paul envisage de poursuivre ses études en école de commerce. Il intègre une préparation à Lille, puis, à la fin de l'année, se dit que le DUT GEA possède des avantages indéniables. Le « bachotage » ne sera plus de mise et les écoles de commerce apprécient les profils bac + 2. Il sait qu'une bonne insertion sur le marché du travail passe par des stages et c'est l'une des raisons qui le pousse à vouloir se former en école de commerce.
« *L'intérêt d'un DUT GEA est qu'il permet de passer rapidement à l'action plutôt que de rester à étudier des matières dont on n'a plus vraiment envie d'entendre parler !* » À l'issue de son DUT, Paul a intégré l'ESC Compiègne.

Une fois leur diplôme en poche, environ la moitié des étudiants s'oriente vers la vie active. Les débouchés se situent principalement dans les banques, mais aussi dans les cabinets comptables ou au sein de services d'administration et de gestion d'entreprises.

Les autres poursuivent des études, notamment en préparant un diplôme de comptabilité et gestion (DCG).

À noter : le DUT GEA option gestion comptable et financière est préparé dans 91 établissements, l'option gestion et management des organisations, dans 88 établissements et l'option gestion des ressources humaines, dans 65 établissements.

UN DUT GEA ORIGINAL

Depuis 2018, le département GEA Ponsan de l'IUT de Toulouse propose un dispositif à horaires aménagés qui vise tout étudiant désirant se former aux métiers de la gestion des entreprises et des administrations tout en continuant une activité pour laquelle il doit déjà consacrer du temps.

▶ **Contact** : IUT A Paul Sabatier. Département GEA. 115, route de Narbonne, 31077 Toulouse cedex 04. Tél. : 05 62 25 81 20. Internet : http://iut-gea-ponsan.ups-tlse.fr

Le DUT gestion administrative et commerciale des organisations (GACO)

L'objectif de ce DUT est de former des étudiants capables d'assister des responsables d'entreprises de PME-PMI en gestion et communication, puisque le poste de comptable-gestionnaire demande souvent une grande polyvalence. La spécialisation dès la première année autorise à développer davantage les questions du management, notamment en ce qui concerne l'application des recommandations, de l'interface fabrication-direction.

Les modules majeurs sont les suivants : management stratégique et opérationnel ; communication professionnelle ; mercatique ; gestion ; commerce ; administration ; gestion des ressources humaines ; comptabilité-finances ; technologie de l'information et de la communication ; droit ; création d'entreprise. 300 heures de projets tutorés et 12 semaines de stage sont également obligatoires (4 semaines minimum en première année et 8 semaines minimum en deuxième année).

La formation est ouverte à tous les bacheliers. Si la majorité des détendeurs du DUT GACO choisit d'entrer directement dans le monde du travail, un tiers d'entre eux décide cependant de poursuivre des études, principalement en licence, licence professionnelle, master management et gestion des entreprises ou bien en écoles de commerce.

À noter : 17 établissements préparent ce DUT dans toute la France, en 2020.

Le DUT techniques de commercialisation

Les modules majeurs sont les suivants :
• Compétentes commerciales : marketing, e-marketing ; études et recherches commerciales ; négociation vente/achat ; distribution ; gestion de la relation client, marketing direct ; management de l'équipe commerciale ; commerce international ;
• Connaissance de l'organisation de l'entreprise : droit ; gestion comptable et financière ; logistique ; organisation ; stratégie/qualité ; gestion de projet ; entreprenariat ;
• Culture générale et compétences transversales : expression, communication, culture ; deux langues vivantes obligatoires ; économie ; mathématiques et statistiques ; technologie de l'information et de la communication ; psychologie sociale ; développement des compétences relationnelles.
10 semaines de stage sont également prévues.

Grâce au caractère polyvalent de leur formation commerciale, les diplômés du DUT techniques de commercialisation peuvent prétendre à des emplois d'attachés commerciaux ou technico-commerciaux dans les secteurs d'activité les plus variés : industrie, banques, sociétés de services, organismes de crédit… tous ces secteurs sont friands de jeunes commerciaux dynamiques. Il est également possible de poursuivre des études en licence professionnelle, école de commerce, sciences économiques, etc.

À noter : le DUT techniques de commercialisation est préparé dans 97 établissements français en 2020.

Le DUT carrières juridiques

Il se prépare dans 15 établissements.
Selon le référentiel, le programme de première année « s'articule autour de l'apprentissage des concepts de base associé à une mise en situation à travers les travaux dirigés et le projet tutoré : introduction générale au droit, droit civil, droit constitutionnel, droit du travail, droit processuel, comptabilité et finance d'entreprise, économie, informatique et anglais ». En deuxième année, il s'agit d'approfondir les connaissances et de développer des compétences à travers la poursuite du projet tutoré et du stage (10 semaines) : droit civil, droit administratif, droit pénal, droit des affaires, comptabilité, fiscalité, informatique, anglais.
Un module complémentaire visant l'insertion professionnelle est également proposé : Administration publique ou Banque-Assurance ou Juriste d'entreprise.

Les diplômés occupent des postes de collaborateurs de notaire, d'huissiers de justice ou d'administrateurs de biens. Ils exercent le plus souvent des fonctions administratives, de comptabilité, de ressources humaines et de secrétariat plutôt que des fonctions juridiques. Ils travaillent également dans les assurances, la banque et les organismes de crédit : gestion des sinistres, des dossiers de contentieux... Après l'obtention de ce diplôme, on peut rattraper les filières générales en licence de droit et AES.

LE CERTIFICAT PROFESSIONNEL DU CNAM

Le Conservatoire national des arts et métiers propose un certificat professionnel d'assistant comptable. Cette formation s'adresse à des élèves de niveau bac, à des salariés ou à des demandeurs d'emploi.

Le programme correspond à 50 ECTS de formation et compte trois mois de stage. La formation comprend les unités d'enseignement suivantes : comptabilité et gestion de l'entreprise (12 crédits) ; initiation aux techniques juridiques et fondamentales (6 crédits), principes généraux de fiscalité des entreprises (4 crédits), deux UE à choisir parmi : comptabilité, organisation et gestion (12 crédits), une unité d'apprentissage à choisir parmi : projet d'application professionnelle, projet entrepreneurial, expérience professionnelle pour les salariés (16 crédits).

L'objectif de ce certificat professionnel est de former des assistants comptables aptes à tenir des comptes au jour le jour, à suivre la trésorerie et les règlements des clients, à assurer les déclarations fiscales et sociales, etc.
Les débouchés se situent principalement dans les cabinets d'expertise comptable et de commissariat aux comptes, dans les centres de gestion ou dans les PME-PMI.

► **Contact** : Comptabilité, Finance, Audit. 40, rue des Jeûneurs – bureau 132, 75002 Paris. Tél. : 01 40 27 21 73.
Internet : http://formation.cnam.fr

LES DIPLÔMES D'UNIVERSITÉ (DU)

À l'inverse des diplômes nationaux, les DU (diplômes d'université) sont spécifiques aux différentes universités qui les organisent. Simples certificats ou cursus complets, ils sont très divers quant à leur durée et au domaine d'études : ils peuvent répondre à une spécialisation de l'université ou à une particularité régionale (bassin d'emploi). Le niveau d'entrée diffère également selon les universités.

Voici quelques-uns des diplômes que l'on peut citer : DU d'assistant commercial banque assurance à Besançon, DU droit des assurances à Lyon III ou encore DU perfectionnement en comptabilité, droit et finance d'entreprise à Toulouse I.

3 – L'UNIVERSITÉ

L'Université propose une vaste palette de formations de niveau bac + 3 et plus. Pour se repérer dans les méandres des diplômes universitaires, il faut d'abord distinguer les filières générales des filières à vocation professionnelle.
Les premières privilégient l'enseignement théorique : les étudiants acquièrent une solide culture générale ainsi qu'une connaissance très pointue de la spécialité qu'ils ont choisi d'approfondir. Première étape du cursus universitaire en trois ans, la licence n'a pas de finalité professionnelle (licence professionnelle mise à part), mais permet une poursuite d'études universitaires. Plusieurs licences sont susceptibles de vous intéresser parmi les dizaines de spécialités proposées : il s'agit du droit, des sciences économiques, de l'administration économique et sociale (AES) et des mathématiques appliquées et sciences sociales.
Les secondes filières font la part belle à l'enseignement professionnel et aux stages en entreprise. Ce sont les licences professionnelles et les masters des sciences de gestion. La formation en licence professionnelle dure un an tandis que le master s'obtient en deux ans après un bac + 3.

Cependant, on ne va pas à l'Université les yeux fermés. Un fossé sépare le lycée de la faculté : peu d'heures de cours, des emplois du temps assez chaotiques, un travail personnel non encadré et qui ne sera pas récompensé par les félicitations des professeurs. Vous devenez gardien de votre temps mais sans être passé par le stade de l'apprentissage. Aucun maître à vos côtés pour vous guider : tel un chat échaudé, c'est en vous brûlant que vous apprendrez…
Ce tableau ne doit cependant pas vous décourager : l'Université possède de solides atouts et convient tout à fait aux étudiants autonomes et motivés.

Concrètement, le temps de formation se décompose en heures de cours magistraux (CM) et en heures de travaux dirigés (TD). Dans les premiers, professeurs des universités et maîtres de conférences vous délivrent leur savoir. À vous de prendre bonne note de toutes ces informations délivrées au kilomètre ! Il n'est guère possible d'interrompre le cours pour obtenir un éclaircissement sur un point que vous n'aurez pas compris. Dans un amphithéâtre de 200, 300, 400 étudiants voire plus, l'intervention est difficile et bien souvent désapprouvée. La possibilité existe toutefois de demander des précisions à l'intercours, mais la solution usuelle consiste à attendre les travaux dirigés. Plus disponibles, les chargés de TD sollicitent vos connaissances par des exercices d'illustration du cours. Ils sont la véritable courroie de transmission entre le responsable de matière et vous, ce qui n'est pas sans importance dans le choix des sujets des examens finaux, ainsi que lors des délibérations de fin d'année, lorsqu'il faut rajouter un demi-point ou un point pour l'obtention de l'année ou d'une mention...

Le suivi des cours magistraux n'est pas obligatoire, mais nous vous conseillons fortement d'y assister. Nombre d'étudiants se font piéger en photocopiant systématiquement les cours de leurs camarades. Le risque est alors, sous prétexte d'une plus grande efficacité, d'attendre le dernier moment pour tout réviser d'un bloc. Le plus dur est de se l'avouer : cette stratégie fonctionne rarement. De plus, il est peu fréquent de pouvoir, ou même de vouloir, noter *in extenso* les cours magistraux. Vous vous retrouvez donc avec des notes à interpréter... si ce n'est à déchiffrer !
En revanche, les travaux dirigés sont obligatoires, sauf à prouver votre impossibilité à y assister si vous êtes salarié. Ils sont sanctionnés par une note qui, selon les matières, représente entre un et deux tiers de la note globale.

Outre le suivi des cours et des travaux dirigés, vous devez vous imposer une gymnastique quotidienne de recherche et de travail personnel : à la bibliothèque universitaire (ce qui vous évite de vous ruiner dans des livres hors de prix), dans des salles mises à votre disposition, ou chez vous. L'importance du travail de recherche s'accroît tout au long du cursus universitaire.

LE MODÈLE LMD

Les cycles universitaires s'organisent autour du modèle 3, 5, 8 afin de faciliter la reconnaissance mutuelle des formations supérieures au sein de l'espace européen et mondial. Les anciens diplômes du Deug au DEA ont été intégrés dans deux cursus : pré-licence (avant bac + 3) et post-licence (après bac + 3, en choisissant de s'orienter

vers une voie courte, bac + 5, ou longue, bac + 8). Les IUT et BTS, quant à eux, peuvent être complétés par une troisième année de stage professionnel, afin d'atteindre le niveau bac + 3.
Dans ce contexte, un grade (mais pas un nouveau diplôme) a été créé : le master. Il constitue une appellation unique rassemblant un ensemble de diplômes à bac + 5 (DESS, DEA, DRT, titres d'ingénieur). Ainsi, la réforme a harmonisé les diplômes de tous les pays européens avec des sorties à bac + 3 (licence, six semestres), bac + 5 (master, 4 semestres) et bac + 8 (doctorat).
Enfin, les universités mettent en place le système européen d'unités d'enseignement capitalisables et transférables (ECTS). Un semestre vaut 30 crédits, une année 60, une licence 180 et un master 300, sachant que ces points sont transférables d'une université à l'autre et d'un pays à l'autre.

Schéma des études universitaires

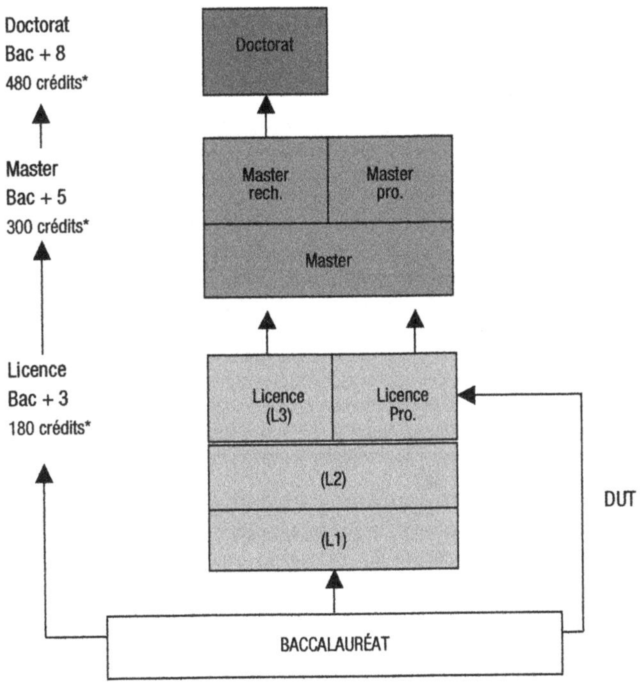

* 1 semestre = 30 crédits ; une année scolaire = 60 crédits

LES LICENCES

Première étape obligée pour suivre un second grade universitaire général : réussir sa licence, ce qui n'a rien d'une mince affaire. En effet, beaucoup d'étudiants ont du mal à s'adapter à la fac. La raison principale ? Ils ne sont pas habitués aux méthodes de travail qui supposent beaucoup d'autonomie et d'initiative. En outre, ils ont souvent le sentiment de ne pas avoir choisi la bonne filière. C'est la raison pour laquelle toutes les licences commencent désormais par un semestre d'orientation. Ce semestre initial vous permettra d'aborder la ou les disciplines principales de la licence que vous aurez choisie, mais aussi de découvrir d'autres disciplines vers lesquelles vous pourrez éventuellement vous réorienter. Vous pourrez ainsi vérifier la pertinence de votre choix initial pour le confirmer ou le modifier.

LA LICENCE 3 COMPTABILITÉ-CONTRÔLE-AUDIT

La licence 3 comptabilité-contrôle-audit permet aux étudiants d'acquérir les connaissances fondamentales mobilisées dans la gestion des organisations.

L'accès est ouvert aux étudiants titulaires de 120 crédits (licence 2 de gestion, DUT GEA, classes préparatoires…). L'admission se fait sur étude du dossier et parfois à l'aide de QCM en comptabilité et en droit, comme par exemple à l'IAE de l'université de Lyon III.

Elle est composée d'unités d'enseignement (UE) donnant droit à des crédits (ECTS). Le premier semestre comprend trois unités d'enseignement découpées en diverses matières obligatoires : droit social, droit fiscal, droit des sociétés, comptabilité approfondie, audit financier, contrôle de gestion, préparation au projet professionnel, analyse financière, politique financière, anglais, systèmes d'information et bases de données. Le second semestre est organisé en quatre UE (droit social, droit fiscal, management, comptabilité des sociétés, comptabilité de gestion, anglais, progiciels comptables, gestion de trésorerie) dont une UE consacrée au stage.

Ce parcours CCA permet d'intégrer les cabinets d'expertise-comptable et les services financiers des entreprises ou des banques ou de poursuivre ses études en master comptabilité contrôle audit.

► **Contact :** IAELyon School of Management. Université Jean Moulin. Manufacture des Tabacs. 6, cours Albert-Thomas, 69008 Lyon. Tél.:0478787066.Internet:https://iae.univ-lyon3.fr/licence-comptabilite-controle-audit-cca

La licence d'économie et de gestion

Le programme de la licence s'articule autour de deux grands pôles d'enseignement : le premier comprend des disciplines classiques (économie et gestion, économie politique, comptabilité générale, économie internationale, finance, mathématiques appliquées à l'économie et statistiques), le second rassemble des matières complémentaires (droit, sociologie, gestion des ressources humaines, marketing, langues étrangères).

En règle générale, les économistes et les gestionnaires accèdent à des carrières intéressantes, que ce soit dans le secteur privé ou le secteur public.
Pour quels métiers ? Dans le privé, les diplômés de l'Université sont désormais compétitifs avec une grande partie des écoles de commerce. Les secteurs d'activité qui les accueillent sont variés et dépendent en partie des spécialisations choisies à partir de la licence et en master. On peut évidemment citer le secteur des banques et assurances, mais aussi le secteur des sociétés de services aux entreprises (études, audit…), les secteurs industriel et commercial, mais aussi ceux de la finance, du marketing, du tourisme, des transports et de la logistique.

Dans quelles universités ?
79 établissements proposent cette formation dont : Aix-Marseille, Amiens, Angers, Besançon, Bordeaux, Corte, Créteil, Littoral-Côte d'Opale, Grenoble-Alpes, Lille, Limoges, Lyon II, Nantes, Nice, Orléans, Paris II, Paris-Nanterre, Paris-Saclay, Pau, Perpignan, Saint-Étienne, Savoie-Mont-Blanc, Strasbourg, Toulon, Valenciennes, etc.

UN SEMESTRE POUR S'ORIENTER

L'année universitaire est organisée en semestres. Vous débuterez par un premier semestre dit « d'orientation » qui compte trois unités d'enseignement : une unité d'enseignements fondamentaux consacrés à la filière de votre choix ; une unité de découverte d'autres disciplines et une unité de méthodologie du travail universitaire. Ainsi, une licence d'économie-gestion peut débuter par une unité d'enseignements fondamentaux de comptabilité et de macroéconomie complétée par une unité de découverte combinant des cours de sociologie, de droit… ou d'histoire. La diversité des matières offertes dépend du nombre de filières dans l'établissement : une université à dominante sciences humaines offrira plutôt des unités de découverte de géographie et de sociologie, une université orientée vers le droit proposera une unité de droit, etc.

La licence de droit

Les études de droit comptent parmi les plus sélectives.
Les enseignements fondamentaux portent sur le droit public, le droit privé et l'histoire du droit. Au programme également, des matières de culture du droit et de la société (institutions juridictionnelles et administratives, économie, sociologie, histoire contemporaine, relations internationales), des cours de méthodologie, l'étude d'une langue vivante et une ou deux unités optionnelles (deuxième langue étrangère, informatique…).
Dès la licence, nous vous conseillons de vous spécialiser en droit privé, puis en droit des affaires.

À noter : certaines universités proposent des licences associant le droit à un autre domaine comme l'économie et la gestion, l'histoire de l'art ou les sciences sociales, par exemple. Ces filières bi-disciplinaires sont sélectives mais elles permettent d'acquérir une double compétence recherchée par les entreprises.

À l'issue de cette formation, vous pourrez briguer un poste de juriste dans un établissement financier car les problèmes juridiques liés au monde des affaires n'auront plus aucun secret pour vous.

Dans quelles universités suivre des études de droit ?
108 établissements proposent une licence de droit en 2020 dont : Aix-Marseille, Amiens, Angers, Avignon, Besançon, Bordeaux, Brest, Caen, Cergy-Pontoise, Savoie-Mont-Blanc, Clermont-Auvergne, Corte, Dijon, Littoral-Côte d'Opale, Évry, Grenoble Alpes, La Réunion, La Rochelle, Le Mans, Limoges, Lyon II, Lyon III, Metz, Montpellier I, Lorraine, Nantes, Nice, Nouvelle-Calédonie, Orléans, Pacifique, Paris II, Pau, Perpignan, Poitiers, Reims, Rennes I, Rouen, Strasbourg, Toulon, Toulouse I, Tours, etc.

CARINE, ÉTUDIANTE EN ÉCONOMIE-GESTION À ANGERS

« *Nous avons une épreuve de microéconomie et de macroéconomie en janvier et en juin.* » Pour la première épreuve, Carine décide d'apprendre son cours par cœur puisqu'il y a une question de cours représentant presque la moitié de la note : ainsi la probabilité d'obtenir la moyenne s'en trouve augmentée d'autant... Sur le papier, il faut simplement répondre aux premières questions des exercices. Mais les questions deviennent vite incompréhensibles à qui n'a pas fait l'effort de compléter les cours par des exercices répétés. « *J'ai bloqué à la deuxième question et autour de moi, j'en voyais beaucoup souffler, regarder à droite à gauche pour piocher sur le voisin une idée géniale qui les sortirait de ce mauvais pas. J'ai eu 9 sur 20.* » Pendant quinze jours, Carine a pensé renoncer, mais elle a finalement repris le dessus. « *On a formé un petit groupe de travail. Nous nous retrouvions soit après les cours, soit avant, pour plancher sur les annales achetées au bureau des étudiants. Je suis passée de 9 à 15 sur 20. Le charabia des débuts a fini par devenir une langue assez simple. Il m'arrive même, parfois, d'y trouver un certain plaisir.* »

La licence d'administration économique et sociale (AES)

L'objectif de la licence d'AES est d'acquérir des connaissances générales de haut niveau en économie appliquée ainsi que des qualifications professionnelles, mais surtout de trouver une autonomie dans la méthode de travail et l'appréhension des problèmes concrets. L'enseignement comporte notamment des cours d'analyse et de stratégie financière, d'informatique de gestion et de droit bancaire.

Les principaux débouchés professionnels concernent des postes de chargés d'études ou de mission dans des sociétés de conseil ou des organismes financiers. Si, à l'issue de la licence, vous ne souhaitez pas entrer tout de suite dans la vie active, vous pourrez compléter votre formation par un master recherche ou un master professionnel ayant trait à l'économie.

Dans quelles universités suivre des études d'AES ?
54 établissements dispensent cette formation dont : Avignon, Besançon, Caen, Savoie-Mont-Blanc, Évry, Le Mans, Montpellier III, Lorraine, Nantes, Paris II, Poitiers, Reims, Strasbourg, Toulouse I, Tours, Versailles, etc.

NE PAS SE FIER AUX APPARENCES !

Sébastien, ancien étudiant en sciences économiques se souvient de sa « *rétrogradation en division 2* ». C'est ainsi qu'on nommait la section AES, par distinction avec les sciences économiques, avant la réforme Bayrou. « *Personne ne connaissait le contenu des cours, mais tant pis ! Filière générale, AES était moins bien considérée. Certains professeurs de sciences économiques véhiculaient eux-mêmes cette idée. J'ai tout d'abord vécu mon passage de deuxième année de sciences économiques en deuxième année d'AES comme une punition. Je me suis vite aperçu que la filière AES avait sa propre personnalité.* »
Resté en contact avec des amis de sciences économiques, Sébastien perçoit peu à peu tout l'intérêt de sa filière. « *Je crois que l'erreur fondamentale des économistes* "scientifiques" *est de creuser toujours plus, sans s'apercevoir que la surface compte aussi. Quand vous leur parlez de croissance, ils vous sortent des modèles qui utilisent des fonctions de trajectoire de fusées et quand vous leur dites* "chômage", *ils tracent une courbe qui* « explique le processus rationnel de formation de cette dégénérescence de marché » *Le complexe pour eux signifie compliqué et le compliqué se rapporte aux mathématiques.* » En AES, Sébastien a eu l'occasion de compléter sa formation en gestion et comptabilité par de la sociologie et du droit afin d'obtenir des compétences de gestionnaire recherchées sur le marché de l'emploi.

Un ancien chargé de travaux dirigés, possédant une formation en sciences économiques, explique pourquoi l'enseignement s'avère plus équilibré en AES. « *Je participais aux travaux dirigés d'économie générale avec deux autres chargés de TD. L'économie générale comporte plus que des notions de microéconomie et de macroéconomie et les exercices proposés sont assez compliqués. Quoi qu'il en soit, le principal consiste à comprendre le mécanisme... ce qui n'est pas si facile. Les étudiants inscrits en AES jonglent entre des façons de raisonner très éloignées les unes des autres. Même dans notre matière, il s'avère délicat de passer d'hypothèses extrêmement réductrices, mais utiles en microéconomie, à une définition beaucoup plus terre à terre (mais non moins utile) des coûts de l'assurance-maladie ou de la logique du fonctionnement du régime de retraite, par exemple. Concernant ma formation en sciences économiques, je dirais que la filière AES est plus ouverte sur la réalité.* »

Les chefs d'entreprise apprécient les étudiants d'administration économique et sociale, notamment lorsqu'ils dirigent de petites et moyennes entreprises en région.

La licence mathématiques et informatique appliquées aux sciences humaines et sociales

Tout ce qui, dans les sciences sociales, peut être l'objet d'un traitement mathématique, statistique ou informatique est ici abordé, notamment *via* le parcours maths-économie. La filière privilégie nettement l'objet économique, même si l'économie n'en devient pas pour autant la matière principale. L'outil mathématique est quant à lui tourné vers les préoccupations des économistes : optimisation, recherche opérationnelle, estimations de données empiriques…
Il faut ensuite savoir dépasser le simple bachotage des techniques vues en cours pour se servir des outils mathématiques et les appliquer aux sciences humaines et sociales. Les travaux dirigés qui permettent, avec l'appui du chargé de TD, de mettre en pratique les connaissances acquises en cours magistraux constituent l'un des facteurs de réussite. Ils ne sont néanmoins pas suffisants : la recette gagnante pour cette filière est un mélange de cours magistraux et de travaux dirigés fortement épicés à la sauce « exercices personnels ».
La logique globale des exercices ne représente pas, à proprement parler, une barrière lors des épreuves finales. La difficulté se situe davantage dans le dépassement de cette logique afin de l'appliquer au cas particulier étudié : pour cela, il est nécessaire de s'entraîner régulièrement aux exercices, seul ou en groupe.
En troisième année, les étudiants partent pour deux semaines de stage en entreprise afin d'éprouver leurs acquis et de se frotter au monde du travail.

RESTEZ MOTIVÉS !

Franck a obtenu une mention bien à son baccalauréat économique. Passionné par ce domaine, et peu désireux d'entrer rapidement sur le marché du travail, il opte pour la filière sciences économiques. Mais il est déçu par le contenu de l'enseignement et juge les cours peu motivants. Il s'investit donc dans des activités extra-universitaires, à savoir la musique. Résultat des courses : 6 sur 20 de moyenne en fin d'année et, bien entendu… le redoublement.

Cette expérience suffit à lui faire comprendre qu'il doit procéder autrement : l'année suivante, Franck travaille suffisamment pour arriver à la mention bien. De son propre aveu, l'obtention de cette première année de licence tient surtout à la connaissance des « ficelles » de la faculté. Pour la suite de son parcours universitaire, il réitère le schéma tactique de la première année : « *Après avoir chassé les proies qui me fourniraient les cours, le but du jeu était de profiter au maximum des libertés offertes par le système universitaire et de canaliser mon énergie pour l'univers musical.* » Quelques concerts, un disque et plusieurs compilations occupent une grande partie de son temps. « *C'est vrai,* avoue-t-il, *mes résultats en deuxième année ne sont pas brillants, mais j'ai pu élargir mon champ de vision.* »
La motivation aurait-elle été au rendez-vous si Franck avait suivi une voie normale ? Quoi qu'il en soit, il modifie son rythme de croisière. Après une troisième année de licence, option gestion des entreprises, obtenue avec mention, il effectue sa première année de master à Nanterre et débute une spécialisation en ressources humaines. Choix judicieux qui le conduit en master de recherche, à Paris I, où il arrive major de sa promotion. Après un master professionnel à l'institut de sciences politiques, Franck débute sa carrière professionnelle en tant que consultant.

LES FORMATIONS UNIVERSITAIRES À VOCATION PROFESSIONNELLE

Les diplômes bac + 3 à vocation professionnelle offrent l'opportunité aux étudiants ayant validé une L2, mais aussi aux titulaires de BTS ou de DUT, de poursuivre une formation reconnue par les entreprises. Nous vous décrivons ci-après les principales filières professionnelles universitaires que sont les licences professionnelles et les masters des sciences de gestion.

Les licences professionnelles

La licence professionnelle accueille des milliers d'étudiants. Elle est ouverte aux titulaires d'un bac + 2 (universitaire, DEUST, DUT ou BTS). L'originalité de ce diplôme réside dans son mode d'élaboration fondé sur la mise en place de partenariats étroits entre universités, entreprises et branches professionnelles afin de répondre aux besoins des entreprises à la recherche de cadres et de techniciens polyvalents. Les projets sont pluridisciplinaires, multi-institutionnels ou interministériels. Toutes les composantes de l'enseignement

supérieur ont participé à cet élan : les universités, les écoles d'ingénieurs, les sections de techniciens supérieurs.
La licence professionnelle comprend des enseignements théoriques et pratiques, des stages de 12 à 16 semaines en France ou à l'étranger, des projets tutorés (qui initient et familiarisent les étudiants aux activités, aux réalités et aux contraintes de l'entreprise grâce à une première mise en situation autour des thèmes d'études, d'un projet technologique), des formations alternées, des appels aux technologies de l'information et de la communication…

LA LICENCE PROFESSIONNELLE ASSURANCE, BANQUE, FINANCE : CHARGÉ DE CLIENTÈLE

Cette licence, que vous suivrez en un an, en alternance, dans 88 établissements forme des chargés de clientèles professionnelles pour le secteur de la banque. Ces commerciaux ont pour clients les artisans, les PME, les entreprises agricoles, les professions libérales et les associations. Leur mission consiste, entre autres, à analyser leurs situations financières et d'évaluer les risques, à définir des solutions de financement et de proposer des produits d'épargne. Ils peuvent également encadrer des équipes de collaborateurs.

Conditions d'inscription : cette licence professionnelle est destinée aux titulaires d'un diplôme bac + 2 (L2, BTS, DUT…) présentant un profil commercial.

Les enseignements : outre le traditionnel projet tutoré et le stage de 12 semaines, trois unités composent les enseignements :
• UE1 : environnement des métiers de la banque et de l'assurance, connaissances fondamentales de l'environnement des marchés de la banque et de l'assurance ;
• UE2 : outils professionnels bancaires et de l'assurance, calcul d'intérêts, de l'impact financier du risque, communication en anglais, négociation et vente de produits bancaires et d'assurances, création et développement de clientèle, construction de plans de développement commerciaux ;
• UE3 : pratique de l'activité bancaire et de l'assurance, gestion des comptes des clients, intégration des obligations réglementaires de la profession, connaissance des produits d'épargne, d'assurance et de crédit, approche de la dimension patrimoniale du client.

Licence professionnelle assurance, banque, finance : chargé de clientèle particuliers

Afin de vous donner une idée des enseignements dispensés, nous vous présentons ci-dessous le programme de la licence professionnelle assurance, banque, finance : chargé de clientèle spécialité conseiller bancaire : gestion patrimoniale et crédits aux particuliers, proposé à l'IUT de Villetaneuse – Université Paris XIII (en formation initiale ou en apprentissage), en collaboration avec le CFPB.

Les enseignements sont regroupés en trois unités d'enseignement auxquels s'ajoutent un stage en entreprise de 16 semaines et une unité de projet tutoré de 105 heures.

UE1 environnement bancaire :

- les acteurs du système bancaire et financier ;
- l'environnement financier et les risques ;
- l'environnement juridique ;
- l'environnement fiscal.

UE2 pratique de l'activité bancaire :

- les produits aux particuliers ;
- la prévention et la gestion des risques nés de la relation avec les particuliers ;
- les produits bancaires et non bancaires d'épargne ;
- l'activité assurance ;
- les valeurs mobilières et les techniques boursières ;
- l'approche patrimoniale du client.

UE3 outils bancaires :

- les mathématiques financières ;
- informatique ;
- anglais bancaire et financier ;
- la communication professionnelle ;
- l'optimisation du comportement commercial.

Les débouchés : l'objectif de la licence professionnelle banque est de former des conseillers gestionnaires de clientèle « particuliers » selon la terminologie officielle de la profession, qui soient polyvalents et évolutifs. La polyvalence fait référence à la diversité des opérations traitées qui permettent de répondre à tous les besoins exprimés par le client particulier. Le potentiel évolutif concerne l'aptitude à exercer, à terme, des responsabilités d'encadrement.

▶ **Contact :** Université Paris XIII – IUT de Villetaneuse. 99, avenue Jean-Baptiste Clément, 93430 Villetaneuse.
Tél. : 01 49 40 31 55. Internet : https://iutv.univ-paris13.fr/licence-pro-assurance-banque-finance

Licence professionnelle métiers de la gestion et de la comptabilité : gestion comptable et financière

Cette licence professionnelle propose aux titulaires d'un bac + 2 une formation complémentaire dans le domaine de la comptabilité et de la gestion afin qu'ils puissent accéder à des emplois en comptabilité, finance, contrôle de gestion et occuper des emplois dans les cabinets comptables, les banques et assurances, les entreprises et les associations.

Les unités d'enseignement sont les suivantes : adaptation (analyse financière, système d'information comptable, comptabilité-contrôle de gestion) ; gestion des organisations (management des organisations, anglais du management) ; environnement comptable (finance, contrôle de gestion, comptabilité approfondie, audit) ; environnement juridique (droit social, droit des sociétés, droit fiscal, droit pénal) ; un stage de 13 semaines et des projets tuteurés sont également obligatoires.

Les débouchés : cadre de la comptabilité, responsable administratif et financier, cadre financier spécialisé, analyste de gestion sont les principaux emplois visés.

▶ **Contact :** Université de Toulon. Institut d'administration des entreprises (IAE). Campus Porte d'Italie – Toulon. 70, avenue Roger Devoucoux, 83000 Toulon. Tél. : 04 83 36 64 32.
Internet : www.univ-tln.fr/Licence-Pro-Metiers-de-la-gestion-et-de-la-comptabilite-gestion.html

Les autres licences assurance, banque, finance, comptabilité, gestion

De nombreuses universités proposent des licences professionnelles ayant trait à la banque, à l'assurance, à la finance, à l'administration de l'entreprise…, aussi nous vous indiquons ci-dessous seulement quelques-unes d'entre elles, la liste n'est pas exhaustive.

- activités juridiques : métiers du droit de l'immobilier à l'université de Lorraine ;
- assurance, banque, finance spécialité supports opérationnels à l'université Grenoble-Alpes ;
- commerce commercialisation de produits et services à Savoie-Mont-Blanc ;
- métiers de la gestion et de la comptabilité : contrôle de gestion à Tours ;
- collaborateur comptable et financier à Perpignan ;
- économie, gestion parcours sciences comptables et financières à Pau.

Les instituts universitaires professionnalisés (IUP)

Depuis la mise en œuvre du système LMD, les IUP ont quasiment tous disparu. Ceux qui résistent se déclinent sous forme du parcours désormais classique licence-master. L'admission se fait généralement à l'issue de la L2 ou après la licence et la formation doit être sanctionnée par un master.

La filière banque, finance, assurance (BFA)

Cette filière forme les cadres des services financiers des grandes entreprises, des entreprises bancaires, des institutions financières et des sociétés d'assurance, des cabinets d'experts-comptables, des cadres financiers de PME-PMI en France et à l'étranger.

Elle prépare à tous les métiers liés aux études économiques, aux marchés de capitaux et aux marchés des changes, à la finance d'entreprise (contrôle de gestion, contrôle budgétaire, gestion de trésorerie…), ainsi qu'aux métiers du crédit (responsable clientèle, analyste et gestionnaire de crédit…).

Vous pourrez également devenir un professionnel de la gestion globale du patrimoine pour les entreprises financières, les cabinets juridiques, les sociétés de gestion.

Selon l'option, elle peut destiner aux fonctions de responsable de zone export, de logisticien international, de spécialiste en financement des exportations, de conseiller en commerce international…

Dans quels IUP étudier ?
Onze universités françaises proposent une formation en banque finance assurances – IUP/master : Aix-Marseille ; Angers ; Bordeaux ; Caen ; Lille ; Lyon ; Nancy ; Nantes ; Paris-Dauphine ; Paris XIII et Paris-Ouest Nanterre.

LA FILIÈRE MIAGE

La filière méthodes informatiques appliquées à la gestion des entreprises (Miage) forme dans 19 universités françaises des cadres spécialisés dans l'ingénierie des systèmes d'information et de décision des entreprises.
Les thèmes abordés au cours de la formation sont :
- ingénierie des systèmes d'information ;
- sciences et technologies informatiques ;
- mathématiques pour l'informatique et l'organisation des entreprises ;
- gestion des organisations ;
- communication et langues vivantes ;
- professionnalisation (neuf mois de stage minimum sur l'ensemble de la formation).

Les diplômes délivrés sont la licence et le master (bac + 5).

Quand et comment postuler ? Le retrait des dossiers a lieu à partir de mars. Sélection sur dossier, tests et entretien.
Profil requis : bac + 2.

Les masters

Les masters permettent à des titulaires d'une licence d'atteindre en deux ans le niveau bac + 5. Ils s'adressent également aux diplômés d'écoles de commerce soucieux d'approfondir leurs compétences dans un domaine précis, voire aux ingénieurs souhaitant se forger une double compétence en gestion et finance. Surenchère dans la course aux diplômes oblige, ces formations sont devenues incontournables.
Cependant, pour porter ses fruits, ces diplômes doivent mettre en adéquation vos motivations et les attentes de vos futurs employeurs. En d'autres termes, ils doivent reposer sur un projet professionnel solide et non sur une fuite en avant destinée à différer la recherche d'un emploi. Pour vous aider à vous repérer dans la diversité de l'offre existante, voici un panorama des principaux diplômes susceptibles de vous intéresser.

LES MASTERS : ORGANISATION

Le master est organisé en quatre semestres après la licence et correspond à l'obtention de 120 crédits.

La première année de master (M1)
C'est en master 1 que s'amorce la spécialisation dans une discipline abordée au cours de la licence. Les études sont organisées en unités d'enseignement. Cette première année se caractérise par un travail d'études et de recherche avec présentation d'un mémoire. Les étudiants peuvent valider dans leur cursus d'études une unité d'expérience professionnelle en entreprise ou un semestre européen. Comme la licence, le master peut être assorti de mentions et de spécialités donnant un profil de formation particulier.

La seconde année de master (M2)
En deuxième année, vous pouvez choisir de préparer soit un master recherche soit un master professionnel.

Le master professionnel

Les diplômés d'Université ne sont pas les seuls à rêver de cette spécialisation haut de gamme. Les étudiants d'écoles de commerce et d'IEP postulent souvent aux masters professionnels pour affiner leur formation, mais il faut savoir que les demandes sont toujours beaucoup plus nombreuses que les places offertes.
Les masters pros choisissent donc leur mode de sélection selon leurs préoccupations. Le choix se base sur l'étude du dossier universitaire et un entretien, mais peut aussi s'appuyer sur des tests de gestion et de logique, avec un dossier imposé à préparer. Ce dernier représente d'ailleurs un très bon moyen d'écrémage, et ceux qui résistent à la tentation de passer leur chemin sont souvent récompensés.
Tournée vers la pratique, faisant régulièrement appel à des intervenants extérieurs et proposant des stages en entreprise de longue durée, cette formation constitue une base solide pour votre future insertion sur le marché du travail. Toutefois, l'expérience montre que si l'on veut trouver rapidement un emploi en sortant de master, il faut veiller à intégrer une formation sérieuse et connue des entreprises.

Le master professionnel est la dernière ligne droite avant l'insertion dans le monde professionnel : il se situe dans le prolongement d'un master 1.

Parmi les masters professionnels proposés par les universités françaises, un certain nombre concerne de près la banque, la finance, l'assurance, la comptabilité et la gestion : nous vous en citons quelques-uns ci-dessous, mais sachez que la liste n'est pas exhaustive :

- droit, économie, gestion mention finances parcours finance d'entreprise (*corporate finance*), à Paris-Nanterre ;
- comptabilité, contrôle, audit à Nantes et Besançon ;
- droit bancaire et financier à Lyon III ;
- droit fiscal parcours fiscalité personnelle et du patrimoine à Aix-Marseille ;
- droit des assurances à Paris I-Panthéon-Sorbonne ;
- économie appliquée à Paris-Descartes ;
- finance parcours finance et ingénierie financière à Poitiers ;
- contrôle de gestion et audit organisationnel à Saint-Étienne ;
- sciences du management spécialité finance d'entreprise et contrôle de gestion à Toulon ;
- banque et finance : droit et régulation du système bancaire et financier à Paris-Descartes ;
- financement de projet-financements structurés à Paris-Nanterre.

L'UFR DE SCIENCES ÉCONOMIQUES ET DE GESTION DE PARIS XIII

Cette UFR est l'une des neuf composantes de l'université Paris XIII (université Sorbonne-Paris-Nord). Plusieurs formations sont professionnalisées et ciblées sur les métiers de l'entreprise, de la banque et de la finance.
Cette UFR s'appuie sur une équipe pédagogique de 74 enseignants titulaires ou sous contrat et de plus de 100 enseignants vacataires, principalement issus du monde de l'entreprise (banques, assurance, cabinets d'audit...). L'éventail très large des profils de ses enseignants lui permet de proposer aussi bien des formations en initiale qu'en apprentissage et donc de développer la dimension recherche et professionnelle de ces diplômes.

L'UFR accueille en son sein et dans ses locaux un laboratoire associé au CNRS, le CEPN (Centre d'économie de l'université Paris Nord). Depuis plusieurs années, l'UFR développe ses relations avec l'international, en ouvrant des formations délocalisées (Casablanca, Dakar…), en participant à des projets transnationaux (projet Erasmus Mundus, conventions avec le Brésil, le Vietnam…).
En 2018-2019, l'UFR comptait 1 460 étudiants inscrits en formation initiale.

Quatre masters sont classés parmi les meilleurs masters Eduniversal 2018 :
- banque finance assurance ;
- comptabilité contrôle audit ;
- conseil en entreprise ;
- ingénierie financière et modélisation.

▶ **Contact** : Université Paris XIII-Villetaneuse. UFR de sciences économiques et de gestion. 99, avenue Jean-Baptiste-Clément, 93430 Villetaneuse. Tél. : 01 49 40 30 59.
Internet : https://ecogestion-paris13.fr//cgi-bin/index.pl

Le master recherche

Le master recherche constitue la touche finale d'une formation très spécialisée et mène directement à l'enseignement supérieur ou à la recherche. Il conduit à un niveau bac + 5, le deuxième échelon du LMD. Il est accessible après un master 1.
Le master recherche a pour vocation de conduire au doctorat (même si un certain nombre d'entre eux permet d'accéder à l'emploi), donc à bac + 8, le troisième et dernier échelon du LMD. Le programme d'un master recherche s'appuie sur des enseignements théoriques et méthodologiques, sur des séminaires de groupe, des travaux de recherche en bibliothèque, etc.
Les débouchés sont nombreux. Ils ne se limitent pas seulement aux carrières de la recherche mais à celles de l'enseignement supérieur dans les organismes publics ou les services de recherche et de développement des entreprises.
L'année de master recherche est souvent décisive pour l'étudiant, car c'est à cette période qu'il découvre la véritable signification de la recherche en laboratoire. La délivrance du diplôme est basée principalement sur la soutenance d'un mémoire devant un jury.

Il est difficile d'intégrer un master recherche : les places étant limitées et les demandes de candidatures nombreuses, la sélection est souvent très forte.

Voici la liste de quelques masters recherche ayant trait à la banque, à la finance et aux assurances, proposés par les universités :
- économie parcours ingénierie économique et de l'analyse de données à Cergy-Paris Université ;
- droit du patrimoine parcours droit immobilier : promotion et gestion de l'immeuble à Tours ;
- économie internationale à Lille ;
- économie du développement parcours économie et gouvernance des risques à Toulon ;
- monnaie, banque, finance, assurance parcours chargé d'affaires entreprise et gestion des risques à Nantes ;
- mathématiques et applications spécialité ingénierie statistique et informatique de la finance, de l'assurance et du risque à Paris-Diderot.

UNE PORTE OUVERTE VERS LE DIPLÔME SUPÉRIEUR DE COMPTABILITÉ ET GESTION (DSCG)

Depuis la mise en place du système LMD, les titulaires du master CCA (comptabilité, contrôle, audit) sont autorisés à se présenter directement aux épreuves du DSCG et sont dispensés de cinq épreuves sur sept. C'est également le cas des diplômés de certaines écoles de commerce ayant une spécialité en expertise comptable et audit.
Pour obtenir le DSCG, il faut au minimum 10 de moyenne générale. Les unités d'enseignement (UE) sont validées sans limitation de durée et pour chacune d'elles, les épreuves sont organisées au niveau national, une fois par an.

Les magistères

Après une L2, un DUT ou équivalent, les étudiants intéressés par une spécialisation peuvent s'inscrire en magistère. Ces diplômes d'université allient enseignements fondamentaux (formation par la recherche) et enseignements à finalité professionnelle (avec des cours assurés par des professionnels). Chaque université a ses propres critères de sélection pour l'accès à cette formation qui dure trois ans.

Comme de nombreux diplômes, le magistère est voué à s'insérer dans le schéma LMD. Les universités peuvent cependant aménager des programmes spécifiques

À titre d'exemple, vous pourrez suivre un magistère finance à l'université Panthéon-Sorbonne, un magistère de sciences de gestion à Paris-Dauphine, un magistère de banque, finance à Paris-Panthéon-Assas ou encore un magistère d'économie et finance internationales à Bordeaux.

4 – LE CURSUS COMPTABLE DE RÉFÉRENCE

Le cursus de l'expertise comptable est harmonisé avec le schéma universitaire européen LMD et intègre les référentiels internationaux applicables aux professionnels de la comptabilité et de l'audit. Il comprend deux diplômes : le DCG et le DSCG.

Le **DCG** (niveau licence) et le **DSCG** (niveau master) permettent l'accès à l'expertise comptable, mais il est également possible d'entrer directement dans la vie active en s'intégrant dans une entreprise ou dans un cabinet comptable à des postes à responsabilité en comptabilité ou en gestion.

Le **DEC (diplôme d'expert-comptable)** confère quant à lui, un niveau bac + 8. Pour s'inscrire aux trois épreuves, il faut avoir réalisé un stage de 3 ans en cabinet d'expertise comptable. Ce stage préalable est ouvert aux titulaires du DSCG et du certificat d'aptitude aux fonctions de commissaire aux comptes.

LE DCG

Le DCG constitue le diplôme d'entrée dans la filière. L'accès aux épreuves est ouvert aux titulaires du baccalauréat.
La formation dure 3 ans, à raison de 30 heures de cours hebdomadaires.

Le programme du DCG
Les unités obligatoires d'enseignement du DCG, niveau licence, sont les suivantes :
- introduction au droit ;
- droit des sociétés ;
- droit social ;
- droit fiscal ;
- économie ;
- finance d'entreprise ;
- management ;
- comptabilité approfondie ;
- introduction à la comptabilité ;

- contrôle de gestion ;
- anglais appliqué aux affaires ;
- relations professionnelles (soutenance orale d'un rapport de stage).

La première année est consacrée aux bases du droit, de la comptabilité et de la gestion. Le droit fiscal, des sociétés et le droit social sont abordés les années suivantes. L'anglais et l'apprentissage de la dissertation en économie constituent deux autres pôles essentiels de la formation.
Un stage d'au moins 8 semaines en cabinet d'expertise comptable ou en entreprise est également prévu.
L'obtention du diplôme est conditionnée par une moyenne générale minimum de 10/20. Il est possible de passer les 13 épreuves constitutives du diplôme dans n'importe quel ordre, à raison de 4 ou 5 épreuves chaque année. Les unités d'enseignement validées le sont sans limitation de durée et les épreuves sont organisées une fois par an.

LE DSCG

Le diplôme se prépare en deux ans et correspond au grade de master, la validation des UE qu'il comporte donne 300 ECTS.
Ce diplôme a une double finalité : ouvrir sur le marché du travail avec, pour le juriste, l'avantage d'une double formation reconnue et appréciée ou accéder au stage d'expertise comptable.

Le programme du DSCG

Il s'inscrit dans la continuité du DCG. Les 7 unités obligatoires d'enseignement du DSCG, niveau master, sont les suivantes :
- gestion juridique, fiscale et sociale ;
- finance ;
- management et contrôle de gestion ;
- comptabilité et audit ;
- management des systèmes d'information ;
- économie en français et en anglais ;
- relations professionnelles ;
- épreuve facultative LV2.

Un stage minimum de 12 semaines et la soutenance d'un mémoire complètent la formation.

Comme pour le DCG, l'obtention du diplôme est conditionnée par une moyenne minimum de 10/20 aux 7 épreuves, qu'il est possible de passer dans n'importe quel ordre. Les unités d'enseignement sont validées sans limitation de durée et les épreuves sont organisées une fois par an.

À savoir : les titulaires du master CCA sont dispensés de cinq des sept épreuves.

L'INSCRIPTION AUX EXAMENS DU DCG ET DU DSCG

Les calendriers des examens du DCG et du DSCG sont déterminés tous les ans par le ministère de l'Enseignement supérieur de la Recherche et de l'Innovation.
Les inscriptions au DCG se font généralement entre le mois de janvier et de février, celles au DSCG, entre avril et mai.
L'inscription se fait uniquement sur un site du ministère de l'Éducation nationale dédié :
https://ecc.orion.education.fr/inscrinetdcsportail/inscription

LE DEC

Le point final de ce cursus comptable est le DEC, le diplôme d'expert-comptable : c'est le sésame pour entrer dans la profession.

Après trois ans de stage, le stagiaire expert-comptable passe son diplôme d'expertise comptable qui comporte trois épreuves : la rédaction et la soutenance d'un mémoire (coef. 4), un cas pratique portant sur la révision contractuelle et légale des comptes (coef. 3), un QCM portant sur la réglementation professionnelle et la déontologie de l'expert-comptable et du commissaire aux comptes (coef. 1).
Une moyenne de 10/20 est nécessaire pour obtenir le DEC.
Deux sessions sont organisées par an, en mai et en novembre.

► **Contact :** pour les inscriptions pour toute la France :
https://siec.education.fr

L'INTEC

L'Institut national des techniques économiques et comptables (INTEC) du Conservatoire national des arts et métiers (CNAM) dispense les diplômes comptables du cursus de références (DCG, DSCG, DEC), la licence et le master professionnel comptabilité, contrôle, audit (CCA). La formation se fait par correspondance et lors de semaines de regroupement. Depuis sa création, en 1931, l'Institut a acquis une expérience reconnue. Il existe un centre sur Paris et plusieurs en province.

► **Contact :** CNAM-INTEC. 40, rue des Jeûneurs, 75002 Paris.
Tél. : 01 40 27 25 38. Internet : http://intec.cnam.fr
E-mail : intec@cnam.fr

5 – LES GRANDES ÉCOLES

Les écoles de commerce et les instituts d'études politiques (IEP) constituent un vivier privilégié pour les recruteurs des banques et des sociétés d'assurances, tout comme les écoles d'ingénieurs qui font désormais concurrence aux formations spécialisées en assurance et/ou en finance. Voici donc un tour d'horizon des grandes écoles. Faute de pouvoir être exhaustif, nous avons choisi de privilégier, par des exemples, des établissements qui proposent une spécialisation en finance.

LES ÉCOLES DE COMMERCE

Il existe actuellement plus d'une centaine d'écoles de commerce qui recrutent au niveau bac ou après une classe préparatoire. Chacune dispose d'une grande autonomie concernant ses programmes et l'organisation de la scolarité. Néanmoins, on retrouve des traits communs. À commencer par un enseignement très axé sur la gestion et le management, et ponctué de nombreux stages en entreprise. Par ailleurs, la majorité des écoles dispose d'accords d'échange avec des universités étrangères et envoie chaque année une partie de ses élèves étudier hors des frontières. Autre aspect non négligeable : il existe des réseaux d'anciens élèves et une grande solidarité entre les diplômés d'une même école, ce qui représente un sérieux atout dans la quête du premier emploi. Seule ombre au tableau : le coût de la scolarité est toujours très élevé, environ 4 600 euros par an. Sachez cependant qu'il est possible de bénéficier, sous certaines conditions, d'une bourse ou de prêts à taux réduits pour financer ses études.

L'ESG FINANCE

Située à Paris, l'ESG Finance, école de commerce spécialisée dans la gestion et la finance, propose un cursus académique spécialisé (trois ou cinq ans après le bac) sanctionné à bac + 3 par un titre de *Bachelor in Finance* ou une licence professionnelle de gestion comptable.
En bachelor, les deux premières années sont communes à tous les étudiants, en revanche, vous choisirez en troisième année l'axe « finance » ou l'axe « gestion ».

À bac + 5, quatre spécialisations sont offertes : audit et contrôle de gestion ; gestion de patrimoine et gestion privée ; finance de marché ; finance d'entreprise.

▶ **Contact** : ESG Finance. 25, rue Saint Ambroise, 75011 Paris. Internet : www.esgf.com

Les écoles recrutant après une classe préparatoire

Ces écoles recrutent après une classe préparatoire commerciale, dite « prépa HEC », qui s'effectue en deux ans après le bac. Les plus connues sont les écoles supérieures de commerce (ESC), dénommées également Sup de Co, qui dépendent directement des chambres de commerce et d'industrie.

Deux concours permettent d'intégrer une école de commerce à l'issue d'une classe prépa : HEC et Ecricome.

VOUS AVEZ DIT : BANQUES D'ÉPREUVES COMMUNES ?

La banque commune d'épreuves écrites pour le haut enseignement commercial (BCE)
Première banque d'épreuves par le nombre d'établissements regroupés sous son enseigne, la BCE (banque commune d'épreuves) regroupe 21 grandes écoles de management et 3 écoles associées. Notez qu'on y retrouve toutes les meilleures, à commencer par le peloton de tête des cinq grandes (HEC, l'ESSEC, l'ESCP Europe, l'EDHEC et l'EM Lyon).

▶ **Contact** : BCE. Direction des admissions et des concours, CS 40031, 78354 Jouy-en-Josas cedex. Tél. : 01 39 67 71 55. Internet : www.concours-bce.com

Ecricome
Elle regroupe quatre grandes écoles de management : KEDGE Business School ; EM Strasbourg Business School ; Rennes School of Business et NEOMA Business School.

▶ **Contact** : Ecricome. 90, rue de la Victoire, 75009 Paris. Tél. : 01 40 73 83 30. Internet : www.ecricome.org

Dans toutes ces écoles, votre première année sera consacrée aux bases du commerce (marketing, distribution, techniques de vente) et de la gestion (comptabilité générale et analytique, analyse financière, fiscalité, droit des affaires). En deuxième année, vous approfondirez les notions de la première année, tout en étudiant des matières nouvelles telles que le management des ressources humaines, l'analyse des coûts ou la productivité. En troisième année, vous pourrez vous spécialiser dans un secteur. Nous vous conseillons, bien entendu, de choisir une spécialisation ayant trait à la banque ou l'assurance. À la *Burgundy School of Business*, par exemple, plusieurs spécialisations en gestion-droit-finance sont susceptibles de vous intéresser : actualité économique et financière ; comptabilité internationale ou stratégie, par exemple.

LES CLASSES PRÉPARATOIRES

À la rentrée 2018, on comptait 85 100 étudiants en CPGE.
Avec 53 569 étudiants, les effectifs des classes scientifiques ont baissé de 0,5 % par rapport à 2017-2018. Les classes littéraires enregistraient une très légère hausse de leurs effectifs (qui se portent désormais à 12 581 élèves, soit une augmentation de 0,1 %). Mais ce sont les effectifs des classes de la filière économique (18 971 étudiants) qui enregistraient la plus forte diminution, avec une baisse de 5,4 %.

L'objectif d'une préparation est d'intégrer par la suite une école de commerce ou de gestion. Si les places dans les meilleures écoles sont peu nombreuses, les préparationnaires peuvent trouver, sans trop de difficultés, des places dans des écoles un peu moins renommées. Les étudiants ayant suivi une prépa sont convoités, le programme de ces classes est adapté aux concours (et les concours sont adaptés à leur programme !).
Voie scientifique, économique, littéraire ou technologique : le choix est vaste et l'excellence ne se conjugue plus uniquement à l'impératif mathématique. Cependant, les mentalités évoluant lentement, les scientifiques conservent leur avantage sur les autres lorsqu'il s'agit d'intégrer une école de commerce.
Concourir laisse toujours une part au hasard, mais il faut reconnaître que les préparations réduisent ce risque à la portion congrue. Bien que peu habitués aux pressions d'un concours, les étudiants de prépa possèdent néanmoins l'expérience des « colles », des concours blancs et des petites astuces pour réussir cette épreuve difficile.

Source : ministère de l'Enseignement supérieur, de la Recherche et de l'Innovation. Chiffres 2018-2019.

L'enseignement se veut avant tout pragmatique, le contenu étant défini par les entreprises qui accueillent les étudiants en stage et qui sont susceptibles de les recruter par la suite.
À l'ESCP Europe, le Master spécialisé finance (spécialités *Investment Banking* ou *Financial Markets*) prépare à des métiers variés : directeur financier, trésorier d'entreprise, trader... Au menu : gestion des risques de marché ; économétrie appliquée et programmation ; *Financial Markets Mathematics* ; etc. (pour la spécialité *Financial Markets)* ; fusions-acquisitions ; évaluation avancée ; *Applied Financial Analysis* ; *Private Equity* ; *Leverage Finance* ; etc. (pour la spécialité *Investment Banking*).
À HEC, la spécialisation finance internationale n'est pas organisée autour de métiers particuliers, mais vise à développer une véritable aptitude au raisonnement financier. L'enseignement comprend notamment des séminaires de synthèse, d'analyse et de diagnostic financier dédiés à l'ingénierie financière, la gestion financière internationale, les marchés financiers et la gestion des risques.

LES ADMISSIONS PARALLÈLES

Les écoles de commerce ont développé les admissions parallèles d'étudiants titulaires d'un diplôme de niveau bac + 2 à bac + 4 (L2 validée, licence ou maîtrise ayant trait, par exemple, au droit ou à l'économie, DUT GEA ou techniques de commercialisation...). Pour cela, plusieurs concours communs ont été mis en place. Par exemple, le concours Passerelle 1 propose une admission en première année pour les titulaires d'un bac + 2 validé, ce concours permet l'accès à 13 écoles supérieures de commerce. Le concours Passerelle 2 s'adresse aux candidats titulaires d'un bac + 3 (ou équivalent).
En 2019, 1 745 places sont offertes au concours Passerelle 1, 1 545 au concours Passerelle 2.

▶ **Contact :** www.passerelle-esc.com

Les écoles recrutant après le bac

La vocation de ces écoles est de former des cadres de terrain qui puissent s'intégrer facilement au monde professionnel. La formation, qui dure entre trois et cinq ans, est essentiellement pratique. Elle est entrecoupée de stages qui peuvent atteindre plusieurs mois en fin de parcours. À l'instar des écoles après prépa, la plupart des écoles post-bac ont mis en place des concours communs, nous vous les présentons ci-dessous.

Le concours Pass

Ouvert aux élèves de terminales, ce concours regroupe deux écoles : le BBA INSEEC (deux campus à Bordeaux et à Lyon) et l'EDHEC International BBA (deux campus à Lille et à Nice). Comme l'indique le site internet dédié au concours, les épreuves du concours Pass s'adressent à des élèves dont l'ambition est de poursuivre des études fortement empreintes d'international. Elles ont donc pour objectif de tester les capacités du candidat dans ce cadre : personnalité ouverte aux cultures étrangères, compétences liées à la rapidité d'exécution et à la logique, etc.

À noter : suite à l'épidémie de Covid-19, les épreuves de sélection ont été remplacées par une étude approfondie du dossier scolaire disponible sur Parcoursup.

Source : www.concours-pass.com

Le concours Accès

Il regroupe trois écoles généralistes : l'ESSCA (à Angers, Paris, Aix-en-Provence, Bordeaux et Lyon), l'IESEG à Lille et Paris et l'ESDES à Lyon. Toutes préparent les étudiants à un diplôme bac + 5 (grade master) et sont membres de la Conférence des grandes écoles.
L'ISIEG qui propose un cursus généraliste offre différentes spécialisations en fin de parcours : audit et contrôle, marketing, management et ressources humaines, management des systèmes d'information, négociation internationale, etc.
Le cursus de l'ESSCA comporte un tronc commun de trois années, les deux suivantes (master 1 et 2) permettent de choisir parmi plusieurs spécialisations dont le *Master in International Finance*, par exemple.
Enfin, l'ESDES, qui fait partie de l'université catholique de Lyon, propose différentes options en master : audit et finance d'entreprise ; finance et marchés ; expertise et contrôle ; management stratégique des ressources humaines, etc.

À noter : suite à l'épidémie de Covid-19, les épreuves de sélection ont été remplacées par une étude du dossier scolaire disponible sur Parcoursup. La phase d'admissibilité a été supprimée, et ce, jusqu'à nouvel ordre.

Source : www.concours-acces.com

Le concours Sésame

Il regroupe 14 écoles de commerce et de management, avec un cursus en quatre (bachelor) ou cinq ans (master), dont l'EBS Paris, l'IPAG Business School, Excelia Group-La Rochelle Business School, etc.
Cette ambition commune pour l'international se traduit par l'offre de programmes binationaux, autrement dit des programmes franco-espagnols, franco-allemands, etc., restant à la discrétion des écoles. L'une des conséquences de cette politique passe par l'obligation d'effectuer des stages à l'étranger de plus ou moins longue durée. Par exemple, à l'EBP International, chaque étudiant passe au minimum trois ans à l'étranger. Au CESEM, l'étudiant passe deux ans en France et deux ans à l'étranger. Autre exemple, les étudiants du programme master de l'École de management de Normandie effectuent 2 à 8 semestres (sur dix) à l'étranger dans une université partenaire (15 pays).

LES PLACES OFFERTES AU CONCOURS 2019

3 135 places sont offertes au concours 2019, réparties comme suit :
- BBA La Rochelle : 120 places.
- BBA ESSEC : 435 places.
- EBP International et international BBAKEDGE BS : 410 places.
- IPAG : 450 places.
- ESCE : 500 places.
- CESEM et Global BBA-NEOMA BS : 560 places.
- École de Management de Normandie : 660 places.

Source : www.dimension-commerce.com/concours-sesame/118

► **Contact :** Sésame. Tél. : 05 56 52 56 41.
Internet : www.concours-sesame.net

▶ Le concours Team

Deux écoles de commerce (ICD international Business School et IDRAC Business School) ont adopté les tests Team (Test européen d'aptitude au management) comme épreuves écrites de leur concours d'entrée à bac ou à bac + 1.
Ces écoles possèdent un diplôme est reconnu et visé par le ministère de l'Éducation nationale.

Ce test répond à trois objectifs majeurs : mesurer les aptitudes des candidats à suivre des études de management, connaître leurs intérêts professionnels et éventuellement confirmer un choix d'orientation, bénéficier d'un accès direct à l'oral d'admission dans les écoles de commerce.

▶ **Contact :** Concours Team. 16, rue Pierre Dupont, 75010 Paris. Tél. : 01 40 05 00 20. Internet : www.concours-team.net

COMMENT RECONNAÎTRE UNE BONNE ÉCOLE ?

Le critère le plus important est, sans nul doute, la reconnaissance du diplôme. Elle s'effectue sous la forme d'un visa accordé et renouvelé chaque année par le ministère de l'Éducation nationale. Les principaux critères d'attribution concernent la qualité de la pédagogie mise en œuvre ainsi que la solidité financière des établissements.
Autre label important : l'appartenance à la Conférence des grandes écoles (CGE). Cette association regroupe plus de 229 grandes écoles. Elle a notamment pour mission d'émettre des propositions sur le financement de l'enseignement supérieur et de la recherche en management, l'équivalence des diplômes au niveau national et international, le partenariat avec les entreprises, mais aussi de favoriser la coopération et les échanges dans le cadre de formations internationales.

Les études en écoles de commerce

Que fait donc un étudiant en école de commerce pour être tellement apprécié en entreprise ? La question est posée aux anciens des écoles de commerce qui ont eu l'occasion de côtoyer dans leur travail leurs homologues universitaires.

Contrairement aux idées reçues, les écoles n'ont pas une politique de « main de fer » pour ce qui concerne le suivi des cours et considèrent les étudiants comme des personnes responsables. En école de commerce, les cours ne sont plus obligatoires. Ce qui ne signifie pas que l'on n'y va pas. Seulement, lorsque des projets demandent un investissement plus important, il y a une liberté d'horaire qui rend les opérations plus faciles. La grande différence avec la faculté tient dans le contrôle très régulier des connaissances : une fois tous les quinze jours en première année et une fois par semaine en deuxième année. Dans ces conditions, il est difficile de rester inactif durant longtemps et les « décrochages » s'en trouvent minimisés.

UN RYTHME SOUTENU ET ENRICHISSANT

« *En deuxième année, après notre séjour à l'étranger, le rythme est devenu vraiment très soutenu* », explique Christophe, étudiant en école de commerce. En ce qui concerne les matières, même si le contenu reste général, un approfondissement intervient. De plus, durant ce semestre « *vous choisissez certaines matières qui pourront devenir votre spécialité en troisième année. La vie associative est obligatoire, il faut valider le sport et s'investir dans le projet* ».
Trois événements sportifs sont à explorer. Christophe se retrouve à la commission communication du « Triathlon des lacs ». Le budget global de cette manifestation s'élève à 152 000 euros. Les autres projets se situent autour de 91 000 euros. « *C'est une expérience enrichissante, humainement, puisque l'on crée avec des gens, mais aussi professionnellement. On apprend à gérer les relations avec les partenaires, avec les données politiques.* »

Autre point dont peuvent se vanter les écoles : le dynamisme de leur vie associative. En France, le réseau associatif est assez développé et les jeunes, qu'ils soient étudiants en école ou à l'Université, y investissent une grande part de leur temps. En école de commerce, les actions en association engagent généralement le nom d'une institution, l'école, et des moyens financiers sont accordés. La responsabilité de représentation de son institution, des opérations d'envergure modifient la pratique de l'association et peuvent en faire une véritable école d'entrepreneuriat. Surtout, la formation de groupes informels, nés des activités extrascolaires, permet davantage qu'à l'Université la formation de collectifs soudés.

La frontière floue entre-temps de travail et temps de loisirs favorise un investissement plus important de chacun. Il galvanise le travail de groupe, alors qu'à l'Université celui-ci se cantonne souvent à un fade « copier-coller » de travaux individuels. Il interdit en tout cas le phénomène de « passager clandestin » vécu dans certaines universités : des groupes se forment au hasard et les étudiants peu scrupuleux, sachant que la note sera collective, poussent les autres à effectuer leur part de travail.

C'est dans son rapport étroit avec l'entreprise que l'école a gagné ses lettres de noblesse. Depuis longtemps, une part non négligeable des cours est dispensée par des professionnels. La formation évolue donc au rythme des préoccupations nouvelles des praticiens. Par le canal des formateurs professionnels, les élèves, ainsi que les autres formateurs, sont informés des nouvelles pratiques.
La relation nouée avec l'entreprise ne se cantonne pas à ce lien indirect. Très tôt dans sa formation, l'étudiant doit effectuer un stage. En général, le premier est un stage de sensibilisation aux problèmes de l'entreprise. Dans les différentes écoles, qu'il s'appelle stage de manutention, stage ouvrier ou stage de sensibilisation, l'objectif de cette première expérience est d'entrer en contact avec l'entreprise à un poste d'exécution. D'une durée de six semaines environ, il permet d'enrichir le cours lors du retour à la formation et apporte parfois une idée de la spécialisation à envisager. Il favorise la compréhension de l'organisation de l'entreprise et donne par la suite un contenu moins abstrait aux cours dispensés.

LES INSTITUTS D'ÉTUDES POLITIQUES (IEP)

On compte dix instituts d'études politiques (IEP) : celui de Paris dont la réputation n'est plus à faire, ainsi que neuf autres établissements répartis sur l'ensemble du territoire (Aix, Bordeaux, Grenoble, Lille, Lyon, Rennes, Strasbourg, Saint-Germain-en-Laye et Toulouse). La formation dure cinq ans après le bac. Chaque institut sélectionne ses étudiants selon des modalités qui lui sont propres (voir tableau ci-après). L'entrée est extrêmement sélective (12 % de réussite, en moyenne). Aussi, une grande partie des candidats prépare l'examen en s'inscrivant dans une prépa privée pendant l'été. Quatre concours différents s'offrent aux élèves de terminale : le concours commun qui réunit les IEP d'Aix-en-Provence, de Lille, de Lyon, de Rennes, de Saint-Germain-en-Laye, de Strasbourg et de Toulouse ; le concours de Sciences Po Bordeaux, le concours de Sciences Po Grenoble et le concours de Sciences Po Paris. Les inscriptions s'effectuent en ligne, auprès des établissements.

À noter : le concours de Sciences Po Grenoble et le concours commun acceptent des candidats à bac + 1, offrant ainsi la possibilité de retenter sa chance en cas d'échec au concours en terminale.

Bon à savoir : les bacheliers ayant obtenu une mention très bien au baccalauréat bénéficient de modalités de recrutement particulières dans trois IEP :
- à Sciences Po Toulouse, 20 candidats sont recrutés chaque année sur dossier et sont dispensés des épreuves du concours ;
- à Sciences Po Rennes et à Sciences Po Strasbourg, la mention donne droit à l'admission (à condition de présenter toutes les épreuves du concours).

À noter : les modalités d'admission en première année sont en cours de réorganisation à cause de l'épidémie de Covid-19.
Pour tout renseignement complémentaire : www.sciencespo.fr/admissions/fr/actualites/covid-19-informations-aux-candidats-pour-la-rentree-2020.html

Comment préparer Sciences Po ?

De nombreux établissements privés se sont créés pour répondre aux inquiétudes des étudiants. Stages d'été, préparations annuelles à temps plein ou à temps partiel, préparations semestrielles, les formules ne manquent pas. Ces établissements sont payants et parfois coûteux (compter 900 euros environ pour une semaine).
Autre solution très appréciée : hypokhâgne. À ce titre, le lycée Dumont d'Urville propose en hypokhâgne, une préparation spécifique au concours commun, en partenariat avec la faculté de droit de Toulon.

Prépa privée ou hypokhâgne ? La polémique fait rage. Réponse du directeur d'un centre de préparation privée : « *Une hypokhâgne n'est pas faite pour préparer Sciences Po. Le programme d'entrée à Sciences Po et celui d'une hypokhâgne ne sont pas les mêmes. Chaque formation a sa spécificité. Quand on veut préparer un concours, on le prépare à fond. Orientez-vous en fonction de votre objectif. On ne peut pas tout préparer. En tout cas, on ne peut pas tout bien préparer. Pour conclure : je pense que les élèves d'hypokhâgne ne sont pas bien préparés pour tenter Sciences Po. En revanche, ils sont excellemment bien préparés pour l'entrée en deuxième année après une licence à l'Université. Ils ont une formation littéraire qui est un plus indéniable par rapport à un étudiant qui sortirait uniquement de l'Université. La différence est incontestable ! »*

Du côté des enseignants des classes préparatoires littéraires, les arguments développés ci-dessus ne font pas l'unanimité : « *En hypokhâgne, nous faisons le programme d'hypokhâgne et nous proposons en plus cinq heures de cours spécifiques pour Sciences Po. Qui peut le plus, peut le moins. L'avantage est énorme par rapport aux prépas privées : si vous ratez Sciences Po, vous n'avez pas perdu votre année : vous pouvez poursuivre en khâgne ou bénéficier d'équivalences en fac.* »
À vous de trancher !

Le programme « Tremplin » (préparation à distance) est une alternative intéressante. Accessible aux élèves de première, terminale et aux bac + 1, « Tremplin » fait l'objet d'une convention avec les IEP du concours commun et ceux de Bordeaux, Grenoble et Paris. Compter entre 430 et 640 euros.

D'autres programmes sont gratuits dans le cadre de la politique « égalité des chances ». C'est le cas du programme d'études intégrées créé par Sciences Po Lille, dans le cadre du concours commun. Cette formation est réservée à des élèves boursiers du secondaire ou futurs boursiers du supérieur, motivés et ayant de bons résultats scolaires.
Sciences Po Bordeaux propose également un dispositif appelé « Sciences Po Bordeaux, je le peux parce que je le veux », qui permet aux élèves de 43 lycées de préparer le concours de l'IEP à tarif réduit, pour les frais d'inscription à l'examen d'entrée.

À noter : le Cned (Centre national de l'enseignement à distance) propose également une préparation aux élèves désireux d'intégrer Sciences Po. Comptez 500 euros environ. Site internet : www.cned.fr

Organisation et durée des études

Les études se déroulent sur cinq ans.
Général et pluridisciplinaire, le programme du **premier cycle** de Sciences Po croise l'approche de plusieurs sciences sociales (histoire, droit, science politique, économie, géographie, sociologie) pour analyser les réalités du monde contemporain et permettre aux étudiants de développer leur esprit critique. Les langues étrangères ont également une place très importante (deux langues obligatoires et cours dispensés en langues étrangères).
Il se déroule sur trois années à raison de 20 à 25 heures de cours hebdomadaires. Les études sont organisées en semestres.
En deuxième année, il est possible de se préspécialiser mais le tronc commun représente obligatoirement 70 % des enseignements.
La troisième année est celle de la mobilité internationale. Tous les étudiants doivent partir étudier à l'étranger pendant un an (à Bordeaux et Grenoble, l'année à l'étranger est prévue en deuxième année).

La scolarité en **master** se compose de quatre semestres (soit deux années). Une petite trentaine de masters différents sont proposés (relations internationales, banque-finance) et la sélection fait parfois l'objet d'un entretien oral de motivation. Si le parcours du master demandé n'est pas disponible dans son IEP, l'étudiant a la possibilité de demander à changer d'IEP.
Au programme : études de cas, travaux de groupe et rédaction d'un mémoire.

Les parcours du master Sciences Po sont :
- affaires européennes ;
- carrières judiciaires et juridiques ;
- communication, médias et industries créatives ;
- *Communications, Media and Creative Industries* (cursus en anglais) ;
- droit économique ;
- droit et finance ;

- *Economic Law* ;
- *Economics* ;
- *Environmental Policy* ;
- finance et stratégie ;
- *Governing the Large Metropolis* ;
- *Governing Ecological Transitions in European Cities* ;
- Histoire ;
- *Human Rights and Humanitarian Action* (EAI) ;
- innovation et transformation numérique ;
- *International Development* (EAI) ;
- *International Economic Policy* (EAI) ;
- *International Energy* (EAI) ;
- *International Management and Sustainability* ;
- *International Public Management* (EAI) ;
- *International Security* (EAI) ;
- journalisme ;
- *Journalism and International Affairs* (cursus en anglais) ;
- journalisme et affaires internationales ;
- marketing ;
- *Marketing : New Luxury & Art de vivre* ;
- organisations et management des ressources humaines ;
- politiques publiques ;
- science politique ;
- sociologie ;
- stratégies territoriales et urbaines ;
- urbanisme.

LE MASTER FINANCE ET STRATÉGIE DE SCIENCES PO PARIS

Objectifs

Le master finance et stratégie forme de jeunes diplômés aux métiers de la finance et du management stratégique des firmes, qu'ils se destinent à des fonctions d'analystes (en banque ou au sein de cabinets de conseil) ou de managers (dans des entreprises industrielles ou de services). Cette formation présente trois spécificités essentielles : la coexistence d'une formation fondamentale en sciences sociales et de l'apprentissage des techniques de base en gestion ; la liaison systématique entre analyse financière et vision stratégique ; l'attention particulière portée à la maîtrise des risques. Trois spécialités sont proposées : finance, stratégie et management et ***International Business***.

Organisation générale

La formation se déroule en deux ans, avec trois semestres d'étude suivis d'un semestre dédié à un stage obligatoire et à l'épreuve du Grand Oral.
Les enseignements reposent sur une pédagogie directe et interactive : les connaissances sont acquises par des études de cas, des mises en situations professionnelles et des travaux de groupes.

Les enseignements

Le premier semestre est composé d'un programme commun à toutes les filières, il comprend des enseignements obligatoires (comptabilité, introduction à la stratégie, introduction au droit des sociétés, etc.), des enseignements spécifiques (stratégie des ressources humaines, introduction aux métiers de la banque, *Climate Change and Finance*, etc.) et un enseignement optionnel à choisir entre outils informatiques pour la statistique, initiation à l'entrepreneuriat, langue vivante ou éloquence, développement personnel et situations complexes.
Le second semestre commun également comprend des enseignements obligatoires (analyse financière et fondements de l'évaluation, stratégie de l'entreprise, droit de régulation bancaire et financière, etc.), des enseignements électifs (initiation aux métiers de la finance, microfinance, marketing stratégique, etc.) et un enseignement optionnel (*Macrostrategy and Investment Strategy in Private Banking* ; *Innovation Economics and Finance* ; etc.).
Entre la première et la deuxième année de master, une année de césure optionnelle est proposée aux étudiants désireux d'effectuer deux stages de six mois en entreprise.

Le troisième semestre est consacré à la spécialisation (finance, stratégie et management ou *International Business*) et le dernier semestre au stage obligatoire.

Les débouchés

Les diplômés du master finance et stratégie se destinent principalement à devenir chargés d'affaires en fusion ; analyste risques pays ; contrôleur de gestion dans les entreprises industrielles ; acquisition, capital investissement ou encore au sein des départements de *corporate* finance des grandes entreprises ; chargés d'affaires en financements de projets au sein de sociétés financières, banques d'investissement, ou au sein de la direction internationale des grandes entreprises ; consultants au sein de cabinets de conseil en management, en organisation ou en stratégie ; auditeur en cabinet ou au sein du département d'audit interne d'un groupe ; analyste financier au sein d'une entreprise ou d'un intermédiaire financier.

Liste et adresses des IEP

- IEP de Paris. 27, rue Saint-Guillaume, 75337 Paris cedex 07. Tél. : 01 45 49 50 50. Internet : www.sciencespo.fr
- IEP d'Aix-en-Provence. 25, rue Gaston-de-Saporta, 13625 Aix-en-Provence cedex 1. Tél. : 04 42 17 01 60. Internet : www.sciencespo-aix.fr
- IEP de Bordeaux. 11, allée de l'Ausone, domaine universitaire, 33607 Pessac cedex. Tél. : 05 56 84 42 52. Internet : www.sciencespobordeaux.fr
- IEP de Grenoble. 1030, avenue Centrale, domaine universitaire, 38400 Saint-Martin-d'Hères. Tél. : 04 76 82 60 00. Internet : www.sciencespo-grenoble.fr
- IEP de Lille. 9, rue Angellier, 59000 Lille. Tél. : 03 20 90 48 40. Internet : www.sciencespo-lille.eu
- IEP de Lyon. 14, avenue Berthelot, 69365 Lyon cedex 07. Tél. : 04 37 28 38 00. Internet : www.sciencespo-lyon.fr
- IEP de Rennes. 104, boulevard de la Duchesse-Anne, 35700 Rennes. Tél. : 02 99 84 39 39. Internet : www.sciencespo-rennes.fr
- IEP de Strasbourg. Le Cardo. 7, rue de l'Écarlate – CS 20024, 67082 Strasbourg cedex. Tél. : 03 68 85 84 00. Internet : www.sciencespo-strasbourg.fr
- IEP de Saint-Germain-en-Laye. 5 rue Pasteur, 78100 Saint-Germain-en-Laye. Tél. : 01 30 87 47 83. Internet : www.sciencespo-saintgermainenlaye.fr
- IEP de Toulouse. 2 ter, rue des Puits-Creusés, CS 88526, 31685 Toulouse cedex 6. Tél. : 05 61 11 02 60. Internet : www.sciencespo-toulouse.fr

Pour en savoir plus, consultez : *Bien préparer Sciences Po*, paru aux éditions Studyrama.

LES ÉCOLES D'INGÉNIEURS

Vous pensiez peut-être que les ingénieurs se limitaient à bâtir des ponts, construire des voitures, concevoir des circuits imprimés ou chercher des gisements pétroliers. Eh bien sachez qu'on les trouve également dans les secteurs de la banque et de l'assurance. Dans la banque, nous avons vu qu'ils étaient particulièrement efficaces

au sein des salles de marché. Leur formation mathématique et leur rigueur de pensée leur permettent notamment de bâtir des modèles fiables d'évolution des cours et d'analyse des risques. Dans l'assurance, ils travaillent surtout dans la gestion des risques industriels et liés à la construction grâce à leurs solides connaissances dans ces deux domaines d'activité. Par ailleurs, on les retrouve partout à des postes d'informaticiens chefs de projet pour gérer l'automatisation des opérations financières. Seul défaut des ingénieurs, ils manquent souvent d'une culture dans les domaines du management et de la gestion. C'est la raison pour laquelle les recruteurs apprécient qu'ils aient complété leur formation par un Mastère Spécialisé® ou un master professionnel ayant trait à la gestion, au management ou à la finance.
Faute de place, nous ne vous parlerons pas ici des écoles d'ingénieurs, sachez néanmoins que vous pouvez obtenir de précieux renseignements à leur sujet en contactant le CEFI (Comité d'études sur les formations d'ingénieurs) : www.cefi.org/cefiblog

Pour en savoir plus, consultez : *Comment choisir son école d'ingénieurs*, collectif, Studyrama.

LES MASTÈRES SPÉCIALISÉS® (MS)

Créés en 1986, les Mastères Spécialisés® ne sont pas des diplômes, mais des labels accordés par la Conférence des grandes écoles (CGE) à des formations post-diplôme d'un an, organisées par des écoles d'ingénieurs ou de commerce. Les critères d'accréditation sont très stricts. Un MS doit correspondre à un besoin réel des entreprises, accueillir en priorité des diplômés de niveau bac + 5, comprendre 350 heures d'enseignement théoriques et de travaux pratiques ainsi qu'un travail de recherche d'au moins quatre mois dans le cadre d'une mission en entreprise. Attention, le coût des mastères est très élevé : de 7 000 à 12 000 euros voire plus, selon les établissements.

Il existe actuellement une trentaine de MS dans les domaines de la banque, de la finance et de l'assurance (audit contrôle et finance en environnement international ; direction financière et contrôle ; etc.). Tous accueillent, après une sélection sur dossier et entretien, des étudiants d'origine diverse (école de commerce, d'ingénieurs, maîtrise de gestion, master recherche ou master professionnel…).

Les 32 Mastères Spécialisés® du domaine de banque, finance, assurance

- Actuariat (ENSAE-ParisTech) ;
- Air Transport Finance Management (École nationale de l'aviation civile) ;
- Analyse Financière Internationale (NEOMA Business School – EESC) ;
- Assurance, Actuariat et Big Data (École Supérieure d'Ingénieurs Léonard de Vinci) ;
- Audit contrôle et finance en environnement international (Toulouse Business School) ;
- Audit et Conseil (ESCP Europe) ;
- Audit et Pilotage de la performance (KEDGE Business School) ;
- Audit Manager (École supérieure des sciences économiques et commerciales) ;
- Business performance management (ESCP Europe) ;
- Contrôle de gestion et pilotage de la performance (Brest Business School) ;
- Direction Financière (IESEG School of Management) ;
- Direction financière et Contrôle (École supérieure des sciences économiques et commerciales) ;
- Economics of banking and finance (ESCP Europe) ;
- Expert en Audit interne et Contrôle de Gestion (Toulouse Business School) ;
- Expert en banque et ingénierie financière (Toulouse Business School) ;
- Expert en Contrôle de gestion, Audit et Gestion de Systèmes d'information (SKEMA Business School) ;
- Finance (ESCP Europe) ;
- Finance et Gestion des Risques (ENSAE-ParisTech) ;
- Finance, risque et contrôle (Audiencia Business School) ;
- Gestion financière (HEC Paris) ;
- Gestion patrimoniale et financière (Brest Business School) ;
- Gestion patrimoniale et immobilière (KEDGE Business School) ;
- Infrastructure, Project Finance (École des ponts ParisTech) ;
- Ingénierie Financière (emlyon Business School) ;
- Ingénierie financière et fiscale (ESCP Europe) ;
- International Wealth Management (ESCP Europe) ;
- Manager des risques (École nationale supérieure d'arts et métiers) ;

- Manager en gestion de patrimoine financier (SKEMA Business School) ;
- Mathématiques appliquées à la Finance (Centrale Supélec) ;
- Risque, actuariat, rentabilité et entreprise (École centrale de Nantes) ;
- Senior Management Bancaire (École supérieure des sciences économiques et commerciales) ;
- Territoires, Technologie et Financement de portefeuilles de projets innovants pour l'économie verte (École nationale supérieure des mines de Saint-Étienne).

Source : Conférence des grandes écoles.
Internet : www.cge.asso.fr/formations-labellisees/liste-formation-ms

6 – LES ÉCOLES SPÉCIALISÉES

EN BANQUE ET ASSURANCES

Nous vous présentons ci-dessous les écoles spécialisées préparant aux carrières de l'assurance. Tel est notamment le cas de l'École nationale d'assurances (ENASS) et des instituts des assurances qui forment des inspecteurs commerciaux, des gestionnaires de contrat et des collaborateurs d'agents généraux ou de courtiers. Nous avons également inclus dans cette partie les écoles d'actuariat. Si leur vocation affichée n'est pas de former des experts de l'assurance, la plupart des débouchés se situent néanmoins dans les entreprises de ce secteur.
Nous vous présentons également les écoles spécialisées qui préparent aux diplômes de l'expertise comptable ou à des diplômes qui ont obtenu l'équivalence et, souvent, aux BTS précédemment cités. Ces préparations spécialisées relèvent du secteur public ou du secteur privé et sont le plus souvent en relation avec les conseils de l'Ordre des experts-comptables.
Ces écoles représentent la meilleure préparation aux diplômes du cursus de référence des études comptables et sont installées dans toutes les régions de France. Elles demeurent donc les meilleures portes d'entrée (et les plus sûres…) pour qui veut faire carrière dans l'univers comptable. Ainsi, vous trouverez ci-dessous quatre écoles spécialisées auxquelles vous pouvez vous adresser pour suivre votre formation comptable.

L'École nationale d'assurances (ENASS)

L'École nationale d'assurances (ENASS), institut du Conservatoire national des arts et métiers (CNAM), est une grande école de commerce et de gestion spécialisée en assurance. Elle propose une licence professionnelle de conseiller, souscripteur gestionnaire en assurance (en alternance) et un master management de l'assurance (en alternance ou formation continue).
Cette école a pour vocation de former de futurs cadres aux techniques de l'assurance, au management, à la gestion et aux fonctions commerciales, mais aussi de développer les compétences

nécessaires à des futurs dirigeants. À ce titre, l'ENASS apporte à ses étudiants une solide culture générale, l'acquisition de comportements professionnels, une vision globale de l'entreprise, une formation juridique approfondie, une connaissance des méthodes modernes de management et de gestion, ainsi qu'une approche pratique des diverses techniques et fonctions commerciales dans la profession des assurances.

LE CONCOURS D'ADMISSION À L'ENASS

Le concours d'admission à l'ENASS en première année de master pour les titulaires d'un bac + 3 comprend des épreuves écrites : contraction de texte, anglais et une épreuve de spécialité à choisir entre assurances, comptabilité, droit, économie, lettres et sciences humaines ou mathématiques. L'entrée en licence professionnelle se fait, quant à elle, sur dossier.

La **licence professionnelle assurances** de l'ENASS est proposée en alternance. Au programme : économie du risque ; stratégie des acteurs ; le client au cœur de la stratégie des entreprises ; fondamentaux de l'assurance ; anglais de l'assurance ; informatique ; environnement de l'assureur et de l'assuré européen ; management de proximité.
Des enseignements optionnels viennent s'ajouter à ces matières : au premier semestre : les assurances de biens et la responsabilité des particuliers et des professionnels ou les assurances collectives. Au second semestre : les assurances vie du particulier ou les assurances de biens et la responsabilité des entreprises et collectivités. Un mémoire et un projet tutoré viennent compléter la formation.

La première année du **cycle master** développe les enseignements suivants : probabilités et statistiques pour l'assurance ; contrôle de gestion ; comptabilité de l'assurance ; fondamentaux du management ; conduite de réunion ; marchés et mathématiques financières ; marketing stratégique ; anglais de l'assurance ; droit du contrat d'assurance ; gestion de sinistres, tarification et souscriptions ; économie contemporaine ; les assurances de biens et de responsabilités ; innovation et gestion de projets dans l'assurance ; l'entreprise d'assurance ; technique de note de synthèse ; rapport professionnel d'activité.

En seconde année, vous aborderez le pilotage interne ; la fiscalité ; le marketing et distribution ; l'analyse financière ; le droit du travail ; le management d'équipe ; l'économie de l'assurance ; l'actuariat ; le droit de l'assurance ; l'éthique de l'assurance et conformité ; les assurances collectives et prévoyance ; l'assurance de personnes ; le business model ; la vision mondiale des acteurs de l'assurance ; le *risk-management* ; les risques avancés et la réassurance. L'examen du TOEIC est également prévu.

BARBARA, ANCIENNE ÉLÈVE DE L'ENASS

Après un bac d'économie, Barbara s'oriente vers des études de droit, pour raisons d'affinité avec les domaines juridiques et administratifs. Mais elle déchante vite : « *Amphis bondés, relations impersonnelles, absence de suivi… Le système universitaire ne me convenait pas du tout.* » Du coup, changement de cap : son Deug de droit en poche (désormais L2 droit), Barbara prépare en un an un DUT GEA. Puis elle apprend l'existence de l'ENASS au cours d'un job d'été en relation avec l'assurance effectué dans une banque, et décide de tenter sa chance au concours d'entrée. « *Je me suis présentée les mains dans les poches, en espérant que mes connaissances en droit seraient suffisantes. Et, à ma grande surprise, j'ai passé le cap de l'écrit* », confie-t-elle. Le secret de sa réussite ? « *Je me suis tenue au courant de l'actualité du dernier mois car je savais qu'elle ferait l'objet d'une dissertation en économie.* » Sur sa lancée, Barbara se sort sans encombre de l'épreuve orale, durant laquelle elle affronte un feu nourri de questions du type : « *Quel est le dernier livre que vous avez lu ?* », « *Comment vous voyez-vous à 40 ans ?* », etc.
Dès ses débuts à l'ENASS, Barbara sent qu'elle a fait le bon choix. « *C'est une petite structure avec une promotion de 28 étudiants, ce qui facilite les contacts. Et surtout, les enseignants sont des professionnels qui nous parlent du marché de façon concrète car ils le vivent tous les jours* », raconte-t-elle. Avant même la fin de son stage de dernière année, Barbara est recrutée par un courtier spécialisé dans l'assurance de groupements franchisés. « *Aujourd'hui, je fais de la gestion de contrat dans le domaine du transport. Grâce à la formation reçue à l'ENASS, je suis capable de toucher à tous les niveaux de la vie du contrat, des propositions d'assurance jusqu'à la gestion des sinistres.* »

▶ **Pour en savoir plus :** www.enass.fr

Les instituts des assurances

Les instituts des assurances ont été créés dans les années 1970 par des universités en partenariat avec la Fédération française des sociétés d'assurances (FFSA), la Fédération nationale des syndicats des agents généraux d'assurances (FNSAGA) et la Fédération française des courtiers d'assurances (FCA). Leur objectif ? Répondre aux besoins de la profession en spécialistes maîtrisant parfaitement les techniques juridiques et financières de l'assurance.

Aujourd'hui, il existe quatre instituts des assurances situés à Aix-en-Provence, Paris, Bordeaux et Lyon, dont vous trouverez les coordonnées en fin d'ouvrage. Les études sont sanctionnées par un diplôme reconnu par la profession. Néanmoins, il existe quelques traits propres à chaque institut.

L'institut d'Aix-Marseille propose deux masters 2 : un master 2 droit des assurances et un master 2 contentieux de la responsabilité et de l'indemnisation. Il accueille des étudiants détenteurs d'une première année de master ayant suivi au minimum trois des six enseignements suivants : droit des assurances, droit de la consommation, droit fiscal, droit financier, droit des transports, droits des successions et des libéralités, droit des responsabilités professionnelles, droit bancaire et boursier (pour le master droit des assurances) ou droit des assurances, droit des personnes vulnérables, histoire du droit obligation, procédures civiles d'exécution, contentieux privé international (pour le master contentieux de la responsabilité et de l'indemnisation).
La spécialité « droit des assurances » pour objectif professionnel de former des spécialistes possédant les connaissances théoriques et pratiques d'ordre juridique et économique nécessaires pour traiter les questions d'assurances. Elle s'adresse aux étudiants qui envisagent de devenir souscripteur, *risk-manager*, chargé de l'encadrement du personnel gestionnaire production ou sinistre ou juriste d'assurance vie. Le master contentieux de la responsabilité et de l'indemnisation, quant à lui, a pour objet l'initiation à la recherche et l'approfondissement des connaissances autour de la problématique des rapports fondamentaux qui se nouent entre le droit de la responsabilité et le droit des assurances.

L'institut de Paris I-Panthéon-Sorbonne propose un master 2 en droit des assurances. Il est accessible aux étudiants titulaires d'une première année de master en droit privé ou droit des affaires. L'admission à l'IAP est subordonnée à l'agrément du candidat après examen du dossier universitaire.
Les études se déroulent sur deux semestres, en formation initiale ou en alternance. Au programme du premier semestre : économie et assurance ; contrat d'assurance ; entreprises d'assurance ; assurance dommage ; assurance et dommage corporel ; distribution d'assurance ; contentieux et règlement amiable des litiges ; assurance maritime. Au second semestre, les enseignements sont : assurance vie ; comptabilité ; anglais ; assurance automobile ; assurance construction ; assurance de personne non-vie ; fiscalité de l'assurance ; gestion des risques ; retraite et prévoyance. Un stage est également obligatoire.

L'institut de Lyon III propose un master 2 en droit des assurances. Il s'adresse aux titulaires d'une première année de master en droit. La formation dure un an qui comprend, entre autres, des cours d'anglais juridique, des cours sur les assurances de dommages et les assurances de personnes ou encore sur l'assurance automobile. L'IAL propose également un DU droit des assurances.

L'institut de Bordeaux accepte des titulaires de première année de master de droit et d'AES. La sélection se fait sur dossier et entretien de motivation. La formation, d'une durée d'un an, permet de préparer un master professionnel droit et pratique de l'assurance qui comprend quatre unités d'enseignement : droit de la responsabilité civile ; prise de contact avec les réalités de l'assurance ; droit des assurances ; acquisition des pratiques professionnelles de l'assurance et un stage de deux mois.

L'Institut de statistique de Sorbonne Université (ISUP)

L'ISUP forme en trois ans des spécialistes des probabilités et des statistiques. L'admission s'effectue sur concours, en première année du diplôme de statisticien (étudiants de niveau L2 et classes préparatoires).

La formation en première année permet d'acquérir des connaissances générales, notamment en probabilités et en statistiques. Dès la deuxième année, vous pourrez choisir entre l'une des trois filières professionnelles : actuariat ; biostatistique ; gestion des risques industriels et économiques. Nous vous conseillons, bien entendu, d'opter pour la filière actuariat. Reconnue et contrôlée par l'Institut des actuaires français (IAF), elle comporte des enseignements en mathématiques financières, mathématiques de l'assurance, assurance vie, réglementation des assurances et gestion et théorie de portefeuille en deuxième année et des cours sur les fonds de pension, l'assurance de groupe et prévoyance sociale, l'assurance dommages, la réassurance, la comptabilité en assurance, l'évolution des réglementations en assurance, les modèles de durée et les méthodes stochastiques en finance et en assurance en dernière année.

Les titulaires du diplôme de statisticien mention actuariat de l'ISUP trouvent des débouchés variés dans les compagnies d'assurances, les banques, les entreprises industrielles et commerciales, mais aussi dans les administrations publiques et les instituts de sondage.

► **Pour en savoir plus :**
http://isup.sorbonne-universite.fr/fr/formations.html

L'Euro-Institut d'actuariat (EURIA)

L'EURIA de Brest est un institut universitaire autonome rattaché à la présidence de l'université de Bretagne-Occidentale. Dans le cadre du système LMD, l'EURIA décerne une licence de mathématiques financières et un master actuariat, ainsi que le titre d'actuaire associé de l'Institut des actuaires.

Le recrutement pour la licence de mathématiques financières a lieu sur concours pour les candidats de niveau bac + 2 en mathématiques. Au menu : des épreuves de mathématiques, d'anglais, de français et de connaissances générales. Pour le master actuariat, l'entrée en première année est de droit pour les titulaires d'une licence de mathématiques dans le domaine de formation sciences, technologies, santé mention mathématiques financières et sur dossier pour les titulaires d'une licence obtenue dans d'autres domaines de formation. L'entrée en deuxième année de master peut se faire sous réserve de très sérieux prérequis dans les domaines des mathématiques des assurances, de la finance, de la prévoyance et de la comptabilité et de l'accomplissement d'un stage d'au moins quatre mois en entreprise.

La formation en **licence** est répartie sur deux semestres. Lors du premier, vous suivrez des cours de probabilités, d'analyse mathématique, d'informatique, de mathématiques financières et comptabilité, d'anglais... et des cours de statistiques, finance de marché... plus un stage d'un mois lors du second semestre.
Le **master**, qui se prépare sur deux années, compte plus de 900 heures et un stage qui fait l'objet d'un mémoire.

Les débouchés se trouvent dans l'assurance et les cabinets-conseils. Les grandes entreprises industrielles et commerciales, confrontées à des problèmes de passif social et plus généralement de prévoyance collective, de trésorerie prévisionnelle, de gestion des devises..., commencent à s'y intéresser et l'on peut espérer que différents ministères, à l'instar de leurs collègues britanniques, étoffent leurs états-majors par des recrutements systématiques.
À noter : l'ordinateur individuel est obligatoire pendant toute la scolarité. L'EURIA propose une acquisition à des conditions spéciales lors de la rentrée.

▶ **Pour en savoir plus :** https://euria.univ-brest.fr

L'Institut de sciences financières et d'assurances de l'université Lyon I (ISFA)

L'objectif de l'ISFA est de former des actuaires en trois ans. Le recrutement s'effectue sur concours. Le concours, réservé à l'admission en première année, s'adresse aux étudiants ayant suivi les enseignements des classes préparatoires scientifiques et aux étudiants ayant validé les quatre premiers semestres (120 crédits) d'une licence d'une filière scientifique universitaire à dominante mathématique.
Les épreuves écrites du concours sont : mathématiques ; français ; anglais et une épreuve à option, pour laquelle les candidats ont le choix entre mathématiques (approfondies), probabilités et économie.

Les candidats admissibles passent un entretien et une épreuve de langue vivante (en anglais ou allemand). Par ailleurs, une admission sur titres est également possible en master 1 pour les titulaires d'un master 1 à dominante mathématiques, ou diplôme équivalent.

La première année est sanctionnée par l'obtention de la licence de mathématiques parcours actuariat. Les enseignements sont les suivants : méthodes probabilistes en actuariat : mathématiques financières et marchés financiers ; informatique actuarielle ; outils mathématiques pour l'actuaire ; actuariat et opérations d'assurance ; comptabilité financière ; microéconomie ; macroéconomie ; droit civil ; anglais.
La licence permet d'accéder au master actuariat.

▶ **Pour en savoir plus :** https://isfa.univ-lyon1.fr

LE CESCF-EPEC

Le CESCF-EPEC (Centre d'études comptables et financières-École de préparation aux examens comptables) est l'institut de formation initiale de la SCF (Société de comptabilité de France). Il conduit à l'expertise comptable et aux carrières de l'entreprise.
Il prépare ses étudiants aux diplômes d'État de la profession comptable. Vous pourrez également suivre au sein de cet établissement un BTS comptabilité gestion, accessible aux titulaires du baccalauréat. Il permet d'entrer dans la vie professionnelle comme technicien supérieur et d'occuper avec quelque expérience un poste de chef comptable en entreprise ou d'assistant contrôleur dans un cabinet d'expertise comptable.

▶ **Contact** : CESCF-EPEC. Groupe ICOGES. 9, rue Saint-Lambert, 75015 Paris. Tél. : 01 45 58 17 33.
Internet : www.icoges.fr/nos-ecoles-specialisees/cescf-epec

L'École nationale de la statistique et de l'administration économique (ENSAE)

L'ENSAE fait partie de l'Institut national de la statistique et des études économiques (Insee). Cette école forme en trois ans l'élite des statisticiens économistes, appelés à travailler dans les sociétés de services, les cabinets de conseil, les banques, les assurances ou dans certains organismes publics. Par ailleurs, elle assure la formation initiale des fonctionnaires appartenant au corps des administrateurs de l'Insee qui suivent la même scolarité que les élèves non fonctionnaires.

Il existe quatre voies d'admission, toutes très sélectives :
- le concours mathématiques (55 places en 2020) s'adresse aux élèves de maths spé, le programme des épreuves étant celui des classes préparatoires MP*/MP ;
- le concours économie et sciences sociales (20 places en 2020) est destiné aux étudiants de khâgne ;
- le concours économie et mathématiques (14 places en 2020) est plus spécifiquement destiné aux élèves des classes préparatoires économiques et commerciales, option scientifique ;
- enfin, le concours sur titres offre une dizaine de places chaque année à des étudiants de master ou issus de grandes écoles d'ingénieurs.

Si vous avez la chance d'intégrer l'ENSAE, sachez que la scolarité s'effectue en trois ans.
La **première année** a pour objectif de rendre homogènes les connaissances d'élèves venus d'horizons différents et d'introduire les matières fondamentales de l'école : algèbre, analyse, économie bancaire et financière, etc. L'année se conclut par un stage d'ouverture au monde professionnel dans une entreprise, un organisme administratif ou une organisation humanitaire.
La **deuxième année** est l'année clé du cursus. Le tronc commun correspond aux enseignements fondamentaux de statistique, d'économétrie, de microéconomie et de macroéconomie, qui constituent le socle de la formation de statisticien économiste. Dès la deuxième année, les élèves amorcent une spécialisation en choisissant une orientation professionnelle : macroéconomie approfondie ; microéconomie approfondie ; économie et finance ; économie et sociologie ; mathématiques et finance ; statistique approfondie. L'année se conclut par un stage d'application.
La **troisième année** est une année de spécialisation. Les élèves choisissent une voie de spécialisation parmi les suivantes : actuariat, *Data Science* et *Business Decision* ; *Data Science* et sciences sociales ; *Data Science*, statistique et apprentissage ; finance et gestion des risques ; prévision et politiques économiques.

Les élèves doivent participer à un groupe de travail, projet professionnel ou de recherche mené en petit groupe sous la direction d'un animateur, ou bien effectuer un stage à temps partiel école-entreprise. Ils sont également incités à suivre en parallèle de leur troisième année l'un des masters recherche partenaires de l'ENSAE.

► **Pour en savoir plus :** www.ensae.fr

L'ENSAE EN CHIFFRES

- 75 ans d'existence.
- 170 élèves diplômés par promotion d'ingénieurs.
- 4 Mastères Spécialisés® habilités par la Conférence des grandes écoles (actuariat, *Data Science*, méthodes quantitatives pour la décision économique et financière, finance de marché et gestion des risques).
- 7 500 Alumni.

L'ENSAE est également l'un des membres fondateurs de ParisTech et de l'université Paris-Saclay.

Source : www.ensae.fr

Le CFA DIFCAM banque et assurances

Créé il y a près de 30 ans par le Crédit Agricole, le CFA DIFCAM a pour vocation de contribuer au développement de l'alternance dans le secteur de la banque et de l'assurance, en région.
Avec 9 centres de formation et 40 universités et écoles partenaires sur l'ensemble du territoire, le CFA DIFCAM permet chaque année à 2 000 alternants de préparer un diplôme de niveau bac + 2 à bac + 5 dans le domaine de la banque et de l'assurance.
DIFCAM est aujourd'hui le deuxième CFA du secteur de la banque et de l'assurance par le nombre d'alternants formés chaque année.
En 30 ans, 40 000 alternants ont été accompagnés par DIFCAM.

Parmi ses partenaires universitaires, on compte une partie du réseau des IAE, dont celui de Paris-Sorbonne et celui de Montpellier entre autres, ainsi que des universités et écoles bien ciblées permettant de mailler en proximité le territoire national pour accompagner le projet des étudiants/alternants.

DIFCAM prépare et accompagne aux métiers de la banque en détail, de l'assurance et de la banque d'investissement.

Les diplômes et les métiers

• **Front office**

- *Bac + 2 :* le **DUT techniques de commercialisation**. Le titulaire de ce DUT est un collaborateur commercial polyvalent capable de communiquer et de commercialiser des produits de premier niveau.
- *Bac + 3 :* la **licence professionnelle assurance banque finance** prépare aux métiers de chargé de clientèle de particuliers dans une fonction commerciale avec la gestion d'un portefeuille. Le **bachelor conseiller clientèle des particuliers en banque assurance** prépare les alternants au métier de conseiller clientèle de particuliers. La **licence gestionnaire et conseiller en assurances**, vise à former des gestionnaires et des conseillers en assurances, qui maitrisent les techniques assurantielles et la relation client.
- *Bac + 4/5 :* le **master banque finance** prépare le futur diplômé à des métiers à forte expertise sur la gestion d'une clientèle de professionnels et/ou patrimoniale. Le **master manager relation client et marketing parcours banque** vise à préparer les alternants à des métiers commerciaux, au sein d'agences bancaires ou d'assurance. Les **master gestion de patrimoine, master conseiller patrimoine et professionnels et master mention finance entreprise et patrimoine** forment les alternants à des métiers de la banque ou de l'assurance sur la gestion de patrimoine. Le **master vente multicanal banque et assurance** apporte aux alternants des compétences opérationnelles visant à préparer les étudiants à des métiers tels que conseiller de clientèle des particuliers et des professionnels.

• ***Fonctions supports, activités de* middle *et* back office**

- *Bac + 2 :* le **DUT GEA option finance comptabilité** forme des collaborateurs chargés de responsabilités dans les domaines comptable, financier, contrôle de gestion.
- *Bac + 3 :* la **licence professionnelle assurance banque finance *back* et *middle office*** assure la compétence des métiers orientés vers les suivis de gestion et comptables des opérations commerciales de la banque de détail, et sur les opérations de marché de la banque d'investissement ; la **licence *Data Mining*** oriente vers le secteur du marketing digital, en science de l'analyse des données grâce à des

outils mathématiques et en gestion de bases de données (*Data Scientist*, chargé d'études statistiques…). Les banques et les assurances sont à la pointe dans ce domaine. La **licence comptabilité contrôle audit** prépare les alternants à des métiers du domaine de l'audit, de la gestion, de la comptabilité ou encore dans la fiscalité.
- *Bac + 4/5* : le **master comptabilité contrôle audit** prépare aux métiers de l'audit, du conseil, de l'expertise comptable dans la banque d'affaires ou de détail, du contrôle de gestion, de la direction administrative et financière ; le **master conformité gestion des risques** offre un accès aux métiers de la finance fondés sur la pluridisciplinarité (économie, finance, mathématiques et droit) en se focalisant sur la gestion des risques bancaires et la réglementation financière (analyste financier bancaire, analyste financier sur les marchés, gestionnaire de trésorerie…).

Le CFA DIFCAM vous permet de révéler vos talents et vous accompagne pour trouver les entreprises qui vous aideront à les exprimer.

Pour aller plus loin : www.difcam.com

EN COMPTABILITÉ ET GESTION

Dans la partie des écoles de commerce, nous avons souligné l'importance qu'il faut accorder au statut « reconnue par l'État ». Cette reconnaissance a également son intérêt en ce qui concerne le financement des études, aspect à ne pas négliger avant de se diriger vers une formation. En effet, les bourses d'enseignement supérieur ne sont accordées qu'aux étudiants inscrits dans un établissement reconnu. Or cette reconnaissance n'est pas décernée au hasard : elle est le gage d'une certaine qualité. La liaison étroite avec le conseil de l'Ordre est un label moins formel, mais indique lui aussi un enseignement sérieux.

En dehors de ces « signes extérieurs de valeur », il vous faut chercher les indices évaluant l'organisme dans les annonces elles-mêmes. Ainsi, la piste de l'encadrement est un révélateur usuel. Certaines écoles ne dispensent que des préparations aux diplômes comptables, mais, faute de moyens, misent toutes leurs forces sur l'enseignement et dispensent les jeunes en formation d'une validation des acquis en

cours d'année. Or c'est bien souvent lors de l'épreuve, c'est-à-dire dans le feu de l'action, que les lacunes se font connaître. Être testé en cours d'année est la preuve d'une préparation qui évite les écueils, largement surmontables, au moment des épreuves finales, quand un peu d'entraînement ou la connaissance d'une astuce peuvent suffire.
Il est donc important, lors du choix de son école, de se poser la question suivante : quelles sont les méthodes utilisées par mon futur centre de formation pour m'entraîner aux diplômes du cursus de référence comptable ? Il est rare que la méthode de l'épreuve « blanche » seule fonctionne. Si sa pratique représente un « plus » certain (car elle vous met en situation et vous rappelle qu'il est grand temps de travailler très sérieusement...), elle doit par ailleurs s'accompagner de contrôles continus et de partiels qui obligent à réviser des champs de programmes plus larges.

UN DIPLÔME UNIVERSITAIRE COMPTABLE

L'Ordre des experts-comptables joue un rôle crucial dans le système de formation de la profession. Cela se vérifie au niveau national, notamment pour les contenus pédagogiques des formations, mais aussi au niveau régional. Ainsi, le conseil régional de l'Ordre des experts-comptables et comptables agréés de la région Provence-Alpes-Côte-d'Azur a impulsé en 1975 la création de l'Institut supérieur d'études comptables (ISEC) qui accueille chaque année quelque 300 étudiants à Aix en Provence.

La liaison étroite que l'organisme noue avec le conseil de l'Ordre est profitable aux étudiants dans bien des domaines. Ainsi, l'équipe pédagogique peut s'enorgueillir d'accepter dans ses rangs des experts-comptables, des avocats ainsi que des hauts fonctionnaires de l'administration fiscale. L'enseignement est donc tourné vers la pratique (exercices pratiques, études de cas) selon des méthodes de travail collectives ou individuelles.

Il organise une préparation aux examens nationaux de l'expertise comptable : DCG, DSCG.
Le diplôme comptable et juridique d'université (DCJU) de niveau licence, est un excellent marchepied pour passer le DCG. De plus, l'approche pédagogique et un enseignement toujours soucieux des approfondissements le différencient des diplômes comptables. Il permet ainsi aux étudiants de poursuivre en université, ou de franchir des passerelles.

▶ **Contact** : ISEC. 2, rue Jean Andréani, 13090 Aix-en-Provence. Tél. : 04 13 94 23 93. Internet : www.isec-aix.fr

Dans une école désirant sérieusement la réussite de ses étudiants, l'oral et l'écrit sont largement pratiqués. La prise de parole est un exercice auquel les étudiants sont parfois mal préparés car, comme l'expliquent souvent les membres des jurys d'épreuves, « *chacun a toujours l'impression que l'oral ne se travaille pas, que tout est question de trac, et que certains, moins stressés que d'autres y arrivent plus facilement. Or l'oral apparaît bien comme un exercice qui s'acquiert et repose sur certaines conventions.* » En d'autres termes, il est des choses qu'il est possible de faire, d'autres qui sont très peu recommandées et les réactions du jury dépendent bien souvent de ces petites subtilités. Parler en public devant des amis ou la famille ne correspond en rien à une intervention devant un auditoire aux aguets, attentif à une logique d'ensemble, aux imprécisions et aux erreurs.

UN CADRE IDÉAL POUR PRÉSENTER LES DIPLÔMES COMPTABLES

Céline nous fait part de son parcours : « *À la sortie du lycée, j'avais la possibilité de me former à la comptabilité en entrant à la faculté ou bien en école de commerce. J'aurais pu choisir une licence AES ou sciences économiques, ou encore passer l'un des nombreux concours d'entrée en école de commerce. Il faut, dans ces cas-là, être certain de son désir de poursuivre des études longues. S'arrêter à bac + 2 avec une formation généraliste ne sert à rien. Le cadre du DUT est encore trop universitaire et laisse une trop grande marge de liberté. Restait le BTS ou une école préparant aux diplômes comptables. Cette dernière offrait la possibilité de poursuivre des études sur deux ou quatre ans dans la même structure avec des débouchés sur le monde du travail.* »

Ce dernier argument pousse Céline à intégrer une école spécialisée qui peut la mener jusqu'au niveau bac + 8 (le diplôme de l'expertise comptable). À l'École supérieure des Pays-de-la-Loire (ESPL), elle trouve les ingrédients d'une école de comptabilité spécialisée : des promotions en petit comité (25 étudiants) et un suivi serré des étudiants dont les effets se répercutent sur les résultats obtenus au diplôme préparatoire aux études comptables et financières (DPECF). Céline surmonte sans encombre ce premier obstacle et dans la même structure prépare un diplôme d'études comptables et financières (remplacé par le DCG).

« *Pour la préparation aux diplômes comptables, il est indispensable d'être encadré par des professeurs qui corrigent les épreuves nationales ou s'y intéressent de près. Le jour J, les petites astuces, les conseils de dernières minutes qui rappellent les bases des exercices demandés jouent pour beaucoup dans la réussite. Après le travail, bien sûr…* »

ACE CFA pour l'expertise comptable

L'ACE accueille des élèves en formation initiale (depuis 1983) et des élèves en alternance. Depuis 1993, sous la dénomination CFA pour l'expertise comptable, l'ACE a créé son centre de formation d'apprentis.
Aujourd'hui, les jeunes de moins de 30 ans peuvent donc préparer des formations diplômantes sous statut étudiant, mais aussi en contrat d'apprentissage ou en contrat de qualification/profession-nalisation, contrats en alternance permettant d'allier formation et activité professionnelle. L'ACE est spécialisée, entre autres, dans la formation aux métiers de la comptabilité, de l'audit, de la finance et de la gestion.
Quelques diplômes préparés à l'ACE :

- bac professionnel gestion administration ;
- BTS comptabilité et gestion ;
- BTS support à l'action managériale ;
- BTS gestion de la PME ;
- les diplômes de l'expertise comptable (DCG, DSCG) ;
- licence professionnelle métiers de la comptabilité et de la gestion spécialité comptabilité et paie ;
- master économie et management des entreprises.

▶ **Pour en savoir plus :** www.ace-expert.com

À noter : les inscriptions se font après entretien avec un conseiller d'orientation.

LES POINTS FORTS DE L'ACE

Nelly Sommavilla, chargée de communication de l'ACE, nous présente et nous expose les points forts d'une formation en alternance.
« L'ACE forme plus de 1 000 élèves par an, dont 800 en alternance. Son écoute des milieux professionnels, sa faculté d'adaptation aux exigences du marché et son souci permanent de répondre aux attentes de ses partenaires lui confèrent aujourd'hui un positionnement reconnu dans son secteur, conforté par son agrément comme CFA parisien. L'alternance est plus que jamais une voie efficace et reconnue vers la qualification et l'emploi. Un mode de formation qui ne convient, certes, qu'aux candidats ayant un solide projet professionnel avec une forte motivation, mais les efforts sont payants, car à diplôme égal, l'expérience est un plus !

Les "plus" d'une formation en alternance à l'ACE ? Ils sont nombreux : journées d'intégration, tests de positionnement et aide à l'élaboration du portefeuille de compétences, développement personnel, ateliers de méthodologie, séminaires de révisions intensives, échanges interprofessionnels, publications internes, conférences-débats. »

ICS Bégué

L'ICS Bégué est l'un des centres de formation – reconnu par l'État – spécialisés en comptabilité. La direction prône une « pédagogie active » ce qui implique la transmission de savoirs mais aussi un encadrement assurant « *un environnement propice aux relations humaines, qui permette un véritable contact ainsi qu'un suivi personnalisé* ».

L'enseignement de l'ICS Bégué est assuré par des formateurs qui participent aussi aux jurys des concours nationaux, ce qui contribue certainement à la réussite des étudiants : les cours sont adaptés à la réalité des épreuves d'État. Comme dans de nombreuses écoles de comptabilité, le corps professoral comprend un certain nombre d'hommes et de femmes rompus aux techniques ayant cours dans le monde de l'entreprise. Un « plus », en des temps où l'une des exigences des recruteurs reste le savoir opérationnel.

Préparant au DCG, DSCG et DEC depuis la rentrée 2006, l'ICS Bégué possède, par ailleurs, une certification supplémentaire de la qualité du cursus suivi par l'étudiant : basé sur les notes des quatre années du cursus, sur deux examens blancs et sur la note de mémoire de stage, il récompense des jeunes prêts à entrer dans la vie active.

Afin d'éviter les pertes de temps en cas d'échec dans une unité de valeur, l'école a instauré un programme de révision destiné aux étudiants entrés en classe supérieure en octobre, et ayant échoué à certaines épreuves. Les résultats sont fournis en fin d'année civile et des cours hebdomadaires sont prévus au deuxième semestre.

► **Pour en savoir plus :** www.ics-begue.com

CFA Bessières

L'alternance vous séduit ? Le CFA Bessières propose les formations suivantes pour la préparation à l'expertise comptable dans le cadre du contrat d'apprentissage :

- BTS comptabilité gestion ;
- DCG ;
- DSCG.

Cette école, créée par l'École nationale de commerce Bessières, est un établissement public du ministère de l'Éducation nationale, la formation est donc gratuite. Elle se déroule selon le principe de l'alternance.

L'admission se fait sur dossier et entretien. Le dossier d'inscription est téléchargeable sur le site du CFA.

► **Pour en savoir plus :** http://cfa-bessieres.org/2019/index.php

« CYBER-FORMEZ-VOUS ! »

Le CNAM propose un enseignement de comptabilité finance de l'entreprise à distance…
Cette approche de la formation par internet offre une flexibilité indéniable. Ainsi, il est possible de s'inscrire à n'importe quel moment de l'année universitaire, ce qui n'est pas négligeable en cas de réorientation.
L'enseignement repose sur l'autoformation en ligne et des téléchargements de supports. À la fin de chaque partie, un devoir est proposé qui doit ensuite être retourné au tuteur afin qu'il le corrige.
Ces enseignements vous préparent à des unités de valeur CNAM qui entrent dans la composition de nombreux diplômes bac + 2 CNAM. En fin de formation, une convocation vous invite à vous présenter à l'examen (session de juin et/ou de septembre de l'année d'inscription) que le CNAM organise dans un de ses centres d'enseignement. Une attestation de réussite vous est transmise si vous obtenez une note supérieure ou égale à 10 sur 20 à l'une des sessions.

► **Contact :** http://formation.cnam.fr

À noter : vous trouverez les coordonnées d'autres écoles dans le carnet d'adresses en fin d'ouvrage.

7 – LA FORMATION CONTINUE DANS LA BANQUE ET L'ASSURANCE

Par tradition, la formation continue revêt une grande importance, tant dans la banque que dans l'assurance. En effet, pendant longtemps, ces deux secteurs ont recruté des salariés sans grande qualification pour les faire évoluer en leur permettant d'acquérir des diplômes. CAP, BP, BTS... : tel était le parcours de formation classique qui permettait autrefois de gravir un à un les échelons professionnels. Aujourd'hui, le CAP et le BP sont tombés en désuétude. Outre les formations diplômantes, les banques et les sociétés d'assurances proposent également à leurs salariés de nombreux stages techniques et commerciaux. Voici donc un panorama des principales formations que vous pourrez être amené à suivre.

SE FORMER DANS LA BANQUE

Âgée de plus de 60 ans, la formation diplômante bancaire a encore de beaux restes ! Il est vrai qu'elle fait régulièrement l'objet de liftings lui permettant de conserver une éternelle jeunesse. Communication, vente, nouvelles technologies, analyse de risque... Tous ces domaines occupent désormais une place majeure dans l'enseignement délivré. Si le CAP n'est plus d'actualité, les autres diplômes que nous allons vous présenter constituent encore des moyens reconnus, pour les salariés, de « prendre du galon » dans les banques.

Le CFPB – École supérieure de la banque (Centre de formation de la profession bancaire), créé en 1932, a pour objectif la formation (initiale et continue) aux métiers de la banque *via* plusieurs instituts que nous vous présentons ci-dessous.

► **Contact :** CFPB. Immeuble Le Carillon. 5, esplanade Charles-de-Gaulle, TSA 85000 – 92739 Nanterre cedex. Tél. : 01 41 02 55 00. Internet : www.cfpb.fr

L'École supérieure de la banque (CFPB)

Institut technique de la banque (ITB-CFPB)

L'ITB-CFPB s'adresse aux managers d'unités bancaires. Il propose un diplôme professionnel dont la formation de deux ans est répartie sur 40 jours.

Depuis la rentrée 2018, l'ITB management bancaire est organisé en quatre blocs de compétences (avec, en plus, une option de préparation à la formation et une option de préparation aux examens) :

- Bloc 1 : piloter l'activité bancaire dans un contexte de transformations économiques, sociétales et technologiques ;
- Bloc 2 : accompagner et évaluer les compétences individuelles au sein d'une unité bancaire ;
- Bloc 3 : développer la qualité au sein de l'organisation bancaire ;
- Bloc 4 : mobiliser une équipe et valoriser la performance collective d'une unité bancaire.

Pour obtenir le diplôme, chaque candidat doit valider tous les blocs de compétences (note minimum 10/20) ; obtenir une note supérieure ou égale à 8/20 au Grand Oral et une moyenne générale supérieure ou égale à 10/20 après application des coefficients.

Le Centre d'études supérieures de banque (CESB-CFPB)

Le partenariat mis en place le CFPB et l'ESSEC permet la délivrance d'un diplôme reconnu par la Conférence des grandes écoles : le **MS senior management bancaire**.

Cette formation de neuf semaines s'adresse aux titulaires de diplômes de niveau bac + 4/5, aux titulaires de l'ITB ayant au minimum 3 ans d'expérience professionnelle ou autres collaborateurs ne répondant pas à ces conditions, mais affichant une très forte expérience.

Certains cours sont donc dispensés par le CESB-CFPB : économie monétaire et bancaire – politique monétaire ; management stratégique des entreprises et stratégie bancaire européenne ; banque et International ; industrie bancaire et financière : activités, instructions, réglementation, surveillance ; conformité et déontologie ; approche globale des risques ; gestion des ressources humaines ; droit social ; systèmes d'information et organisation des nouveaux canaux de distribution ; analyse financière des établissements de

crédit ; stratégie bancaire et gestion du bilan des banques ; contrôle de gestion bancaire ; risques juridiques.
Les cours orientés « management » sont dispensés par l'ESSEC Business School : management d'équipe ; marketing des services et des services bancaires ; *Leadership* ; atelier de *team-building*, etc.
Pour obtenir le diplôme, il est, de plus, impératif de soutenir une thèse professionnelle.

LA FORMATION PROFESSIONNELLE CONTINUE DANS LES BANQUES

Au-delà des diplômes, les banques consacrent en moyenne chaque année entre 4 et 6 % de leur masse salariale à la formation permanente. Ces formations sont dispensées sous forme de stages classiques, mais aussi de plus en plus de façon interactive avec des outils multimédias. La BRED, par exemple, s'est dotée depuis 1994 d'un espace technologique en libre accès qui dispose du nec plus ultra en matière de communication et d'information : ordinateurs multimédias, visioconférences, Internet, systèmes de dictée vocale et de reconnaissance d'écriture... Les salariés peuvent s'y rendre quand ils le souhaitent pour goûter au charme des nouvelles technologies. Il s'agit de faire comprendre par le vécu, plutôt que par un beau discours, les évolutions de comportement de la clientèle.
Aux côtés des formations classiques sur les techniques de vente, les produits ou encore l'évolution du droit bancaire, de nouvelles demandes apparaissent ainsi chaque année dans les banques. Les thèmes en vogue aujourd'hui ? Les fonds de pension, par exemple, qui suscitent un intérêt croissant. Plus surprenant, les formations à la sécurité occupent également une place de plus en plus importante dans les plans de formation qu'il s'agisse de techniques anti-agression, de lutte contre le piratage informatique ou encore de prévention contre la fraude ou le blanchiment d'argent.

SE FORMER DANS L'ASSURANCE

Historiquement, la formation diplômante continue dans l'assurance a pris naissance en 1947, avec la création de l'École nationale d'assurances (ENASS). Mais le CNAM, son établissement de tutelle, ne pouvait intervenir que pour l'enseignement supérieur. D'où la décision du Conseil national des assurances de créer également une institution privée chargée d'assurer des enseignements professionnels au niveau du secondaire : l'IFPASS.

Ces deux organismes furent cependant placés sous l'autorité d'une direction unique. Aujourd'hui, le groupe ENASS-IFPASS constitue encore le pilier de la formation professionnelle de l'assurance. Il est directement contrôlé par la profession dont les différents partenaires (organismes patronaux et syndicats de salariés) composent ses instances de direction. Chaque année, il accueille plus de 6 000 élèves et stagiaires. Constitué d'une multitude d'établissements, il propose une grande variété de programmes d'enseignement. En voici les principaux.

▶ **Contact :** groupe ENASS-IFPASS. Immeuble Le Stratège. 172-174, rue de la République – CS40049, 92817 Puteaux cedex. Tél. : 01 47 76 58 00. Internet : www.ifpass.fr

L'Institut de formation de la profession de l'assurance (IFPASS)

L'IFPASS permet de préparer entre autres le BTS assurance et la licence professionnelle de conseiller, souscripteur, gestionnaire en assurance.
Le **brevet de technicien supérieur** peut être suivi en alternance (il faut alors être âgé de moins de 30 ans, être titulaire du baccalauréat et bénéficier d'un contrat d'apprentissage de 24 mois) ou en formation continue et en enseignement à distance (il faut alors posséder le bac ou équivalent et pouvoir justifier de trois ans de pratique professionnelle). Les titulaires du BTS assurance pourront exercer des responsabilités techniques et commerciales.
La licence professionnelle de conseiller, souscripteur, gestionnaire en assurance est également proposée en alternance. Pour pouvoir s'inscrire, il faut avoir moins de 30 ans ou être inscrit au Pôle Emploi, être titulaire d'un bac + 2 et bénéficier d'un contrat d'apprentissage ou de professionnalisation.

L'École nationale d'assurances (ENASS)

L'ENASS propose des formations initiales et continues.
Le **master management de l'assurance** en formation continue est accessible aux salariés de la profession des assurances, âgés d'au moins 24 ans, justifiant d'un niveau bac + 3 et d'une ancienneté

professionnelle de deux ans, minimum. L'admission se fait sur dossier et entretien avec un jury. Le programme se déroule sur deux ans à temps partiel à raison d'une semaine par mois. Ce cycle professionnel, sanctionné par un diplôme d'État de l'enseignement supérieur homologué au niveau I, conduit aux fonctions de cadres supérieurs dans le secteur de l'assurance et permet d'acquérir des aptitudes de manager grâce à des enseignements en assurance, management des structures et des hommes, initiation au rôle de formateur, gestion, communication, connaissance du monde contemporain, marketing, anglais…

Le Centre des hautes études d'assurances (CHEA)

Le CHEA, en partenariat avec l'Université Paris Dauphine propose un *Executive MBA*, aux cadres dirigeants qui souhaitent renforcer leurs compétences et diriger des entreprises d'assurances.
Le cursus dure 18 mois, à raison de deux jours de séminaires par mois et de deux voyages d'études obligatoires à Londres et en Asie, et 20 % des cours sont en anglais.
Les thèmes des séminaires qui comptent 20 participants par promotion sont : management stratégique, direction financière et contrôle de gestion, marketing et distribution, direction des ressources humaines, éthique professionnelle, etc.
Pour obtenir leur *Executive MBA* CHEA, les étudiants doivent réaliser un projet de groupe, créer un *Business Case,* réaliser une vidéo sur le leadership et présenter le tout devant un jury de professionnels.

PARTIE IV

L'ENTRÉE DANS LA VIE ACTIVE

Vous voilà titulaire d'un diplôme, fort bien… Tout frais sorti de votre formation, vous vous sentez armé pour affronter le marché du travail. Mais vous allez vous rendre compte que ce n'est pas toujours une sinécure ! Même bardé de diplômes, vous n'intéresserez pas les recruteurs si vous ne connaissez rien au monde de l'entreprise. C'est pourquoi les stages sont incontournables. Ils permettent au débutant de se frotter aux rouages et aux exigences du métier et de savoir ainsi ce qui l'attend plus tard. Viennent ensuite toutes les démarches pour décrocher son premier emploi : CV, lettres de candidature, entretiens, tests…

Mais avant de vous lancer dans ce parcours du combattant, vous devrez impérativement définir votre bilan personnel. En effet, cette démarche préalable est indispensable pour établir, à partir de votre passé et de votre situation présente, votre projet professionnel. Votre bilan est l'inventaire complet de vos savoirs, savoir-faire et savoir-être. Il peut se comparer à une armoire où vous rangez toutes vos affaires personnelles. Ainsi, lorsque vous irez au-devant de vos futurs employeurs, vous devrez piocher dans votre bilan tous les éléments susceptibles de les intéresser, exactement comme si vous faisiez une valise avant de partir en voyage…

1 – LES STAGES : L'ANTICHAMBRE DE L'EMPLOI

Les recruteurs sont unanimes sur ce point : les stages apportent un sérieux plus au CV. Et ce ne sont pas les possibilités qui manquent. En effet, les banques et les sociétés d'assurances proposent des milliers d'offres de stage.

On peut distinguer deux types de stages : les stages « ouvriers » et les stages « écoles ».
Les premiers se déroulent le plus souvent durant les vacances scolaires. Les stagiaires effectuent des tâches basiques : accueil au guichet, travail administratif dans les coulisses du *back office*... Ils concernent surtout des étudiants de niveau bac à bac + 2 qui y trouvent l'occasion de découvrir le secteur et de se frotter aux exigences du monde du travail.
Plus ambitieux, les stages écoles comprennent de véritables missions, définies et menées en étroite collaboration avec le maître de stage. Ils s'adressent aussi bien à des titulaires d'un bac + 2 qu'à des diplômés bac + 5 ou plus. BNP Paribas, par exemple, propose de nombreux stages à des étudiants possédant un diplôme de niveau bac + 4/5 (écoles de commerce, master) sur son site : https://group.bnpparibas/je-suis/etudiant

SE CONSTITUER UN RÉSEAU RELATIONNEL PAR LE STAGE

À l'issue d'un stage, constituer ou mettre à l'épreuve son réseau est indispensable. Ce fut le cas pour Olivier. « *Il ne faut pas hésiter à se renseigner et se présenter. Dans la SSII qui m'avait pris en stage, il y avait des besoins identifiés et des postes à pourvoir.* » On propose à Olivier un poste de consultant en interne qui ne le tente pas, mais une seconde possibilité s'offre à lui : consultant externe, avec l'intervention en clientèle pour mission principale. Le statut de stagiaire est un atout indéniable pour Olivier qui n'a pas vraiment l'occasion de faire ses preuves en entretien. Son cursus universitaire et son expérience réussie de la culture de l'entreprise suffisent amplement à convaincre le service qui n'avait pourtant jamais travaillé avec lui. « *J'ai fini mon stage mi-août, j'ai rédigé mon mémoire, et dix jours après, je commençais à travailler... Il y a eu une période d'adaptation d'environ un mois pour découvrir les méthodes de travail. Mais, en fin de compte, sans mon stage, j'aurais mis beaucoup plus de temps*

à m'adapter. Les gens n'ont pas le temps de s'occuper de nous, il y a un certain flou en ce domaine. »
Olivier considère qu'il a eu de la chance, notamment celle d'avoir travaillé aux côtés d'une excellente responsable de stage. « *Elle a été ouverte à de nouveaux points de vue, acceptant qu'un stagiaire lui apporte quelques enseignements. Du coup, il y a un véritable transfert de connaissances et cette personne m'a offert dix fois plus que ce que je pouvais lui donner : elle m'a réellement fait partager ses expériences.* »

Vous l'aurez compris, les stages ne servent pas à faire du tourisme ! Ils correspondent à un véritable travail à plein temps. D'ailleurs, ils font souvent l'objet d'une gratification minimale (représentant 15 % du plafond horaire de la Sécurité sociale). En 2020, la gratification horaire minimale d'un stagiaire est de 3,90 euros, soit 591 euros pour un mois de travail. Les stages font également office, dans bien des cas, de période de prérecrutement. À la Bred, par exemple, la moitié des embauches concernent d'anciens stagiaires ou apprentis. Durant le stage, votre hiérarchie évaluera ainsi vos compétences, votre assiduité et votre dynamisme. Au terme de votre stage, vous devrez réaliser un rapport que vous soumettrez à vos supérieurs, ce qui représente pour eux une façon de mesurer la qualité du travail que vous avez accompli et de jauger votre potentiel.

DES SITES INTERNET INCONTOURNABLES

Toutes les sociétés d'assurances et les banques ont un ou plusieurs sites internet où vous trouverez des offres de stage et d'emploi.

- Allianz Banque : www.allianzbanque.fr/a/z/b/mb_5025/fr/recrutement
- Axa : https://recrutement.axa.fr
- BPCE (Banque Populaire-Caisse d'Épargne) : https://groupebpce.com
- BNP Paribas : https://group.bnpparibas/emploi-carriere
- CIC : www.cic.fr/fr/recrutement/rejoindre-le-cic/Offres.aspx
- CNP : www.cnp.fr/le-groupe-cnp-assurances/candidats
- Crédit Agricole : www.groupecreditagricole.jobs
- Crédit Mutuel : www.creditmutuel.fr/fr/groupe/recrutement.html
- Générali : https://institutionnel.generali.fr/liste-des-offres
- Groupama-Gan : www.groupama-gan-recrute.com
- HSBC : www.about.hsbc.ca/fr-ca/careers
- Maaf : www.maaf.fr/fr/a-propos-de-maaf/rejoindre-maaf
- Macif : www.macif.fr/assurance/le-groupe-macif/rejoignez-nous
- Société Générale : https://careers.societegenerale.com
- Société Générale Assurances : www.assurances.societegenerale.com/fr/espace-candidat

Seule ombre au tableau : les demandes de stages sont nettement plus nombreuses que les offres. Mieux vaut donc adresser ses lettres de candidature plusieurs mois à l'avance. Sachez également que la recherche d'un stage s'apparente de plus en plus à celle d'un emploi. De nombreuses entreprises font ainsi passer à leurs futurs stagiaires des tests et un entretien de recrutement.

LE VOLONTARIAT INTERNATIONAL EN ENTREPRISE

Le Volontariat international en entreprise (VIE) permet à une entreprise de confier à un jeune, homme ou femme, âgé de 18 à 28 ans, une mission professionnelle à l'étranger d'une durée de 6 à 24 mois selon ses besoins. Le VIE est un atout majeur, à la fois pour l'entreprise qui souhaite intervenir avec la plus grande efficacité sur les marchés internationaux et pour le jeune qui s'investit dans une expérience enrichissante hors de nos frontières.
À titre d'exemple, chez BNP Paribas, depuis la création du contrat en 2000, 260 VIE sont proposés chaque année. Les profils recherchés sont titulaires d'un bac + 5 (école de commerce, d'ingénieurs ou université) avec un bon niveau d'anglais et ayant, si possible, une première expérience en tant que stagiaire. Parmi les métiers proposés, on retrouve des contrôleurs de gestion ; des analystes financiers, des assistants trader, etc. Du fait de sa présence dans 75 pays, les affectations proposées se trouvent sur tous les continents.

► **Contact** : Centre d'information sur le volontariat international : www.civiweb.com

2 – LE CV

La réalisation de votre CV doit refléter votre projet professionnel, c'est-à-dire prendre en compte les objectifs que vous vous êtes fixés. Si vous avez deux projets professionnels réalistes, vous aurez ainsi tout intérêt à rédiger deux CV différents. Vous ne mettrez pas en valeur les mêmes expériences ni les mêmes compétences selon le type d'entreprises destinataires et les fonctions que vous souhaitez exercer. Attention ! Le CV est avant tout un outil de communication. Il doit donc retenir l'attention du lecteur dès le premier coup d'œil sous peine d'atterrir dans la corbeille à papier. Sachez qu'un premier tri de CV demande une poignée de secondes à un recruteur averti. En résumé, avant d'ouvrir votre traitement de texte, vous devez vous poser deux questions cruciales. Quelles sont les informations susceptibles d'intéresser le recruteur ? Comment les mettre en évidence ?
Voici quelques indications pour vous aider dans cette démarche.

LE CONTENU

Votre CV ne sert qu'à une chose : obtenir un rendez-vous. Il doit donc donner envie au lecteur de vous rencontrer. Ainsi, chaque rubrique doit faire passer des informations essentielles pour lui permettre de mieux vous connaître et d'apprécier votre potentiel.

Le titre
Si vous postulez à un poste que vous avez déjà exercé (par exemple chargé de clientèle de particuliers), vous pouvez l'indiquer en haut du CV. Si vous êtes débutant, vous pouvez faire mention de votre projet professionnel. Évitez alors les expressions trop stéréotypées du type : « *Souhaite exprimer mon potentiel au sein d'une entreprise dynamique.* » Non seulement cela n'apporte aucune information concrète, mais cela rend le CV fade et impersonnel. Indiquez plutôt des objectifs précis, par exemple : « *Souhaite travailler en réseau au contact de la clientèle.* » Surtout, n'écrivez jamais CV ou *curriculum vitæ* en titre principal.

L'état civil

Pensez à indiquer votre nom, prénom, adresse, numéros de téléphone fixe et mobile, adresse e-mail, mais aussi votre âge ou votre date de naissance ainsi que votre situation de famille.

La formation

Ne mentionnez que les diplômes susceptibles d'intéresser votre futur employeur. Si vous sortez d'une école de commerce, par exemple, ne remontez pas avant le bac. Néanmoins, faites en sorte que le recruteur perçoive bien la continuité de votre parcours. Précisez la date, la durée ainsi que le nom et la localisation de l'école pour chaque formation suivie.

L'expérience professionnelle

Même pour un débutant, c'est la rubrique clé du CV. Il ne s'agit évidemment pas d'être exhaustif. Nul besoin de citer tous les stages et petits boulots effectués avec le même degré de précision. Contentez-vous de mettre l'accent sur les activités les plus en rapport avec vos objectifs professionnels. Expliquez alors succinctement, mais clairement, les fonctions exercées, la nature des responsabilités qui vous ont été confiées ainsi que les réalisations concrètes que vous avez menées à terme. Chaque fois que cela est possible, n'hésitez pas à les illustrer par des chiffres : augmentation du chiffre d'affaires, des prospects clients… L'idée est de faire découvrir au lecteur vos compétences réelles et votre sens de l'initiative, bref de lui faire anticiper tout ce que vous pourrez apporter à son entreprise.

Les langues

L'information donnée à ce sujet doit être honnête et pertinente. En effet, les recruteurs ne se laissent plus bluffer facilement par des candidats qui ont trop souvent tendance à se surestimer. Évitez les mentions trop subjectives du type : bon niveau ou parlé avec aisance. Essayez plutôt de donner des éléments d'appréciation tangibles, par exemple, les diplômes obtenus (TOEFL, GMAT, B2 First), la durée des séjours à l'étranger, la rédaction de rapports en anglais… Si vous êtes médiocre en langue, vous devrez, bien entendu, faire l'économie de cette rubrique !

Et aussi…
La rubrique « Divers » est bien commode pour mettre l'accent sur ses aptitudes complémentaires. Vous pouvez, par exemple, y développer vos engagements associatifs. En revanche, évitez de vous appesantir sur vos loisirs ou vos hobbies. Cela n'intéressera pas forcément le recruteur de savoir que vous aimez les chiens ou que vous jouez régulièrement à la belote…

LA PRÉSENTATION

Vous aurez beau avoir le profil idéal pour le poste que vous convoitez, si votre CV est bourré de fautes d'orthographe et rédigé avec des lettres minuscules, le recruteur n'en saura jamais rien car il n'aura pas envie de s'abîmer les yeux pour le déchiffrer. Tout comme le contenu, la présentation doit ainsi obéir à quelques règles élémentaires.

Utiliser un traitement de texte
Le traitement de texte offre de nombreuses possibilités de présentation attractive. Prenez garde, cependant, à ne pas en faire trop. Évitez par exemple d'utiliser trop de polices de caractères différentes. De même, n'abusez pas des italiques, des titres en gras ou soulignés, ou encore de l'encadrement des intitulés de rubriques. Un CV surchargé de fioritures peut être difficile à lire et donner une impression de désordre.

Classer les informations
Pour les rubriques « Formation » et « Expérience professionnelle », plusieurs approches sont possibles. Vous pouvez d'abord avoir recours à un ordre chronologique. L'avantage : cela mettra en évidence votre progression et la cohérence de votre itinéraire. Ce type de présentation est probablement le mieux adapté aux débutants. Sinon, rien ne vous interdit de prendre votre parcours à rebrousse-poil, en commençant par l'expérience la plus récente et en remontant dans le temps. Grâce à ce système, vous mettrez en valeur votre dernière activité, qui est souvent la plus en rapport avec l'objectif que vous visez. Mais le fin du fin consiste à utiliser une classification thématique. Dans ce cas, ce n'est plus l'enchaînement des dates qui sert de fil conducteur, mais l'analyse du contenu de vos

expériences. Cette méthode est particulièrement conseillée lorsqu'on désire zapper sur certaines de ses activités, parce qu'elles sont trop nombreuses et trop dispersées, ou lorsque son parcours comporte des périodes d'inactivité. Elle présente également l'avantage de bien mettre l'accent sur ses différents domaines de compétence.

LES QUALITÉS D'UN BON CV

Votre CV est adressé à quelqu'un qui ne vous connaît pas et n'a pas de temps à perdre. Si vous ne voulez pas qu'il soit écarté, vous devez impérativement respecter la règle des 4 C, c'est-à-dire faire en sorte qu'il soit :

- **court** : n'écrivez pas plus de deux pages ; une page suffit si vous êtes débutant. On ne vous demande pas d'écrire votre autobiographie mais de sélectionner les informations les plus importantes en fonction de votre projet et des attentes de votre interlocuteur. N'utilisez que des phrases courtes ;
- **clair** : votre CV doit se lire facilement. Utilisez, bien sûr, un traitement de texte. Pensez également à classer les informations dans des rubriques qui soient faciles à repérer du premier coup d'œil ;
- **concret** : soyez précis et proscrivez les termes vagues. Pour chaque expérience, indiquez les années, les durées et les réalisations effectuées. Attention. Toutes les informations que vous donnerez sont susceptibles d'être vérifiées ;
- **cohérent** : la longueur des rubriques doit correspondre à la durée des formations ou des expériences. Ne mentionnez pas les informations inutiles ou négatives, par exemple une période d'inactivité.

3 – LA LETTRE DE MOTIVATION

Impossible de faire l'impasse sur la lettre de motivation. C'est l'élément le plus original de votre candidature. En effet, il n'existe pas de « recette miracle » pour la rédiger : chacun doit y mettre sa touche personnelle. Pour sortir du lot, vous devez attirer l'attention du lecteur en vous appuyant sur des faits ou des arguments. Et ce, sans vous contenter de reprendre les éléments qui figurent déjà sur votre CV.

RÉPONDRE À UNE ANNONCE

Dans ce cas de figure, vous êtes dans une relation d'égal à égal avec le recruteur. Lui recherche un collaborateur, vous un emploi. Nulle raison, donc, de vous sentir en position de faiblesse. Vous n'écrivez pas à l'entreprise pour la supplier de vous embaucher, mais tout simplement pour lui proposer vos services. C'est pourquoi, mieux vaut utiliser un ton simple et direct. Surtout, ne cherchez pas à vous inspirer de lettres types ou, pire encore, à les recopier textuellement. Pour vous aider dans votre rédaction, voici un plan classique qui constitue souvent l'ossature des lettres de motivation. À vous ensuite d'avoir l'inspiration nécessaire pour en faire bon usage.

QUELQUES SITES SÉRIEUX

Nous vous conseillons de vous rendre sur ces quelques sites incontournables.

Sites spécialisés
- www.efinancialcareers.fr : site européen d'offres d'emploi pour les métiers financiers, bancaires et de l'assurance ;
- www.roberthalf.fr : base de données d'offre d'emploi européenne en finance, comptabilité, banque, assurance, fiscalité… ;
- www.morganphilips.com/fr-fra : site international de conseil en recrutement et de conseil en ressources humaines.

Sites généraux
- www.pole-emploi.fr : site de Pôle Emploi ;
- www.apec.fr : le site de l'Association pour l'emploi des cadres ;
- www.monster.fr : un des sites pour la recherche d'emploi les plus consultés ;

• www.keljob.com : un site « annuaire » qui sélectionne des annonces selon votre demande ;
• www.cadresonline.com propose toutes les offres d'emploi des publications majeures de la presse spécialisée et généraliste ;
• www.cadremploi.fr : ce site propose des offres d'emploi, le dépôt de CV et des conseils ;
• www.regionsjob.com : réseau de sites de recherche d'emploi.

N'oubliez pas non plus les sites internet des banques et des sociétés d'assurances.

L'accroche

Vous devez accrocher l'attention du recruteur dès la première phrase. Évitez de débuter par « je » mais commencez plutôt par dire à l'employeur que vous connaissez son secteur d'activité et que vous avez compris quelles étaient ses attentes. Vous pouvez, par exemple, reformuler les termes de l'annonce sans pour autant les répéter mot pour mot.

L'argumentation

Développez votre argumentation en partant des compétences que vous possédez et en expliquant en quoi elles correspondent à la fonction proposée. Vous devez motiver votre candidature à la fois sur un plan technique (connaissance du secteur), professionnel (expériences passées, réalisations concrètes...) et personnel (qualités, points forts, centres d'intérêt, projet...). Ayez bien en tête que vous êtes en plein dans une démarche commerciale. Le produit que vous êtes chargé de vendre, c'est vous. Évitez, dès lors, de parler de vos lacunes ou de votre manque d'expérience. À l'inverse, n'affirmez pas non plus de façon péremptoire que vous êtes l'homme ou la femme de la situation. Cela, c'est le recruteur lui-même qui doit le déduire de vos arguments.

La conclusion

Terminez votre lettre par une proposition d'entretien du type : « *J'espère avoir l'occasion prochaine de vous rencontrer afin de pouvoir vous exposer de vive voix les motivations qui m'animent.* » Si l'annonce, comme c'est parfois le cas, vous demande de préciser vos prétentions de salaire, c'est à ce stade de la lettre qu'il faut aborder ce point délicat. Donnez une fourchette relativement large, parlez en salaire brut annuel et, surtout, proposez au recruteur d'en rediscuter lors de l'entretien. En effet, c'est seulement à ce moment que vous disposerez de tous les éléments nécessaires pour revoir vos prétentions à la hausse ou à la baisse. Enfin, n'oubliez pas de conclure par une formule de politesse simple et de bon ton du style : « *Veuillez agréer, Monsieur, mes sincères salutations.* »

QUATRE CONSEILS POUR DÉCHIFFRER LES PETITES ANNONCES

- Avant d'aller à la rubrique qui vous intéresse, jetez un rapide coup d'œil sur les autres. Qui sait si vous n'y trouverez pas un poste auquel vous n'aviez pas pensé ?
- Établissez une liste de critères de choix par ordre d'importance : nature du poste, type d'entreprise, localisation, salaire proposé... Plutôt que de vous précipiter tête baissée sur une offre *a priori* séduisante, sélectionnez d'abord toutes celles qui vous intéressent. Puis faites une seconde lecture pour éliminer celles qui ne remplissent pas au moins un des critères que vous jugez essentiels.
- Ne partez pas au casse-pipe. Tentez d'abord de bien comprendre ce que recherche l'employeur. Voyez ensuite si vous correspondez au profil souhaité. Et surtout, si vous vous sentez apte, dès votre embauche, à assumer la mission proposée.
- Sachez lire entre les lignes, sans toutefois trop laisser courir votre imagination.

LA CANDIDATURE SPONTANÉE

Environ un poste sur trois est pourvu par candidature spontanée, c'est dire l'importance du marché de l'emploi « caché ». Nous vous conseillons donc fortement de ne pas négliger ce mode de recherche. Contrairement à la réponse à une annonce, la lettre de candidature spontanée s'adresse à un employeur qui n'a *a priori* pas besoin de vous, du moins dans l'immédiat. Le contenu en est donc un peu différent. Voici quelques conseils pour accroître vos chances.

Le destinataire

Avant toute chose, vous devez identifier le bon destinataire. S'agit-il du responsable des ressources humaines, du chargé de recrutement, du responsable des relations école, d'un directeur opérationnel ? Pour le savoir, vous devez mener votre propre enquête. Par exemple, en téléphonant à la société visée, en consultant un annuaire professionnel ou en allant faire un tour sur le site internet de l'entreprise.

L'introduction

Montrez que votre lettre n'arrive pas par hasard. Donnez des indications qui laissent bien entendre que vous connaissez l'entreprise, son secteur d'activité, ses produits, sa notoriété, mais en évitant d'être trop dithyrambique.

Le développement

Détaillez ensuite en quoi vous pouvez apporter un plus à l'entreprise. N'hésitez pas à montrer de façon concrète, en évoquant par exemple des missions déjà réalisées dans le cadre d'un stage, ce que vous êtes capable de faire. Enfin, efforcez-vous d'avoir un objectif précis. L'idée n'est pas de ratisser large en postulant à tous les postes susceptibles d'être disponibles. Ce qui n'empêche pas d'afficher une certaine polyvalence. En résumé, vous pouvez cibler plusieurs fonctions, mais seulement si elles sont cohérentes par rapport à votre parcours. C'est une condition *sine qua non* pour être crédible.

La conclusion

Tout comme pour la réponse à une annonce, terminez votre lettre par une proposition d'entretien du type : « *Je reste à votre disposition pour un entretien qui me permettra de vous apporter toutes précisions utiles sur mon parcours et mes motivations.* » Si vous n'avez pas reçu de réponse au bout de deux ou trois semaines, n'hésitez pas à relancer le recruteur par téléphone. Qui ne tente rien n'a rien...

LA PRÉSENTATION

Qu'il s'agisse de répondre à une annonce ou de rédiger une candidature spontanée, la présentation est quasiment identique. Voici cinq règles de base à respecter :

- écrivez votre lettre à la main. Les traitements de texte sont à bannir car ils donneraient à votre prose une allure standardisée et impersonnelle ;
- indiquez en haut à gauche vos coordonnées. Précisez le lieu et la date. Mentionnez le numéro de l'offre s'il s'agit d'une réponse à une annonce ou l'objet de votre lettre si c'est une candidature spontanée.

N'oubliez pas enfin de faire figurer le nom et la fonction de votre destinataire ;

• aérez votre texte au maximum. Commencez les paragraphes avec un retrait et espacez-les d'au moins une ligne. Si votre texte est long, il est préférable de le faire tenir sur deux pages que de le tasser sur une seule ;

• utilisez un style clair et direct. Privilégiez les phrases courtes ;

• n'oubliez pas de signer votre lettre. Mais n'ajoutez pas votre nom en dessous de la signature car cette pratique est réservée aux courriers professionnels.

DES GUIDES POUR OPTIMISER SA CANDIDATURE

Pour réussir toutes les étapes du processus de recrutement, nous vous conseillons quelques guides parus chez Studyrama :

• *Le Grand Livre du CV* et *Le Grand Livre de la lettre de motivation* vous donnent des exemples commentés de CV et lettres de motivation, classés par branche d'activités ;

• *Le Grand Livre des tests de recrutement* et *L'Entretien d'embauche* vous dispensent de nombreux conseils pour franchir avec succès les étapes du recrutement.

4 – L'ENTRETIEN DE RECRUTEMENT

Bravo ! Votre lettre de candidature a abouti : vous avez obtenu un rendez-vous pour un entretien. Reste à bien le préparer et surtout à ne pas commettre de bévues lorsque vous serez face à votre interlocuteur.

LA PRÉPARATION

Avant toute chose, ne partez pas les mains vides. Prenez avec vous votre lettre de candidature, votre convocation, votre CV, le texte de l'offre d'emploi, ainsi qu'un bloc de papier pour prendre des notes. Si vous avez un mémoire ou des publications à votre actif, il peut être judicieux de les glisser également dans votre attaché-case. Ensuite, retravaillez bien votre argumentation, si nécessaire en la complétant. L'important est de savoir à l'avance comment vous allez présenter vos atouts selon le poste et l'intérêt que vous éprouvez pour la société. Révisez également toutes les informations que vous avez réussi à glaner sur l'entreprise, au travers de son site internet ou d'informations publiées par des journaux et magazines. Vous avez d'ailleurs tout intérêt à l'appeler pour lui demander de vous faire parvenir son rapport d'activité et son bilan annuel. Enfin, établissez votre liste de questions. Celles-ci peuvent porter sur les missions inhérentes au poste, les conditions d'exercice, l'organisation hiérarchique ou encore les relations avec les clients. Attention ! S'il est indispensable de bien préparer l'entretien, il ne faut pas pour autant établir un scénario de questions/réponses trop rigide. La souplesse d'esprit et la spontanéité sont aussi des qualités très prisées des recruteurs.

LES DIX QUESTIONS QUE VOUS ÊTES EN DROIT DE POSER

- Quelle est la position hiérarchique du poste à pourvoir ?
- S'agit-il d'un remplacement ou d'une création de poste ?
- Quelles seront mes responsabilités ?
- Quels seront les moyens matériels mis à ma disposition ?
- Aurai-je à me déplacer fréquemment ?
- Par qui et comment sera apprécié mon travail ?
- Y a-t-il un parcours d'intégration et, si oui, comment est-il organisé ?

- Aurai-je la possibilité de suivre des formations continues ?
- Quelles sont les possibilités d'évolution à moyen et long terme ?
- À combien se montera mon salaire brut annuel et comportera-t-il une part de variable ?

LES PIÈGES À ÉVITER

La première impression doit être la bonne. Ainsi, mieux vaut arriver quelques minutes avant l'heure convenue et dans une tenue vestimentaire soignée. Pour un futur cadre commercial, arriver dans le bureau d'un recruteur en jean et baskets est, bien sûr, rédhibitoire. De même, faites preuve de courtoisie, mais tout en restant naturel. Par exemple, avant de vous asseoir, attendez que votre interlocuteur vous invite à le faire. Et si vous souhaitez prendre des notes, demandez-lui la permission au préalable.

Ayez bien en tête qu'un entretien de recrutement met face à face deux personnes qui ont un problème : l'une cherche un emploi, l'autre a besoin de trouver le candidat adéquat et n'a pas droit à l'erreur. À ce stade, vous n'êtes pas encore dans une relation hiérarchique. Vous êtes sur un pied d'égalité avec une personne avec laquelle vous avez besoin d'échanger des informations. Pour cela, vous disposez d'un temps assez court, de l'ordre de vingt minutes. Vous devrez donc être méthodique et précis. Évitez de trop rentrer dans les détails d'une expérience passée, à moins que le recruteur ne vous y invite. En règle générale, soyez attentif à votre interlocuteur. Essayez de déceler à travers son visage, ses gestes ou ses paroles quels sont les arguments qui font mouche ou ceux, au contraire, qui le laissent de marbre, afin d'ajuster le tir en fonction de ses réactions. N'oubliez pas non plus de le laisser parler. S'il vous pose des questions embarrassantes ou indiscrètes du type « *Quel est votre principal défaut ?* » ou encore « *Comment vous considèrent vos amis ?* », ne vous mettez surtout pas sur la défensive. Efforcez-vous plutôt de rester calme et répondez de façon évasive. En fait, c'est davantage votre façon de réagir qui sera prise en compte que le contenu de la réponse.

À la fin de l'entretien, n'hésitez pas à aborder la question de la rémunération. Même si la plupart des entreprises se réfèrent à une grille de salaires, il existe toujours une marge de négociation, surtout si vous avez un plus par rapport aux autres candidats, par exemple si

vous parlez couramment deux langues, que vous avez effectué un stage long en rapport avec le poste proposé ou que vous êtes parti à l'étranger dans le cadre d'un VIE. Avant de quitter le bureau du recruteur, n'hésitez pas non plus à vous informer sur les chances réelles de votre candidature. Non seulement vous saurez mieux ainsi sur quel pied danser, mais cela dénotera également que vous êtes à l'aise et que vous êtes animé d'un esprit de compétition.
Enfin, lorsque vous quittez les lieux, songez qu'il faut donner une bonne impression jusqu'au bout, et ayez un mot de politesse ou un sourire pour les personnes présentes autour de vous ou à l'accueil.

LES AUTRES TYPES D'ENTRETIEN

- **L'entretien téléphonique** : le recruteur peut vous appeler chez vous à l'improviste pour avoir des précisions sur votre CV. C'est une manière également d'estimer vos aptitudes à vous exprimer et votre sens de l'à-propos. Vous devez donc impérativement vous préparer à cette éventualité.
- **L'entretien face à un jury** : vous pourrez parfois vous retrouver devant trois ou quatre personnes, par exemple un chargé de recrutement, un chef de service et un chef de département. L'idée n'est pas de vous impressionner mais de gagner du temps. Vous devrez vous comporter de la même façon que s'il s'agissait d'un entretien individuel.
- **L'entretien de groupe** : il se pratique fréquemment dans les grandes banques, par exemple à la Société générale. Plusieurs candidats sont invités à débattre sur un thème donné et le recruteur observe la scène. L'objectif est de déceler les capacités de communication et d'écoute de chacun, ainsi que le potentiel pour animer une équipe.

5 – LES TECHNIQUES COMPLÉMENTAIRES

Outre les entretiens, d'autres techniques sont employées lors des procédures de recrutement. En règle générale, leur rôle n'est pas de déterminer le choix d'un candidat, mais plutôt de le confirmer. Petit tour d'horizon.

LES TESTS DE PERSONNALITÉ

Ils sont assez fréquents dans les banques et les sociétés d'assurances où la plupart des postes nécessitent des qualités commerciales et relationnelles. Leur objectif : cerner la personnalité d'un candidat au-delà de l'impression laissée par l'entretien. Dynamisme, esprit d'équipe, opiniâtreté… Il s'agit de détecter les qualités qui feront de vous un collaborateur modèle. L'un des tests les plus connus est le Rorschach : on présente des taches d'encre au candidat et ce dernier doit dire ce qu'il y voit. Il est aussi l'un des plus critiqués car il scrute les profondeurs du mental. Autres tests en vogue : le PAPI, le test de l'arbre ou encore le Guilford Zimmerman qui consiste en une suite de 300 affirmations auxquelles il faut répondre par oui ou par non.

LES TESTS D'INTELLIGENCE

Ils visent à jauger vos capacités de compréhension, de raisonnement et de mémoire. Certains sont fondés sur des séries de domino, de cartes ou de figures géométriques. Le « jeu » consiste alors à identifier un élément manquant en déterminant la logique qui se cache derrière l'ordonnancement des autres éléments. D'autres sont basés sur des rapprochements conceptuels. Par exemple, on soumet une expression au candidat suivie de plusieurs phrases. Il doit choisir celle d'entre elles qui se rapproche le plus de la première expression. Enfin, il existe toute une palette de tests d'aptitude pour mesurer vos réflexes ainsi que votre niveau d'attention et de mémoire.

LES TESTS DE CONNAISSANCE

Ils prennent le plus souvent la forme de questionnaires à choix multiple (QCM). L'objectif est de tester votre culture générale ou vos connaissances dans un domaine précis (finance, droit des assurances...). Ces tests sont aussi parfois utilisés pour évaluer votre niveau dans une langue étrangère.

L'*ASSESSMENT CENTER*

Cette pratique d'origine anglo-saxonne sert à apprécier vos capacités à effectuer une tâche particulière. On le retrouve notamment pour les fonctions qui supposent un contact avec la clientèle. Il s'agit en fait d'une mise en situation : vous êtes dans la peau d'un conseiller en assurance, votre interlocuteur est dans celle d'un client. Comment allez-vous vous y prendre pour lui faire souscrire un contrat d'assurance-vie ?

L'ANALYSE GRAPHOLOGIQUE

Sujette à de nombreuses controverses, cette méthode se base sur l'idée que notre écriture révèle notre moi profond. En France, environ 80 % des entreprises y auraient recours, notamment pour le recrutement des cadres. Concrètement, sept critères sont pris en compte : la vitesse, la pression, la forme, la direction, la dimension, la continuité et l'ordonnance. Un conseil : n'essayez pas de rendre votre écriture plus jolie car ce n'est pas un élément déterminant pour le graphologue. En revanche, rédigez votre lettre dans de bonnes conditions : en ayant une posture confortable, avec un stylo qui vous sied bien et sur du bon papier. Sachez enfin que si vous avez connaissance d'une analyse graphologique, vous avez tout à fait le droit d'en demander les résultats.

LE RECRUTEMENT DES CONSEILLERS EN ASSURANCE

Le recrutement des conseillers en assurance obéit à des règles particulières. D'abord, il s'effectue pour plus de la moitié par cooptation, le reste étant des réponses à des annonces ou des candidatures spontanées. Ensuite, les entretiens se déroulent rarement avec un responsable du recrutement au niveau national, mais le plus souvent directement avec un inspecteur commercial et/ou un délégué régional. Enfin, la procédure de recrutement comporte généralement une ou plusieurs journées sur le terrain avec un conseiller aguerri. « *Il s'agit de tester les aptitudes du candidat à la vente, sa facilité à aller au-devant des autres* », argumente Jean-Pierre Baylac, délégué général de Paris à AG2R-La Mondiale.

Sachez enfin que, pour cette profession particulière, l'âge est un critère déterminant. L'idéal est d'avoir entre 25 et 35 ans, avec une première expérience réussie dans la vente ou le conseil, plutôt dans le domaine tertiaire.

À noter : les sportifs sont particulièrement appréciés pour leur combativité, leur persévérance et leur esprit d'équipe. « *Nous recherchons des marathoniens, c'est-à-dire des gens qui tiennent la distance et qui aient envie de gagner, de fabriquer leur propre réussite* », signale Jean-Pierre Baylac.

6 – LES ORGANISMES INCONTOURNABLES

Lors de votre recherche d'emploi, vous pouvez avoir recours à la méthode d'approche directe ou bien choisir de passer par un intermédiaire qui vous guidera, vous orientera dans vos recherches et vous fera profiter de son expérience. Aujourd'hui, pour les jeunes diplômés, deux types d'intermédiaires sont disponibles sur le marché : les agences pour l'emploi et les sociétés d'intérim. Toutes deux peuvent devenir de bons atouts lors d'une recherche personnelle.

PÔLE EMPLOI

Pôle Emploi propose plus de 446 000 offres d'emploi.
La proportion de cadres est très importante dans les métiers de la gestion et Pôle Emploi n'a pas vocation à traiter spécifiquement ce public. Toutefois, depuis quelques années, des « espaces cadres » proposent des services adaptés à ce public.
Ce sont surtout les petites entreprises qui font appel à Pôle Emploi, en grande partie parce qu'elles n'ont ni les moyens ni les compétences pour trier les candidats.

► **Pour en savoir plus** : www.pole-emploi.fr

L'APEC

Fondée en 1966 par les partenaires sociaux, l'Apec (Association pour l'emploi des cadres) est une association privée à but non lucratif (loi de 1901) et paritaire. Elle est financée par les cotisations des cadres et des entreprises et poursuit une mission d'aide au développement de l'emploi, de la compétence et du professionnalisme des cadres. Les missions de l'Apec sont le recrutement, le conseil, l'observation du marché et l'information.
Cette association est présente dans l'ensemble des régions françaises. Les agences mettent à la disposition de leur public une revue bimestrielle, *Courrier cadres*, qui est aussi vendue en kiosque.

Les autres services de l'Apec sont des fiches, des offres d'emploi, des chiffres clés, des méthodes de recherches proposés aux cadres qui ont le droit de s'inscrire à l'Apec.

Les offres d'emploi de l'Apec sont classées selon cinq critères : fonction, expérience, lieu de travail, rémunération, secteur d'activité et peuvent être consultées dans les agences, ou sur internet.
Vous pouvez donc bénéficier de conseils personnalisés, ce qui n'est pas négligeable. La recherche solitaire est difficile et il faut parfois se motiver. L'Apec met en place des réunions de travail en groupe dont le but est d'identifier les étapes de la recherche d'emploi, d'effectuer un véritable travail sur son parcours, d'analyser ses atouts et ses faiblesses.

▶ **Pour en savoir plus :** www.apec.fr et http://courriercadres.com

LES AGENCES D'INTÉRIM

L'intérim représente l'une des formes « particulières » d'emploi les plus en vogue. En effet, si nous distinguons les emplois créés par type de contrat, nous observons que « l'intérimaire » tient une place essentielle : le contrat de travail temporaire représente à lui seul près de la moitié des contrats signés en une année. Ces missions peuvent cependant durer de quelques jours à plusieurs mois.

Le contrat d'intérim paraît constituer une bonne assurance contre l'incertitude de l'employeur face à la qualité des salariés recrutés : en passant par un contrat temporaire qui correspond à une véritable période d'essai, les employeurs peuvent juger de l'adéquation entre emploi et salarié. L'intérim semble présenter la meilleure alternative dans le cas d'un recrutement difficile, notamment lorsque le profil recherché est pointu. Les contrats durent en moyenne entre trois et six mois et débouchent régulièrement sur une embauche.

Aujourd'hui, dans la gestion, les fonctions les plus ouvertes aux contrats d'intérim sont la comptabilité, les ressources humaines et la logistique.

Les agences d'intérim et les cabinets de recrutement profitent en premier lieu aux titulaires d'un BTS et d'un DUT. Les diplômés de ce niveau utilisent largement le créneau des intermédiaires de marché. Cela n'est pas étranger à la spécificité du secteur de la comptabilité et de la logistique.

Par ailleurs, depuis quelques années, les agences d'intérim peuvent proposer tous les types de contrats aux travailleurs qu'elles recrutent, y compris des CDI, CDD, etc.

LES AGENCES D'INTÉRIM ET INTERNET

Toutes les agences d'intérim proposent des offres d'emploi par l'intermédiaire d'un site internet.
Voici les adresses des principales agences :
- Adecco : www.adecco.fr
- Intérim Nation : www.interim-nation.fr
- Manpower France : www.manpower.fr
- Groupe Ergalis : www.ergalis.fr
- Randstad : www.randstad.fr

LES CABINETS DE RECRUTEMENT

Ces dernières années, l'activité des cabinets de recrutement s'est développée. En effet, face à l'exercice difficile de l'embauche, de nombreuses entreprises font appel à des compétences extérieures. Les liens privilégiés noués entre les entreprises et les cabinets de recrutement permettent de cerner au mieux les besoins des clients. Le cabinet de recrutement aide à la définition du poste, en « traduisant » les désirs de l'entreprise dans le langage du marché. Il passe ensuite une annonce, trie les candidatures, pour n'en garder que quelques-unes et vient enfin le stade des entretiens. C'est à cette étape que le cabinet de recrutement peut demander la validation de son client en négociant, à partir du premier tri, un nouveau profil. En effet, un profil n'est pas fixé définitivement, mais fait l'objet d'une appréciation qui est modifiable avec la rencontre des candidats. L'entretien avec un consultant se déroule de la même manière qu'avec une entreprise. Intermédiaire, le consultant est avant tout au service des entreprises.

Le jeune diplômé de gestion n'est néanmoins pas la cible privilégiée des cabinets de recrutements. L'expérience est souvent préférable. Après deux ou trois ans de pratique professionnelle, l'envoi de CV peut offrir de bonnes opportunités d'embauches.

LE RÉSEAU

Le réseau est synonyme de liens sociaux. Relèvent du réseau sur le marché du travail : les établissements de formation, les relations professionnelles ou scolaires, les relations familiales ou d'amis.
On constate que le réseau est particulièrement efficace. Contrairement à ce que pourraient laisser penser les discours des écoles de commerce et l'empressement que les universités manifestent à créer des réseaux d'anciens élèves, ce ne sont pas les établissements de formation et les relations professionnelles ou scolaires qui fonctionnent le mieux. Les relations familiales et le cercle des amis sont plus efficaces.
Attention, néanmoins : le réseau ne correspond pas à un passe-droit. Il fonctionne comme un élément propulseur, mais reste ensuite à convaincre le recruteur et à faire ses preuves... Mais c'est une excellente source pour détecter des opportunités et y répondre.

7 – EMPLOI ET SALAIRES

Aucune formation ne peut aujourd'hui garantir de débouchés rapides, et cela quelle que soit la conjoncture. Cependant, différentes tendances se dégagent de l'étude menée en 2018 par l'Apec sur l'insertion des jeunes diplômés. Nous vous présentons ci-dessous les principaux résultats de l'enquête intitulée *Jeunes diplômés : une bonne insertion qui n'empêche pas des projets de mobilité* (publiée en décembre 2018) menée auprès de 5 000 titulaires d'un bac + 5.

9 personnes sur 10 sont en emploi deux ans après l'obtention de leur diplôme, 8 sur 10 sont en CDI et 7 sur 10 sont cadres. Pour trouver un emploi, de plus en plus de jeunes déclarent faire appel à leur réseau de relations (29 % contre 19 % ayant recours aux offres d'emploi).

Le taux d'emploi dans les secteurs finance, banque, assurance, tourisme, transports est de 87 % (dont 85 % en CDI) et de 91 % dans le secteur RH et l'administration (dont 66 % en CDI).
La rémunération brute annuelle médiane est de 34 000 euros dans les secteurs finance, banque, assurance, tourisme, transports et de 29 600 euros dans le secteur RH et l'administration.

Preuve que malgré la crise, l'espoir persiste et que vous pouvez tirer votre épingle du jeu.

PARTIE V

CARNET D'ADRESSES

1 – S'INFORMER

Dans les domaines de la banque et de la finance

Association française des sociétés financières (ASF)
24, avenue de la Grande Armée
75854 Paris cedex 17
Tél. : 01 53 81 51 51
Internet : www.asf-france.com

Centre de formation de la profession bancaire (CFPB)
Immeuble le Carillon
5, esplanade Charles-de-Gaulle
92739 Nanterre cedex
Tél. : 01 41 02 55 00
Internet : www.cfpb.fr

Fédération bancaire française (FBF)
18, rue La Fayette
75009 Paris
Tél. : 01 48 00 52 52
Internet : www.fbf.fr

Société des bourses françaises (SBF)
Internet : www.euronext.com/fr

Dans le domaine de l'assurance

Chambre syndicale des courtiers d'assurances (CSCA)
10, rue Auber
75009 Paris
Tél. : 01 48 74 19 12
Internet : www.planetecsca.fr/syndicat

Fédération française de l'assurance
26, boulevard Haussmann
75009 Paris
Internet : www.ffa-assurance.fr

Fédération nationale des agents généraux d'assurances (Agea)
30, rue Olivier Noyer
75014 Paris
Tél. : 01 70 98 48 00
Internet : www.agea.fr

Institut de Formation de la Profession de l'Assurance (IFPASS)
Immeuble Le Stratège
172-174, rue de la République
CS40049
92817 Puteaux cedex
Tél. : 01 47 76 58 00
Internet : www.emploi-assurance.com et www.ifpass.fr

Observatoire de l'évolution des métiers de l'assurance
1, rue Jules Lefebvre
75431 Paris cedex 09
Tél. : 01 53 21 51 20
Internet : www.metiers-assurance.org

Dans les domaines de la comptabilité et de la gestion

Association francophone de comptabilité (AFC)
C/o Conseil supérieur de l'Ordre des experts-comptables
216, rue Raymond-Losserand
75014 Paris
Internet : www.afc-cca.com

Association nationale des IAE – IAE France
8 bis, rue de la Croix Jarry
75013 Paris
Tél. : 03 20 12 34 96
Internet : www.iae-france.fr

Association française des trésoriers d'entreprise (AFTE)
3, rue d'Édimbourg
75008 Paris
Tél. : 01 42 81 53 98
Internet : www.afte.com

Association nationale des experts-comptables stagiaires (ANECS-CJEC)
92, rue de Rivoli
75004 Paris
Tél. : 01 42 72 73 72
Internet : http://anecs.anecs-cjec.org

Association nationale des directeurs financiers et de contrôle de gestion (DFCG)
27, rue Duret
75116 Paris
Tél. : 01 42 27 93 33
Internet : www.dfcg.fr

Centre de documentation des experts-comptables et des commissaires aux comptes
Tél. : 01 42 12 85 55
Internet : www.bibliotique.com

Compagnie nationale des commissaires aux comptes
200-216, rue Raymond-Losserand
CS 70044
75680 Paris cedex 14
Internet : www.cncc.fr

Conseil supérieur de l'Ordre des experts-comptables
200-216, rue Raymond-Losserand
CS 70044
75680 Paris cedex 14
Tél. : 01 44 15 60 00
Internet : www.experts-comptables.fr

Institut de l'audit et du contrôle internes (Ifaci)
98 bis, boulevard Haussmann
75008 Paris
Tél. : 01 40 08 48 00
Internet : www.ifaci.com

Institut français des experts-comptables et des commissaires aux comptes (Ifec)
139, rue du Faubourg-Saint-Honoré
75008 Paris
Tél. : 01 42 56 49 67
Internet : www.ifec.fr

2 – LES FORMATIONS

Les universités

AIX-MARSEILLE

Aix-Marseille Université
Internet : www.univ-amu.fr

Avignon Université
Internet : http://univ-avignon.fr

AMIENS

Université Picardie-Jules-Verne
Internet : www.u-picardie.fr

ANTILLES

Université des Antilles
Internet : www.univ-antilles.fr

BESANÇON

Université de Franche-Comté
Internet : www.univ-fcomte.fr

BORDEAUX

Université de Bordeaux
Internet : www.u-bordeaux.fr

Université Bordeaux-Montaigne
Internet : www.u-bordeaux-montaigne.fr/fr/index.html

Université de Pau et des Pays de l'Adour
Internet : www.univ-pau.fr/fr/index.html

CAEN

Université de Caen-Normandie
Internet : www.unicaen.fr

CLERMONT-FERRAND

Université Clermont-Auvergne
Internet : www.uca.fr

CORSE

Université de Corse-Pascal-Paoli
Internet : www.universita.corsica/fr

DIJON

Université de Bourgogne
Internet : www.u-bourgogne.fr

GRENOBLE

Université Savoie-Mont-Blanc
Internet : www.univ-smb.fr

Université Grenoble-Alpes
Internet : www.univ-grenoble-alpes.fr

GUYANE

Université de Guyane
Internet : www.univ-guyane.fr

LILLE

Université d'Artois
Internet : www.univ-artois.fr

Université de Lille
Internet : www.univ-lille.fr

Université du Littoral-Côte-d'Opale
Internet : www.univ-littoral.fr

Université Polytechnique Hauts-de-France
Internet : www.uphf.fr

LIMOGES

Université de Limoges
Internet : www.unilim.fr

LYON

Université Lyon I-Claude-Bernard
Internet : www.univ-lyon1.fr

Université Lyon II-Lumière
Internet : www.univ-lyon2.fr

Université Lyon III-Jean-Moulin
Internet : www.univ-lyon3.fr

Université Jean Monnet-Saint-Étienne
Internet :
www.univ-st-etienne.fr/fr/index.html

MAYOTTE

Centre universitaire de Mayotte
Internet :
www.univ-mayotte.fr/fr/index.html

MONTPELLIER

Université de Montpellier
Internet : www.umontpellier.fr

Université Montpellier III-Paul-Valéry
Internet : www.univ-montp3.fr

Université de Nîmes
Internet : www.unimes.fr/fr/index.html

Université Perpignan-Via Domitia
Internet : www.univ-perp.fr/accueil-upvd-20842.kjsp

NANCY-METZ

Université de Lorraine
Internet : www.univ-lorraine.fr

NANTES

Université d'Angers
Internet :
www.univ-angers.fr/fr/index.html

Le Mans Université
Internet :
www.univ-lemans.fr/fr/index.html

Université de Nantes
Internet : www.univ-nantes.fr

NICE

Université Côte d'Azur
Internet : http://unice.fr

Université de Toulon et du Var
Internet : www.univ-tln.fr

NOUVELLE-CALÉDONIE

Université de la Nouvelle-Calédonie
Internet : https://unc.nc

ORLÉANS-TOURS

Université d'Orléans
Internet : www.univ-orleans.fr

Université de Tours
Internet : www.univ-tours.fr

PARIS ET RÉGION ÎLE-DE-FRANCE

Université Panthéon-Sorbonne-Paris I
Internet : www.pantheonsorbonne.fr

Université Panthéon-Assas-Paris II
Internet : www.u-paris2.fr

Université Sorbonne-Nouvelle-Paris III
Internet : www.univ-paris3.fr

Sorbonne Université
Internet : www.sorbonne-universite.fr

Université de Paris
Internet : https://u-paris.fr

Université Paris-Dauphine
Internet : https://dauphine.psl.eu

Université Paris VIII-Vincennes-Saint-Denis
Internet : www.univ-paris8.fr

Université Sorbonne-Paris-Nord
Internet : www.univ-paris13.fr

Université Gustave-Eiffel
Internet : www.u-pem.fr

Université Paris-Est-Créteil
Internet : www.u-pec.fr

Cergy-Paris Université
Internet : www.u-cergy.fr/fr/index.html

Université d'Évry-Val d'Essonne Université Paris-Saclay
Internet : www.univ-evry.fr/accueil.html

Université Paris-Nanterre
Internet : www.parisnanterre.fr

Université Paris-Saclay
Internet :
www.universite-paris-saclay.fr

Université de Versailles-Saint-Quentin-en-Yvelines – Université Paris-Saclay
Internet : www.uvsq.fr

POITIERS

Université de Poitiers
Internet : www.univ-poitiers.fr

Université de La Rochelle
Internet : www.univ-larochelle.fr

POLYNÉSIE FRANÇAISE

Université de la Polynésie française
Internet : www.upf.pf/fr

REIMS

Université de Reims-Champagne-Ardenne
Internet : www.univ-reims.fr

RENNES

Université de Bretagne Occidentale
Internet : www.univ-brest.fr

Université de Bretagne Sud
Internet : www.univ-ubs.fr/fr/index.html

Université Rennes I
Internet : www.univ-rennes1.fr

Université Rennes II
Internet : www.univ-rennes2.fr

RÉUNION

Université de La Réunion
Internet : www.univ-reunion.fr

ROUEN

Université du Havre-Normandie
Internet : www.univ-lehavre.fr

Université de Rouen-Normandie
Internet : www.univ-rouen.fr

STRASBOURG

Université de Strasbourg
Internet : www.unistra.fr

Université de Haute-Alsace
Internet : www.uha.fr

TOULOUSE

Université Toulouse I-Capitole
Internet : www.ut-capitole.fr

Université Toulouse-Jean-Jaurès
Internet : www.univ-tlse2.fr

Université Toulouse III-Paul-Sabatier
Internet : www.univ-tlse3.fr

Les IUT

Les IUT sont classés par département.

02 Laon
IUT Amiens
2, rue Pierre Curie
02000 Laon
Tél. : 03 23 26 01 48
Internet : https://iut-aisne.u-picardie.fr

03 Allier-Montluçon
Avenue Aristide Briand – CS 82235
03101 Montluçon cedex
Tél. : 04 70 02 20 00
Internet : https://iut-allier.uca.fr

06 Nice-Côte d'Azur
41, boulevard Napoléon III
06206 Nice cedex 3
Tél. : 04 97 25 82 00
Internet : www.iut.unice.fr

10 Troyes
9, rue de Québec – CS 90396
10026 Troyes cedex
Tél. : 03 25 42 46 46
Internet : www.iut-troyes.univ-reims.fr

12 Rodez
50, avenue de Bordeaux
12000 Rodez
Tél. : 05 65 77 10 80
Internet : www.iut-rodez.fr

13 Aix-Marseille
Avenue Gaston Berger
13625 Aix-en-Provence cedex 1
Tél. : 04 42 93 90 00
Internet : https://iut.univ-amu.fr

14 Caen
2, boulevard du maréchal Juin
14032 Caen cedex
Tél. : 02 31 56 70 00
Internet : www.iutcaen.unicaen.fr

16 Angoulême
4, avenue de Varsovie
16021 Angoulême cedex
Tél. : 05 45 67 32 00
Internet :
http://iut-angouleme.univ-poitiers.fr

17 La Rochelle
15, rue François de Vaux de Foletier
17026 La Rochelle cedex 01
Tél. : 05 46 51 39 00
Internet : www.iut-larochelle.fr

18 Bourges
63, avenue de Lattre de Tassigny
18020 Bourges cedex
Tél. : 02 48 23 80 80
Internet :
www.univ-orleans.fr/iut-bourges

20 Corte
Quartier Grossetti
20250 Corte
Tél. : 04 95 46 17 31
Internet : https://iut.universita.corsica

21 Dijon-Auxerre
Boulevard Docteur Petitjean
BP 17867
21078 Dijon cedex
Tél. : 03 80 39 65 95
Internet : http://iutdijon.u-bourgogne.fr

22 Lannion
Rue Édouard Branly – BP 30219
22302 Lannion cedex
Tél. : 02 96 46 93 00
Internet : www.iut-lannion.fr

22 Saint-Brieuc
18, rue Henri Wallon – BP 406
22004 Saint-Brieuc cedex 1
Tél. : 02 96 60 96 60
Internet :
https://iut-stbrieuc.univ-rennes1.fr

25 Besançon-Vesoul
30, avenue de l'Observatoire – BP 1559
25009 Besançon cedex
Tél. : 03 81 66 68 21
Internet : http://iut-bv.univ-fcomte.fr

26 Valence
51, rue Barthélemy de Laffémas
BP 29
26901 Valence cedex 9
Tél. : 04 75 41 88 00
Internet : www.iut-valence.fr

27 Évreux
55, rue Saint-Germain – CS 40486
27004 Evreux cedex
Tél. : 02 32 29 15 00
Internet : http://iutevreux.univ-rouen.fr

28 Chartres
1, place Roger Joly
28000 Chartres
Tél. : 02 37 91 83 00
Internet :
www.univ-orleans.fr/iut-chartres

29 Brest-Morlaix
Rue de Kergoat – CS 93837
29238 Brest cedex 3
Tél. : 02 98 01 60 50
Internet : www.iut-brest.fr

29 Quimper
2, rue de l'Université
29334 Quimper cedex
Tél. : 02 98 90 02 27
Internet :
www.univ-brest.fr/iut-quimper

30 Nîmes
8, rue Jules Raimu
30907 Nîmes cedex 2
Tél. : 04 66 62 85 00
Internet :
https://iut-nimes.edu.umontpellier.fr

31 Blagnac
1, place Georges Brassens – BP 60073
31703 Blagnac cedex
Tél. : 05 62 74 75 75
Internet : www.iut-blagnac.fr

31 Toulouse
115 C, route de Narbonne
31077 Toulouse cedex 4
Tél. : 05 62 25 80 00
Internet : https://iut.univ-tlse3.fr

33 Bordeaux
• IUT Montaigne
1, rue Jacques Ellul
33080 Bordeaux cedex
Tél. : 05 57 12 20 44
Internet :
www.iut.u-bordeaux-montaigne.fr

• IUT Bordeaux
15, rue Naudet – CS 10207
33175 Gradignan cedex
Tél. : 05 56 84 57 57
Internet :
www.iut.u-bordeaux.fr/general

34 Béziers
3, place du 14 Juillet – BP 50438
34505 Béziers cedex
Tél. : 04 67 11 60 00
Internet : www.iutbeziers.fr

34 Montpellier
99, avenue d'Occitanie
34096 Montpellier cedex 05
Tél. : 04 99 58 50 40
Internet : https://iut-montpellier-sete.edu.umontpellier.fr

35 Rennes
3, rue du Clos Courtel – BP 90422
35704 Rennes cedex 7
Tél. : 02 23 23 40 00
Internet :
https://iut-rennes.univ-rennes1.fr

35 Saint-Malo
1, rue de la Croix-Desilles
35400 Saint-Malo
Tél. : 02 99 21 95 00
Internet :
https://iut-stmalo.univ-rennes1.fr

36 Indre-Châteauroux
2, avenue François Mitterrand
36000 Châteauroux
Tél. : 02 54 08 25 50
Internet : www.univ-orleans.fr/iut-indre

37 Tours
29, rue du Pont-Volant
37082 Tours cedex 2
Tél. : 02 47 36 75 81
Internet : www.iut.univ-tours.fr

38 Grenoble
• IUT 1 – Domaine universitaire
151, rue de la Papeterie
38402 Saint-Martin d'Hères cedex
Internet :
https://iut1.univ-grenoble-alpes.fr

• UIT 2 – 2, place Doyen Gosse
38031 Grenoble cedex
Internet :
https://iut2.univ-grenoble-alpes.fr

41 Blois
15, rue de la chocolaterie
41029 Blois
Tél. : 02 54 55 21 16
Internet : http://iut-blois.univ-tours.fr

42 Roanne
20, avenue de Paris
42334 Roanne cedex
Tél. : 04 77 44 89 13
Internet : https://iut-roanne.univ-st-etienne.fr/fr/index.html

42 Saint-Étienne
28, avenue Léon Jouhaux
42023 Saint-Etienne cedex 2
Tél. : 04 77 46 33 00
Internet :
www.iut.univ-st-etienne.fr/fr/index.html

44 Nantes
2, avenue du Professeur Jean Rouxel
BP 539
44475 Carquefou cedex
Tél. : 02 28 09 20 00
Internet :
https://iutnantes.univ-nantes.fr

44 Saint-Nazaire
58, rue Michel Ange
44600 Saint-Nazaire
Internet : https://iut-sn.univ-nantes.fr

45 Orléans
16, rue d'Issoudun
45067 Orléans cedex 2
Tél. : 02 38 49 44 00
Internet :
www.univ-orleans.fr/iut-orleans

46 Figeac
Avenue de Nayrac
46100 Figeac
Tél. : 05 65 50 30 60
Internet : https://iut-figeac.univ-tlse2.fr

49 Angers-Cholet
4, boulevard Lavoisier
49000 Angers
Tél. : 02 44 68 87 00
Internet : www.univ-angers.fr/fr/acces-directs/facultes-et-instituts/iut.html

50 Grand Ouest-Normandie
Site de Cherbourg-en-Cotentin
60, rue Max-Pol-Fouchet – CS 20082
50130 Cherbourg-en-Cotentin
Tél. : 02 33 01 45 00
Internet :
www.unicaen.fr/iutcherbourgmanche

51 Reims-Châlons-Charleville
Chemin des Rouliers – CS 30012
51687 Reims cedex 2
Tél. : 03 26 91 30 02
Internet : www.iut-rcc.fr

53 Laval
52, rue des docteurs Calmette
et Guérin – BP 2045
53020 Laval cedex 09
Tél. : 02 43 59 49 01
Internet : http://iut-laval.univ-lemans.fr/fr/index.html

54 Longwy-Henri Poincaré
186, rue de Lorraine
54400 Cosne-et-Romain
Tél. : 03 72 74 99 00
Internet :
www.iut-longwy.univ-lorraine.fr

54 Nancy
• IUT Charlemagne
2 ter, boulevard Charlemagne
54000 Nancy
Tél. : 03 72 74 33 40
Internet :
http://iut-charlemagne.univ-lorraine.fr

• IUT Brabois
6, rue du Colonel Clarenthal
54300 Lunéville
Tél. : 03 83 77 59 00
Internet : http://iutnb.univ-lorraine.fr

56 Lorient
27, rue Armand-Guillemot – BP 92116
56321 Lorient cedex
Tél. : 02 97 87 66 66
Internet :
www-iutlorient.univ-ubs.fr/fr/index.html

56 Vannes
8, rue Montaigne
56017 Vannes cedex
Tél. : 02 97 62 64 64
Internet : www.iutvannes.fr

57 Thionville-Yutz
Impasse Alfred Kastler
Espace Cormontaigne
57970 Yutz
Tél. : 03 72 74 98 00
Internet :
http://iut-thionville-yutz.univ-lorraine.fr

57 Moselle-Est
7, rue Alexandre Geiger
57200 Sarreguemines
Internet :
www.iut-moselle-est.univ-lorraine.fr

57 Metz
Île du Saulcy – BP 10628
57045 Metz cedex 01
Tél. : 03 72 74 84 00
Internet : http://iut-metz.univ-lorraine.fr

59 Valenciennes
Le Mont Houy
59300 Aulnoy-Lez-Valenciennes
Tél. : 03 27 51 12 52
Internet : www.uphf.fr/IUT

59 Lille
• IUT A – Cité scientifique
Avenue Paul Langevin – BP 90179
59653 Villeneuve-d'Ascq
Tél. : 03 59 63 21 00
Internet : www.iut-a.univ-lille.fr

• IUT B – 35, rue Sainte Barbe
59208 Tourcoing
Tél. : 03 20 76 25 00
Internet : https://iut-b.univ-lille.fr

• IUT C – 53, rue de l'Alma – BP 557
59100 Roubaix cedex
Tél. : 03 62 26 94 10
Internet : http://iut-c.univ-lille.fr

60 Oise
• Beauvais – 54, boulevard Saint-André
60000 Beauvais
Tél. : 03 44 06 88 62
Internet : www.iut-oise.u-picardie.fr

• Creil – 13, allée de la Faïencerie
60100 Creil
Tél. : 03 44 64 46 46
Internet : www.iut-oise.u-picardie.fr

61 Alençon
Pôle universitaire d'Alençon, campus de Damigny
61250 Damigny
Internet : www.unicaen.fr/iutalencon

62 Béthune
1230, rue de l'Université – CS 20819
62408 Béthune cedex
Tél. : 03 21 63 23 00
Internet : www.iutbethune.org

62 Littoral Côte d'Opale-Calais
Rue Louis David – BP 689
62228 Calais cedex
Tél. : 03 21 19 06 00
Internet : www.iut.univ-littoral.fr

62 Lens
Rue de l'Université – SP 16
62307 Lens cedex
Tél. : 03 21 79 32 32
Internet : www.iut-lens.univ-artois.fr

63 Clermont-Auvergne
5, avenue Blaise Pascal – TSA 90110
63178 Aubière cedex
Tél. : 04 73 17 70 00
Internet : www.iut-clermont.fr

64 Bayonne-Pays Basque
17, place Paul-Bert
64100 Bayonne
Internet : www.iutbayonne.univ-pau.fr

64 Pays de l'Adour
Avenue de l'Université
64000 Pau
Tél. : 05 59 40 71 20
Internet : https://iutpa.univ-pau.fr/fr/index.html

65 Tarbes
1, rue Lautréamont – CS 41624
65016 Tarbes
Tél. : 05 62 44 42 00
Internet : www.iut-tarbes.fr

66 Perpignan
Chemin de la Passio Vella – BP 79905
66962 Perpignan cedex 9
Tél. : 04 68 66 24 00
Internet : https://iut.univ-perp.fr/iut-de-perpignan-35041.kjsp

67 Haguenau
30, rue du Maire André Traband
67500 Haguenau
Tél. : 03 88 05 34 00
Internet : http://iuthaguenau.unistra.fr

67 Strasbourg

• IUT Robert Schuman
72, route du Rhin – CS 10315
67411 Illkirch-Graffenstaden
Tél. : 03 868 85 89 00
Internet : http://iutrs.unistra.fr

• IUT Louis Pasteur
1, allée d'Athènes
67300 Schiltigheim
Tél. : 03 68 85 25 26
Internet :
https://iutlps.unistra.fr/iut/accueil.html

68 Colmar

34, rue du Grillenbreit
68008 Colmar cedex
Tél. : 03 89 20 23 58
Internet : www.iutcolmar.uha.fr

68 Mulhouse

61, rue Albert Camus
68093 Mulhouse cedex
Tél. : 03 89 33 74 00
Internet : www.iutmulhouse.uha.fr

69 Lyon

• IUT Lumière
160, bd de l'Université
69676 Bron cedex
Tél. : 04 78 77 24 50
Internet : http://iut.univ-lyon2.fr

• IUT Jean Moulin
88 rue Pasteur
69007 Lyon
Tél. : 04 81 65 26 29
Internet : http://iut.univ-lyon3.fr

• IUT Lyon I
71, rue Peter-Fink
01000 Bourg-en-Bresse
Tél. : 04 74 45 50 50
Internet : https://iut.univ-lyon1.fr

71 Chalon-sur-Saône

1, allée des Granges Forestier
71100 Chalon-sur-Saône
Tél. : 03 85 42 43 44
Internet :
www-iutchalon.u-bourgogne.fr

71 Le Creusot

12, rue de la Fonderie
71200 Le Creusot
Tél. : 03 85 73 10 00
Internet :
http://iutlecreusot.u-bourgogne.fr

72 Le Mans

Avenue Olivier Messiaen
72085 Le Mans
Tél. : 02 43 83 34 95
Internet : http://iut.univ-lemans.fr

73 Chambéry

Campus de Savoie Technolac
73376 Le Bourget-du-Lac
Tél. : 04 79 75 81 76
Internet :
www.iut-chy.univ-smb.fr/index.php

74 Annecy

9, rue de l'Arc-en-ciel – BP 240
74942 Annecy-le-Vieux cedex
Tél. : 04 50 09 22 22
Internet : www.iut-acy.univ-smb.fr

75 Paris-Mirabeau

143, avenue de Versailles
75016 Paris
Tél. : 01 42 86 47 00
Internet : www.iut.parisdescartes.fr

75 Paris-Diderot

20, rue du Département
75018 Paris
Tél. : 01 57 27 79 90
Internet : https://iut.univ-paris-diderot.fr

76 Le Havre
32, rue Boris Vian
76610 Le Havre
Tél. : 02 32 74 46 00
Internet : www-iut.univ-lehavre.fr

76 Rouen
Rue Lavoisier
76821 Mont-Saint-Aignan
Internet : http://iutrouen.univ-rouen.fr

77 Marne-la-Vallée
2, rue Albert Einstein – Cité Descartes
77420 Champs-sur-Marne
Tél. : 01 60 95 85 85
Internet : http://iut.u-pem.fr

77 Sénart-Fontainebleau
36-37, rue Georges Charpak
77567 Lieusaint cedex
Tél. : 01 64 13 44 88
Internet : www.iutsf.u-pec.fr

78 Mantes-en-Yvelines
7, rue Jean Hoët
78200 Mantes-la-Jolie
Tél. : 01 39 25 33 40
Internet : www.iut-mantes.uvsq.fr

78 Vélizy-Rambouillet
10/12, avenue de l'Europe
78140 Vélizy
Internet :
www.iut-velizy-rambouillet.uvsq.fr

80 Amiens
Avenue des Facultés – Le Bailly
80025 Amiens cedex 1
Tél. : 03 22 53 40 40
Internet : www.iut-amiens.fr

83 Toulon
Avenue de l'Université
83957 La Garde cedex
Tél. : 04 94 14 22 03
Internet : http://iut.univ-tln.fr

84 Avignon
Campus Jean-Henri-Fabre
337, chemin des Meinajaries
84140 Avignon
Internet : http://iut.univ-avignon.fr

85 La Roche-sur-Yon
18, boulevard Gaston Deferre
85035 La Roche-sur-Yon
Tél. : 02 51 47 40 00
Internet : www.iutlaroche.univ-nantes.fr

86 Poitiers-Châtellerault-Niort
14, allée Jean Monnet – TSA 41114
86073 Poitiers cedex 9
Tél. : 05 49 45 34 00
Internet : http://iutp.univ-poitiers.fr

87 Limousin
12, allée André Maurois
87065 Limoges cedex
Tél. : 05 55 43 43 55
Internet : www.iut.unilim.fr

88 Épinal-Hubert Curien
7, rue des Fusillés de la Résistance
BP 392
88010 Épinal
Tél. : 03 72 74 18 00
Internet :
http://iut-epinal.univ-lorraine.fr

88 Saint-Dié-des-Vosges
11, rue de l'Université
88100 Saint-Dié des Vosges
Tél. : 03 72 74 95 00
Internet : http://iutsd.univ-lorraine.fr

90 Belfort-Montbéliard
19 avenue Maréchal Juin – BP 527
90016 Belfort cedex
Tél. : 03 84 58 77 00
Internet : www.iut-bm.univ-fcomte.fr

91 Évry-Val d'Essonne
22, cours Monseigneur-Roméro
91025 Évry cedex
Tél. : 01 69 47 72 00
Internet : www.iut-evry.fr

91 Orsay
Plateau du Moulon
91400 Orsay
Tél. : 01 69 33 60 00
Internet : www.iut-orsay.universite-paris-saclay.fr/fr/index.html

92 Sceaux
8, avenue Cauchy
92330 Sceaux
Tél. : 01 40 91 24 99
Internet : www.iut-sceaux.universite-paris-saclay.fr/fr/index.html

92 Ville-d'Avray – Saint-Cloud Nanterre
50, rue de Sèvres
92410 Ville-d'Avray
Tél. : 01 40 97 48 00
Internet : https://cva.parisnanterre.fr

93 Bobigny
1, rue de Chablis
93017 Bobigny cedex
Tél. : 01 48 38 88 27
Internet : https://iutb.univ-paris13.fr

93 Montreuil-sous-Bois
140, rue de la Nouvelle France
93100 Montreuil-sous-Bois
Tél. : 01 48 70 37 00
Internet : www.iut.univ-paris8.fr

93 Saint-Denis
Place du 8 mai 1945
93206 Saint-Denis cedex
Tél. : 01 49 40 61 00
Internet : https://iutsd.univ-paris13.fr

93 Tremblay-en-France
3, rue de la Râperie
93290 Tremblay-en-France
Tél. : 01 41 51 12 22
Internet : www.iu2t.univ-paris8.fr

93 Villetaneuse
99, avenue Jean-Baptiste Clément
94430 Villetaneuse
Internet : https://iutv.univ-paris13.fr

94 Cachan
9, avenue de la division Leclerc
94230 Cachan
Tél. : 01 41 24 11 00
Internet :
www.iut-cachan.u-psud.fr/fr/index.html

94 Créteil-Vitry
61, avenue du général de Gaulle
94010 Créteil cedex
Internet : http://iut.u-pec.fr

95 Cergy-Pontoise
5, mail Gay Lussac – CS 20601
Neuville-sur-Oise
95031 Cergy-Pontoise cedex
Tél. : 01 34 25 68 30
Internet :
https://iut.u-cergy.fr/fr/index.html

97 Guadeloupe
166, rue des Officiers – BP94
97120 Saint-Claude
Tél. : 05 90 48 34 80

97 Kourou
97387 Kourou cedex
Tél. : 05 94 32 80 02

97 Saint-Pierre (La Réunion)
40, avenue de Soweto – BP 373
Terre Sainte
97455 Saint-Pierre
Tél. : 02 62 96 28 70
Internet : https://iut.univ-reunion.fr

97 Nouvelle-Calédonie
Campus de Nouville
98851 Nouméa
Tél. : +687 29 02 90
Internet : https://unc.nc/formation/formation-a-l-iut/linstitut-universitaire-de-technologie

Les écoles de commerce (diplômes de bac + 3 à bac + 5)

American Business School
12, rue Alexandre Parodi
75010 Paris
Tél. : 01 80 97 65 50
Internet : www.absparis.org

American University of Paris
102, rue St Dominique
75007 Paris
Tél. : 01 40 62 06 00
Internet : www.aup.edu

Ascencia Business School
• Paris
Grande Arche – 1 parvis de la Défense
92044 Paris – La Défense
Tél. : 01 55 23 08 08

• Évry
98, allée des Champs Élysées
91080 Courcouronnes
Tél. : 01 60 79 55 55

• Marne-la-Vallée
20, rue du Suffrage Universel
77185 Lognes
Tél. : 01 64 11 48 00

• Saint-Quentin-en-Yvelines
23, place Wicklow
78180 Montigny le Bretonneux
Tél. : 01 30 57 90 74

• Internet :
www.ascencia-business-school.com

Audiencia Bachelors
4, rue Bisson – BP 90517
44105 Nantes cedex 4
Tél. : 02 40 44 42 00
Internet :
https://bachelors.audencia.com

Audencia
8, route de la Jonelière – BP 31222
44312 Nantes cedex 03
Tél. : 02 40 37 34 34
Internet : www.audencia.com

BBA INSEEC
• Bordeaux
26, rue Raze
33000 Bordeaux
Tél. : 05 57 87 64 74

• Lyon
25, rue de l'Université – CS 90725
69367 Lyon cedex 07
Tél. : 04 78 29 80 28

• Internet : https://bba.inseec.com

Brest Business School
2, avenue de Provence
29200 Brest
Tél. : 02 98 34 44 44
Internet : https://brest-bs.com

Burgundy School of Business
29, rue Sambin – BP 50608
21006 Dijon cedex
Tél. : 03 80 72 59 00
Internet : www.bsb-education.com

CEFAM
Centre d'études franco-américain de management
47, rue Sergent Michel Berthet
69009 Lyon
Tél. : 04 72 85 73 63
Internet : www.cefam.fr

EBS Paris
10, rue Sextius Michel
75015 Paris
Tél. : 01 84 14 02 15
Internet : www.ebs-paris.fr

ECEMA
• Bourges
Salle d'Armes – Technopôle
7, rue Marest – Boulevard Lahitolle
18000 Bourges
Tél. : 02 18 81 01 78

• Clermont-Ferrand
63, boulevard François Mitterrand
63000 Clermont Ferrand
Tél. : 04 44 05 31 31

• Lyon
181-203, avenue Jean Jaurès
69007 Lyon
Tél. : 04 72 73 06 13

• Saint-Étienne
27, rue Voltaire
42100 Saint-Etienne
Tél. : 04 77 90 27 55

• Valence
44, rue Victor-Hugo
26000 Valence
Tél. : 04 81 09 02 80

• Internet : www.ecema.fr

EDC Paris Business School
70, galerie des Damiers
Paris La Défense 1
92415 Courbevoie
Tél. : 01 46 93 02 70
Internet : www.edcparis.edu

EDHEC Business School
• Campus Lille
24, avenue Gustave Delory – CS 50411
59057 Roubaix cedex 1
Tél. : 03 20 15 45 00

• Campus Nice
393, promenade des Anglais – BP 3116
06202 Nice cedex 03
Tél. : 04 93 18 99 66

• Internet : https://bba.edhec.edu

EGC
• Bourg-en-Bresse
80, rue Henri de Boissieu
01000 Bourg-en-Bresse
Tél. : 04 74 14 19 10
Internet : https://egc.ain.cci.fr

• Brive
10, avenue du maréchal Leclerc
19316 Brive-la-Gaillarde cedex
Tél. : 05 55 18 94 27
Internet : www.bachelor-egc.fr

• Cayenne
Place de l'Esplanade – BP 49
97321 Cayenne cedex
Tél. : 05 94 29 96 00
Internet : www.guyane.cci.fr

• Charleville-Mézières
Parc de haute technologie
du Moulin-Leblanc
08000 Charleville-Mézières
Tél. : 03 24 56 62 66
Internet : www.poleformation-cci08.fr/formations-diplomantes-et-certifiantes/egc

• Martinique
c/o Pôle Consulaire de Formation
Rue Aubin Edmond
Quartier Case-Navire
97233 Schoelcher
Tél. : 05 96 64 98 41
Internet : www.egc-martinique.com

• La Réunion
12, rue Gabriel de Kerveguen
97495 Saint-Denis
Tél. : 02 62 48 35 12
Internet : www.egc-reunion.re

• La Roche-sur-Yon
28, boulevard d'Angleterre
85000 La Roche-sur-Yon
Tél. : 02 51 47 70 80
Internet : www.egc-vendee.fr

• Le Mans – Maine
7, avenue des Platanes
72000 Le Mans
Tél. : 02 43 72 87 12
Internet : www.egc-lemans.com

• Lille
58, rue de l'Hôpital militaire
59000 Lille
Tél. : 03 28 53 00 00
Internet : https://egc-lille.com

• Montauban
61, avenue Gambetta – BP 527
82065 Montauban cedex
Tél. : 05 63 21 71 00
Internet : www.egc-occitanie.fr

• Nîmes
Quartier Triangle de la Gare
1 ter, avenue du Général Leclerc
30000 Nîmes
Tél. : 04 66 87 97 28
Internet : www.egc-occitanie.fr

• Nouvelle-Calédonie
14, rue de Verdun – BP M3
98849 Nouméa cedex
Tél. : 00 687 34 31 40
Internet : www.egc.cci.nc

• Rodez
5, rue de Bruxelles – Bourran
12000 Rodez
Tél. : 05 65 75 56 86
Internet : www.egc-occitanie.fr

• Saint-Lô
86, rue de l'Exode – BP 396
50006 Saint-Lô
Internet : www.egcnormandie.fr

• Sens
ZI des Vauguillettes
1, boulevard des Noyers Pompons
89100 Sens
Tél. : 03 86 49 40 70
Internet : www.bachelor-egc.fr/ecoles-de-commerce-EGC/bachelor-sens

• Tarbes
Campus Bastillac Sud
2, rue Morane Saulnier
65000 Tarbes
Tél. : 05 62 44 15 21
Internet : www.egc-occitanie.fr

• Valence
52/74, rue Barthélemy de Laffémas
BP 1023
26010 Valence
Tél. : 04 75 75 87 28
Internet : www.egc2607.fr

• Villefontaine
Parc Technologique
5, rue Condorcet – CS 20312
38093 Villefontaine cedex
Tél. : 04 74 95 24 00
Internet : www.ccinordisere.fr

EMBA Business School
1, avenue de la Plage des Gueux
29000 Quimper
Tél. : 02 98 10 16 16
Internet : www.emba-bs.com

EM Lyon Business School
23, avenue Guy de Collongue
69134 Écully cedex
Tél. : 04 78 33 78 00
Internet : www.em-lyon.com

École de management de Normandie
• Campus de Caen
9, rue Claude Bloch
14052 Caen cedex 4
Tél. : 02 31 46 78 78

• Campus du Havre
30, rue de Richelieu
76087 Le Havre cedex
Tél. : 02 32 92 59 99

• Campus de Paris
64, rue du Ranelagh
75016 Paris
Tél. : 01 75 00 00 76

• Internet : www.em-normandie.com/fr

École de management de Strasbourg
61, avenue de la Forêt Noire
67085 Strasbourg cedex
Tél. : 03 68 85 80 00
Internet : www.em-strasbourg.eu

EMA Vendée
3, rue René-Descartes
Pôle d'activité de la Bretonnière
85600 Montaigu
Tél. : 02 28 85 34 81
Internet : www.emavendee.eu

ENACOM
6, rue Crébillon
44000 Nantes
Tél. : 02 40 48 40 24
Internet : www.enc-nantes.fr

ENSEC
1, place de la Bourse
44000 Nantes
Tél. : 02 40 48 41 13
Internet : www.enc-nantes.fr

ESAM
• Lyon
47, rue sergent Michel Berthet
69009 Lyon

• Paris
12, rue Alexandre Parodi
75010 Paris

• Internet : www.esam-ecoles.com

ESARC Évolution
• Aix-en-Provence
95, chemin Roger Martin
13090 Aix-en-Provence

• Bordeaux
Campus Bassins à Flot
20, quai Lawton – CS 50100
33070 Bordeaux cedex

• Montpellier
ZAC Port Marianne – Hippocrate
349, rue de la Cavalade – CS 90781
34965 Montpellier cedex 2

• Toulouse
Campus ENOVA
505, rue Jean Rostand – CS 87680
31670 Labège cedex

• Internet : www.esarc-evolution.fr

École supérieure de commerce et de développement 3A
47, rue sergent Michel Berthet
69009 Lyon
Tél. : 04 72 85 73 73
Internet : www.ecole3a.edu

ESIAME École de commerce et management international
Campus d'Eurespace
Rue Eugène Brémond
49300 Cholet
Internet : www.cciformation49.fr

ESIEE Management
Cité Descartes
2, boulevard Blaise Pascal – BP 99
93162 Noisy-le-Grand cedex
Tél. : 01 45 92 65 00
Internet : www.esiee.fr

ESC Amiens
18, place Saint-Michel – CS 53802
80038 Amiens cedex 1
Tél. : 03 22 82 23 00
Internet : www.esc-amiens.com

ESC Clermont
4, boulevard Trudaine
63000 Clermont-Ferrand
Tél. : 04 73 98 24 24
Internet : www.esc-clermont.fr

ESC Compiègne
66, avenue de Landshut
60200 Compiègne
Tél. : 03 44 23 88 79
Internet : www.esc-compiegne.com

ESC Pau
3, rue Saint-John-Perse
64000 Pau
Tél. : 05 59 92 64 64 64
Internet : www.esc-pau.fr

ESCE
• Paris
10, rue Sextius Michel
75015 Paris
Tél. : 01 84 14 02 98

• Lyon
25, rue de l'Université
69007 Lyon
Tél. : 04 78 29 80 28

• Internet : www.esce.fr

ESCEM Business and Digital School
• Campus de Tours
8, rue Léo Delibes
37200 Tours
Tél. : 02 47 22 41 69

• Campus d'Orléans
17, boulevard de Châteaudun
45000 Orléans
Tél. : 02 38 15 39 02

• Internet : www.escem.fr

École supérieure de commerce international (ESCI)
50, rue de la Maison rouge
77437 Lognes
Tél. : 01 64 62 63 64
Internet : https://esci-paris.eu

ESCG – École supérieure de commerce et de gestion
67-69, rue de Douai
75009 Paris
Tél. : 01 56 02 00 50
Internet : www.escg-paris.com

ESCP Europe
• Campus République
79, avenue de la République
75011 Paris
Tél. : 01 49 23 20 00

• Campus Montparnasse
3, rue Armand Moisant
75015 Paris
Tél. : 01 55 65 56 57

• Internet : www.escpeurope.eu

ESDES – École supérieure de commerce et de management
10, place des archives
69002 Lyon
Tél. : 04 72 32 50 48
Internet : www.esdes.fr

ESG Finance
25, rue Saint-Ambroise
75011 Paris
Tél. : 01 40 09 09 57
Internet : www.esg.fr

École de commerce international, marketing et communication (ESGCI)
25, rue Saint Ambroise
75011 Paris
Internet : www.esgci.com

ESICAD

- Montpellier

1702, rue Saint-Priest
Parc Euromédecine
34097 Montpellier cedex 05
Tél. : 04 67 10 57 56

- Toulouse

210, avenue La Tolosane
31670 Labège
Tél. : 05 61 39 03 63

- Internet : www.esicad.com

ESLCSA Business School

11, rue de Cambrai
75019 Paris
Tél. : 01 78 42 89 60
Internet : www.eslsca.fr

ESM-A Management School

54, rue de la Maison Rouge
77185 Lognes
Tél. : 01 64 62 63 64
Internet : https://esm-a.eu

ESMAE

- Angers

CCI Maine et Loire
Centre Pierre Cointreau
132, avenue de Lattre de Tassigny
BP 51030
49015 Angers cedex 01

- Bordeaux

10, rue René Cassin
33049 Bordeaux cedex
Tél. : 05 56 79 51 55

- Lyon

11, chemin du Petit Bois
69130 Écully

- Paris

6-8, avenue de la Porte de Champerret
75017 Paris
Tél. : 01 39 10 78 78

- Strasbourg

234, avenue de Colmar – BP 267
67021 Strasbourg cedex 1
Tél. : 03 88 43 08 80

- Internet : www.esmae.fr

ESPL

19, rue André Le Nôtre
49066 Angers cedex 01
Tél. : 02 41 73 20 30
Internet : www.espl.fr

ESSCA Angers

1, rue Lakanal – BP 40348
49003 Angers cedex 01
Internet : www.essca.fr

ESSEC Business School

- Campus de Cergy-Pontoise

3, avenue Bernard Hirsch – CS 50105
95021 Cergy-Pontoise cedex
Tél. : 01 34 43 30 00

- Campus de La Défense

CNIT – BP230
92053 Paris-La Défense
Tél. : 01 46 92 49 00

- Internet : www.essec.edu

ESTA Belfort

3, rue du Docteur Fréry
90000 Belfort
Tél. : 03 84 54 53 53
Internet : www.esta-groupe.fr

ESVE – École supérieure de vente et d'exportation

Campus des Chasseurs
7-11, avenue des chasseurs
75017 Paris
Tél. : 01 80 97 65 62
Internet : www.esve-paris.com

Excelia Group
102, rue des Coureilles – Les Minimes
17024 La Rochelle cedex 1
Tél. : 05 46 51 77 00
Internet : www.excelia-group.com

Grenoble École de management
12, rue Pierre Sémard
38000 Grenoble
Tél. : 04 76 70 60 60
Internet : www.grenoble-em.com

Groupe Léonard de Vinci
Pôle universitaire Léonard de Vinci
92916 Paris-La Défense cedex
Tél. : 01 41 16 70 00
Internet : www.devinci.fr

HEC
1, rue de la Libération
78351 Jouy-en-Josas cedex
Tél. : 01 39 67 70 00
Internet : www.hec.edu/fr

ICD – International Business School
12, rue Alexandre Parodi
75010 Paris
Internet : www.icd-ecoles.com

ICL – Institut de commerce de Lyon
47, rue Sergent Michel Berthet
CS 608
69258 Lyon cedex 09
Tél. : 04 72 85 73 74
Internet : www.icl.fr

ICOGES
• Paris
9, rue Saint-Lambert
75015 Paris
Tél. : 01 80 27 17 70

• Rhône-Alpes
11 bis, boulevard Vivier Merle
69003 Lyon
Tél. : 04 72 68 78 30

• Pays de Loire
4, rue Saint-Maurille
49100 Angers
Tél. : 02 41 25 35 15

• Internet : www.icoges.fr

IESEG School of Management
• Campus de Lille
3, rue de la Digue
59000 Lille
Tél. : 03 20 54 58 92

• Campus de Paris
1, parvis de la Défense
92044 Paris-La Défense cedex

• Internet : www.ieseg.fr

IMEA
46, avenue Villarceau
25000 Besançon
Tél. : 03 81 25 26 04
Internet : www.imea.info

INSEEC Business School
27, avenue Claude Vellefaux
75010 Paris
Tél. : 01 42 09 99 17
Internet :
https://grandeecole.inseec.com/fr

Institut des cadres supérieurs de la vente
Cnam-ICSV
2, rue Conté
75003 Paris
Internet : http://icsv.cnam.fr

Institut Mines-Télécom Business School
9, rue Charles Fourier
91011 Évry cedex
Tél. : 01 60 76 40 40
Internet : www.imt-bs.eu

ICN ARTEM Business School
86, rue du Sergent Blandan
54003 Nancy
Tél. : 03 54 50 25 00
Internet : www.icn-artem.com

IDRAC
• Amiens
5, boulevard du Port d'Aval
80000 Amiens
Tél. : 03 22 71 71 00

• Bordeaux
114, rue Lucien Faure
33300 Bordeaux
Tél. : 05 57 92 93 03

• Grenoble
3, rue de la Condamine
38610 Gières
Tél. : 04 76 09 15 72

• Lyon
47, rue du Sergent Michel Berthet
69009 Lyon
Tél. : 04 72 85 72 72

• Montpellier
Parc Euromédecine
499, rue de la Croix-Verte
34090 Montpellier
Tél. : 04 67 52 04 66

• Nantes
16, boulevard Général de Gaulle
44200 Nantes
Tél. : 02 40 29 38 14

• Nice
Natura B4
1200, avenue Maurice Donat
06250 Mougins – Sophia-Antipolis
Tél. : 04 93 84 83 58

• Paris
20 bis, Jardins Boieldieu
92800 Puteaux
Tél. : 01 44 40 80 40

• Toulouse
12, rue Michel Labrousse
31100 Toulouse
Tél. : 05 62 21 01 98

• Internet : www.ecoles-idrac.com

IEA – Institut européen des affaires
53, avenue Charles de Gaulle
92200 Neuilly-sur-Seine
Tél. : 01 55 24 06 27
Internet : www.ieaparis.fr

IFAG
• Auxerre
6, route de Monéteau – BP 303
89005 Auxerre cedex
Tél. : 03 86 49 26 09

• Brest
8, rue de Kervezennec
29200 Brest
Tél. : 02 56 31 13 27

• Bordeaux
114, rue Lucien Faure
33300 Bordeaux
Tél. : 05 35 54 28 70

• Châlons-sur-Saône
75, Grande Rue Saint-Cosme
71100 Châlon-sur-Saône

• Chartres
1, avenue Marcel-Proust – CS 80062
28008 Chartres
Tél. : 02 37 91 65 15

• Charleville-Mézières
131, avenue Charles-de-Gaulle
CS 50183
08008 Charleville-Mézières cedex
Tél. : 03 24 56 42 87

• Laval
Rue Léonard de Vinci – CS 36152
53062 Laval cedex 9

• Lille
91, rue Nationale
59000 Lille
Tél. : 03 66 72 22 44

• Lyon
47, rue sergent Michel Berthet
69258 Lyon cedex 09
Tél. : 04 72 85 72 85

• Mont-de-Marsan
236, avenue de Canenx
40000 Mont-de-Marsan
Tél. : 05 58 51 89 21

• Montluçon
31 quai Louis Blanc
03100 Montluçon
Tél. : 04 70 02 50 50

• Nantes
16, boulevard Général de Gaulle
44200 Nantes
Tél. : 02 85 52 64 41

• Nîmes
Parc scientifique Georges Besse
417, rue Georges Besse
30035 Nîmes cedex 01
Tél. : 04 66 87 96 60

• Paris
20 bis, jardins Boieldieu – CS 50103
92071 La Défense cedex
Tél. : 01 46 59 20 76

• La Réunion
1, rue Francis-Sautron
97420 Le Port
Tél. : 02 62 61 00 00

• Toulouse
600, L'Occitane
31672 Labège cedex
Tél. : 05 61 39 24 25

• Internet : www.ifag.com

IHEDREA – École de management des territoires et de l'agrobusiness
20 bis, jardins Boieldieu
92800 Puteaux
Tél. : 01 47 39 26 29
Internet : www.ihedrea.org

IFCIM Business School
2, rue Gaston Cormouls Houlès
81200 Mazamet
Tél. : 05 63 51 47 50
Internet : www.ifcim.com

ILERI Paris
20 bis, jardins Boieldieu
92071 La Défense
Tél. : 01 40 53 00 44
Internet : www.ileri.fr

IPAC Annecy
42, chemin de la Prairie
74000 Annecy
Tél. : 04 50 45 13 91
Internet :
www.ipac-france.com/ecole-commerce-annecy

Institut supérieur des achats et des approvisionnements
La Corderie Royale
Rue Audebert – BP 20129
17306 Rochefort
Internet : www.isaap-rochefort.com

ISD – Institut supérieur de développement
1, rue Albert Dupuis
76044 Rouen cedex
Tél. : 02 35 12 88 87
Internet : www.isd-flaubert.com

Institut supérieur de promotion industrielle
• Albi
6, avenue Général Hoche
81012 Albi cedex
Tél. : 05 63 49 05 84

• Châlons-en-Champagne
7, rue du Parlement
51005 Châlons-en-Champagne
Tél. : 03 26 65 11 75

• Le Mans
7, avenue des Platanes
72100 Le Mans
Tél. : 02 43 50 25 85

• Internet : https://ipi-sup.com/fr

IPAG
• Nice
4, boulevard Carabacel
06000 Nice
Tél. : 04 93 13 39 00

• Paris
184, boulevard Saint-Germain
75006 Paris
Tél. : 01 53 63 36 00

• Internet : www.ipag.edu

ISC
22, boulevard du Fort-de-Vaux
75017 Paris
Tél. : 01 40 53 99 99
Internet : www.iscparis.com

ISEG Business School
• Bordeaux
85, rue du Jardin Public
33000 Bordeaux

• Lille
10/12, rue du Bas Jardin
BP 70147
59017 Lille cedex

• Lyon
2, rue du Professeur Charles Appleton
69007 Lyon

• Nantes
8, rue de Bréa
44000 Nantes

• Paris
95, avenue Parmentier
75011 Paris

• Strasbourg
4, rue du Dôme
67000 Strasbourg

• Toulouse
40, boulevard de la Marquette
31000 Toulouse

• Internet : www.iseg.fr

Institut supérieur de gestion de Paris
8, rue de Lota
75116 Paris
Tél. : 01 56 26 26 26
Internet : www.isg.fr

ISTEC – École supérieure de commerce et de marketing
12, rue Alexandre Parodi
75010 Paris
Tél. : 01 40 40 20 30
Internet : https://istec.fr

Kedge Business School
• Avignon
Cité de l'Entreprise, SUP'Avignon
Management – Agroparc
Rue Pierre-Bayle – BP 91201
84911 Avignon cedex 9

• Bastia
Institut méditerranéen de formation
Valrose
20290 Borgo

• Bayonne
50/51, allées Marines
64102 Bayonne cedex

• Bordeaux
680, cours de la Libération
33405 Talence

• Marseille
Domaine de Luminy
Rue Antoine Bourdelle
13009 Marseille

• Paris
40, avenue des Terroirs-de-France
75012 Paris

• Toulon
1, parvis des Écoles
83000 Toulon

• Internet : https://kedge.edu

Montpellier Business School
2300, avenue des Moulins
34185 Montpellier cedex 04
Tél. : 04 67 10 25 00
Internet : www.montpellier-bs.com

Neoma Business School
• Campus Paris
9, rue d'Athènes
75009 Paris
Tél. : 01 73 06 98 00

• Campus Reims
59, rue Pierre Taittinger
51100 Reims
Tél. : 03 26 77 47 47

• Campus Rouen
1, rue du Maréchal Juin
76130 Mont Saint Aignan
Tél. : 02 32 82 57 00

• Internet : www.neoma-bs.com

Novancia Business School Paris
149, rue de Vaugirard
75015 Paris
Internet : www.novancia.fr

Rennes School of Business
2, rue Robert d'Arbrissel – CS 76522
35065 Rennes cedex
Tél. : 02 99 54 63 63
Internet : www.rennes-sb.fr

Schiller International University
9, rue Yvart
75015 Paris
Tél. : 01 45 38 56 01
Internet : www.schiller.edu/paris

Skéma Business School
• Nice
60, rue Dostoïevski – CS 30085
06902 Sophia-Antipolis cedex
Tél. : 04 93 95 44 44

• Lille
Avenue Willy Brandt
9777 Euralille
Tél. : 03 20 21 59 62

• Paris
Pôle universitaire Léonard de Vinci
Esplanade Mona Lisa – Courbevoie
92916 Paris La Défense cedex
Tél. : 01 41 16 74 61

• Internet : www.skema-bs.fr

Sud management
Site de l'Agropole – CS 20053 Estillac
47901 Agen cedex 9
Tél. : 05 53 48 48 50
Internet : www.sudmanagement.fr

Sup de Vente
ZA du Bel Air, 51, boulevard de la Paix
78100 Saint-Germain-en-Laye
Tél. : 01 39 10 78 78
Internet : www.supdevente.fr

Sup'TG Niort
10, place du Temple
79003 Niort cedex
Tél. : 05 49 28 79 66
Internet : www.suptgniort.com

Toulouse Business School
1, place Alphonse-Jourdain – CS 66810
31068 Toulouse cedex 7
Tél. : 05 61 29 49 49
Internet : www.tbs-education.fr

Ynov Campus Paris
12, rue Anatole France
92000 Nanterre
Tél. : 01 41 20 69 57
Internet : www.isee.fr

South Champagne Business School
217, avenue Pierre Brossolette
10000 Troyes cedex
Tél. : 03 25 71 22 22
Internet : www.scbs-education.com

Weller International Business School
Tour Maine Montparnasse
33, Avenue du Maine
75015 Paris
Tél. : 01 56 33 76 76
Internet : www.weller.fr

Les écoles spécialisées

Il s'agit ici d'une sélection d'écoles, la liste n'est pas exhaustive. Notez que vous pouvez vous procurer la liste de tous les centres préparant au cursus comptable auprès des conseils régionaux de l'Ordre des experts-comptables.

Association des comptables, enseignement (ACE)
40, rue de Liège
75008 Paris
Tél. : 01 44 69 92 00
Internet : www.ace-expert.com

Centre de formation professionnelle des Charmilles (CFP)
8, rue de la Tour d'Eau
38400 Saint-Martin-d'Hères
Tél. : 04 76 03 74 00
Internet : www.cfp-charmilles.com

Centre de formation de la profession bancaire
5, esplanade Charles-de-Gaulle
92739 Nanterre cedex
Internet : www.cfpb.fr

CFA Bessières
55 ter, rue de la Chapelle
35 Voie CQ/18 – Patio D
75018 Paris
Internet :
http://cfa-bessieres.org/2019/index.php

École de haute finance (EHF)
70, rue Joseph Alois Schumpeter
34470 Pérols
Tél. : 04 67 60 60 45
Internet : www.ecole-haute-finance.fr

École nationale d'assurances (ENASS)
Cnam-Enass
41 rue Gay Lussac
75005 Paris
Internet : www.enass.fr

École supérieure de gestion et d'expertise comptable (ENGDE)
8/14, passage de la Main d'Or
75011 Paris
Internet : www.engde.fr

École nationale de la statistique et de l'administration économique (ENSAE)
5, avenue Henry Le Chatelier
TSA 26644
91764 Palaiseau cedex
Tél. : 01 70 26 67 00
Internet : www.ensae.fr

École nouvelle d'organisation économique et sociale (ENOES)
62, rue de Miromesnil
75008 Paris
Tél. : 01 45 62 87 60
Internet : https://enoes.com

Euro-Institut d'actuariat (EURIA)
6, avenue Victor Le Gorgeu – CS 93837
29238 Brest cedex 3
Tél. : 02 98 01 66 55
Internet : http://euria.univ-brest.fr

Groupe scolaire Javouhey Rive Droite
2-4, rue du Rempart
29200 Brest cedex
Tél. : 02 98 45 17 70
Internet : www.javouhey-brest.fr

ICS Bégué
40 rue du Chemin Vert
75011 Paris
Tél. : 01 48 07 73 50
Internet : www.ics-begue.com

ISEFAC Bachelor
27, rue Lucien-Sampaix
75010 Paris
Tél. : 01 47 70 85 03
Internet : www.isefac-bachelor.fr

Institut des assurances d'Aix-Marseille
Tél. : 04 42 17 28 82
Internet :
https://iaam-facdedroit.univ-amu.fr/fr

Institut des assurances de Bordeaux
16, avenue Léon Duguit
33608 Pessac
Tél. : 05 56 84 85 94
Internet : https://iab-ubordeaux.wixsite.com/abtesa

Institut des assurances de Lyon
50, avenue Tony Garnier
69007 Lyon
Tél. : 04 78 78 70 60
Internet : http://ial.univ-lyon3.fr

Institut des assurances de Paris
12, place du Panthéon
75005 Paris
Tél. : 01 44 07 77 62
Internet :
www.pantheonsorbonne.fr/ufr/iap

Institut des hautes études comptables et financières (IHECF)
Campus de Ker Lann
Rue Pierre de Maupertuis – CS 87208
35172 Bruz cedex
Internet : www.ihecf.fr

Institut des sciences financières et d'assurances (ISFA)
43, boulevard du 11 Novembre 1918
69622 Villeurbanne
Internet : http://isfa.univ-lyon1.fr

Institut de formation de la profession de l'assurance (IFPASS)
172-174, rue de la République
CS40049
92817 Puteaux cedex
Tél. : 01 47 76 58 00
Internet : www.ifpass.fr

ISTH Paris
28, rue des Francs-Bourgeois
75003 Paris
Tél. : 01 42 24 10 72
Internet : www.isth.fr

Institut de statistique de l'Université de Paris
4, place Jussieu – BP 157
75252 Paris cedex 05
Internet :
http://isup.sorbonne-universite.fr/fr/index.html

CNAM-INTEC
40, rue des Jeûneurs
75002 Paris
Tél. : 01 40 27 25 38
Internet : http://intec.cnam.fr